人间天堂

老杭州

景灏 编

泰山出版社·济南

图书在版编目（CIP）数据

人间天堂：老杭州/景灏编. -- 济南：泰山出版社，2023.1
（老城趣闻系列丛书）
ISBN 978-7-5519-0756-9

Ⅰ.①人… Ⅱ.①景… Ⅲ.①散文集—中国—当代 Ⅳ.①I267

中国版本图书馆CIP数据核字（2022）第258304号

RENJIAN TIANTANG：LAO HANGZHOU
人间天堂：老杭州

编　　者	景　灏
责任编辑	池　骋
特约编辑	史俊南
装帧设计	蔡海东

出版发行	泰山出版社
社　　址	济南市泺源大街2号　邮编 250014
电　　话	综　合　部（0531）82023579　82022566
	市场营销部（0531）82025510　82020455
网　　址	www.tscbs.com
电子信箱	tscbs@sohu.com
印　　刷	山东华立印务有限公司
成品尺寸	160毫米×235毫米　16开
印　　张	22.5
字　　数	280千字
版　　次	2023年1月第1版
印　　次	2023年1月第1次印刷
标准书号	ISBN 978-7-5519-0756-9
定　　价	66.00元

目　录

杭州之得名……………………………………钟毓龙　001
西　湖…………………………………………钟毓龙　003
　　一　湖之名称………………………………………003
　　二　湖之成因………………………………………004
　　三　湖之面积………………………………………006
　　四　湖之浚治………………………………………008
　　五　湖中之建设……………………………………013
　　六　湖之风景………………………………………017
　　七　湖水之来源……………………………………024
　　八　湖水之去路……………………………………026
　　九　湖水之失常……………………………………035
　　十　湖中之物产……………………………………037
论雷峰塔的倒掉………………………………鲁　迅　040
再论雷峰塔的倒掉……………………………鲁　迅　043
西湖记…………………………………………徐志摩　047
　　杭州——上海——杭州……………………………047
眉轩琐语………………………………………徐志摩　063
　　北京——上海——杭州……………………………063

天目山中笔记……………………………………	徐志摩	073
再不见雷峰…………………………………………	徐志摩	078
雷峰塔………………………………………………	徐志摩	079
西湖的风景…………………………………………	石评梅	080
秋光中的西湖………………………………………	庐　隐	101
忆西湖………………………………………………	梁得所	109
一　夏夜之梦 A Midsummer Night's Dream……		109
二　春之歌曲 Spring Song…………………		110
三　紫燕南飞 When the Swallows Homeward Fly……		111
四　倘若冬来 If Winter Comes……………		112
杭游杂感……………………………………………	宋春舫	114
杭江之秋……………………………………………	傅东华	118
杭　州………………………………………………	黄炎培	124
岁暮还乡记…………………………………………	倪贻德	127
一个追忆……………………………………………	夏丏尊	137
弘一法师之出家……………………………………	夏丏尊	140
我在西湖出家的经过………………………………	李叔同	146
一………………………………………………		146
二………………………………………………		147
三………………………………………………		149
四………………………………………………		150
五十年前之杭州府狱………………………………	周作人	153
湖上探春记…………………………………………	清　波	157
杭州的风俗…………………………………………	徐宝山	163
西湖风光……………………………………………	徐宝山	168
访康有为故宅………………………………………	张天畴	178
忆龙井………………………………………………	胡同光	183

钓台的春昼	郁达夫	186
半日的游程	郁达夫	194
杭州的八月	郁达夫	198
二十二年的旅行	郁达夫	200
临平登山记	郁达夫	203
杭　州	郁达夫	208
游临安县玲珑山及钱王墓	郁达夫	215
桐君山的再到	郁达夫	222
超山的梅花	郁达夫	226
寂寞的春朝	郁达夫	231
春　愁	郁达夫	233
花　坞	郁达夫	235
皋亭山	郁达夫	239
龙门山路	郁达夫	243
城里的吴山	郁达夫	250
玉皇山	郁达夫	254
过富春江	郁达夫	257
西溪的晴雨	郁达夫	260
记风雨茅庐	郁达夫	263
里西湖的一角落	郁达夫	266
说（勖）杭州人	郁达夫	270
婿乡年节	郁达夫	272
住所的话	郁达夫	274
移家琐记	郁达夫	278
一		278
二		279
三		281

还乡记 .... 郁达夫　283
 一 283
 二 285
 三 287
 四 289
 五 292
 六 293
 七 295
 八 297
 九 300
 十 302

还乡后记 .... 郁达夫　305
 一 305
 二 307
 三 309
 四 311
 五 313

闲情日记（节选） .... 郁达夫　316

客杭日记 .... 郁达夫　324

我的梦，我的青春！ .... 郁达夫　339

远一程，再远一程！ .... 郁达夫　344

孤独者 .... 郁达夫　349

杭州之得名

钟毓龙

杭州本为秦之钱唐县。故我说杭州之得名，先说钱唐之得名。钱唐之得名有三说：

一说 《淳祐志》释文云：唐者，途也，所以取途达浙江者。其地有篯氏居之。篯，古"钱"字，因以为名。

一说 《汉书》《晋书》地志皆曰："武林山，武林水所出。"阚骃曰："武林山出泉水，东入海。"所谓武林水，所谓泉水，即今灵隐南北两涧所合之水。秦时西湖，犹为大海之一湾，受潮汐之冲击。居民筑塘以捍之，故曰泉唐。王莽改曰泉亭县，仅改其一字也。唐代避国讳，加土为塘，始作塘。

一说 防海大堤在县东一里。郡议曹华信，议立此塘以防海水。始开募，有能致一斛土者，与钱千。旬日之间，来者云集。塘未成而不复取。于是载土石者皆弃之去，塘因以成。故名钱塘。此说见《钱唐记》。刘宋时刘道真之说也。其所谓钱，则钱币之钱，非泉水之泉矣。又《世说新语》刘孝标注引《钱唐记》曰："县近海，为潮漂没。县诸豪姓敛钱雇人，辇土为塘，因以为名。"此则仍是钱币之钱，非泉水之泉，惟筑者非华信耳。

综上三说，《淳祐志》之说想必有所本，而疑于附会。华信及豪姓之说，似矣。然秦始皇立县，已名曰泉唐。华信系汉人，何得以后加前？自宜以第二说为是。盖濒江海之民，以土御水，是其常识。灵隐山下之有塘，可能之事。不必俟之华信等始有塘也。华信所筑之塘，亦不在灵隐山下，详于后章。

至于杭州之得名，则始于隋而在余杭。

余杭为秦始皇所立之县。其得名有两说：

一说　夏禹八年，南巡至此，因名禹杭。杭者，方舟也。禹至此造舟以渡。越人思之，且传其制。后讹禹为余。

一说　禹由此渡会稽，舍其余杭于此，故名。

按以上两说，以后说为直捷。秦时作余杭县，不作禹杭，无所谓讹也。然杭之为舟，则两说皆同。

隋于余杭县置杭州。杭之名取之于县，而即以县为州治所在。后乃移州治于钱唐。唐以后，钱唐遂专杭州之名。

选自钟毓龙著《说杭州》，浙江人民出版社1983年7月版

西　湖

钟毓龙

一　湖之名称

湖在州城之西，故称西湖。其他别名：

一曰金牛湖　汉时有金牛见于湖中，故有此名。相传其出见处，则在今涌金门内之涌金池。门以此名。

二曰明圣湖　因金牛涌见，人以为明圣之瑞，故有此名。清代赵诚夫以为明圣湖即定山之铜鉴湖，力辨其决非西湖。不知明圣湖之为西湖，见于《水经注》。定山在宋时，尚半在江中。郦道元之时，或且全在水中，湖何由而成？此不烦言而解者也。况《水经注》谓有金牛涌见，始有明圣之名。当时即已有铜鉴湖，岂亦传有金牛涌见耶？大抵明圣二字为美名，人喜用之。临平湖附近，旧亦有明圣湖，所以拟西湖也。铜鉴湖之亦称明圣，殆其类耳。

三曰钱塘湖　以县为名。

四曰石函湖　唐李泌作石函闸，泄湖水，遂有此名。

五曰上湖　唐白居易筑堤以捍江，亦以潴蓄湖水，而徐泄之于外。故以其北为下湖，而此称上湖。

六曰放生池　宋真宗天禧四年，郡守王钦若请以西湖为放生池，禁民网捕。有放生碑，在宝石山下。自此至南宋末，皆禁止采捕。元代犹然。

七曰西子湖　宋苏东坡有"欲把西湖比西子"之诗句，遂有此名。此名最通用。

八曰贤者湖　南宋楼钥，因倪思之论，以西湖似贤者，故更其名。然无有用之者。

九曰高士湖　明陕西孙一元，着高士服，栖隐湖壖，人遂有此称。然无有用之者。孙所居在净慈寺旁，莲花洞西，名高士坞。人亦鲜知之。

十曰明月湖　有以西湖比明月者，因有此名。然人罕知之。

十一曰销金锅　元时上饶人熊进德，作《西湖竹枝词》曰："销金锅边玛瑙坡，争似侬家春最多。蝴蝶满园飞不去，好花红到剪春罗。"销金锅之名起于此。"销金"二字，殆以讥南宋人民之游冶侈靡也。然解之者曰：西湖虽日销寸金，然渔蒲之利，灌溉之利，所生日亦寸金，足相抵矣。近世以来，日益浚治，点缀风景，欲以拟欧洲之瑞士。销者愈多，生者亦愈多。金固常存，物质终不可灭也。《武林旧事》谓谚有"销金锅儿"之号，则其名非创自熊。

十二曰美人湖　清代诗人有"若把西湖比西子，西湖原是美人湖"之句，故有此名。然知者亦鲜。

二　湖之成因

共有三说：

一为日本石井八万次郎之说　西湖与日本中禅寺湖相似。一面为古生代岩层，他面又为火山岩。即于古生代岩层之山坡，溪水北流，为火山岩阻塞而成。

一为竺可桢之说 西湖系一礁湖。东面有冲积土，西面亦有冲积土。若追想到钱塘江初成时之情形，一切冲积土尚未沉下，现时杭州所在之地，尚属一片汪洋，西湖亦不过钱塘江口之一小湾。后来钱塘江所夹带之沙土，渐堵塞其湾口，乃成为一礁湖。

一为章鸿钊之说 西湖之成，其始以潮力所向，而积成湖堤；其继以海准变迁，而维持湖命。二者为形成西湖之重要条件。如竺可桢之说，谓由钱塘江带下之泥土积塞湾口而成。但无论何河流，必挟泥沙俱行，而不必一定有湖。钱塘江潮，汹涌澎湃，来时由东而西，海之泥沙随之而上。而西湖三面环山，惟东面平坦。沙随潮涨，而西遇溪谷东下之水，不得复进，遂淤积成长堤，而湖之形势亦成。但海准如不降下，则水力时时可以突破之。不但杭州沦于海底，西湖亦不能幸免。就事实观察，当时海准，远在杭州平原以上。在葛岭及南高峰一带之山，其面一侧之山腰中，常有充填之红土及平行水痕，为当时江潮波及之证据。

钱塘江潮（一）

钱塘江潮（二）

按以上三说，章说最为透彻。与杭州陆地成因，可互证也。然非华信筑塘以阻之，则泥沙所涌积之堤，亦不免为大潮所突破而不可恃。故华信实为西湖之第一元勋。

三　湖之面积

湖在上古时，为江海间之一湾，群山环其三面如玦形。自汉华信筑塘，自云居山麓北迄钱塘门，以包围之。于是缺口缩小，而湖始形成。亦有谓湖与江海在此时已隔绝者。故金牛、明圣之名，汉时已有之。其时湖之三面皆际山，而西北一隅，直至灵隐山之麓。《水经注》所谓江水东经灵隐山下是也。故其时山麓有钱塘之筑，而县因以得名。晋代至隋，其变迁无可考。唐时，冷泉之水甚深广。冷泉亭即建于水中，可通舟楫。

则与西湖犹有联络之水路。但袁仁敬树松九里，自玉泉直达灵竺。则一线港流之外，已尽为陆地，非复昔时江水泛滥之旧矣。然北宋林逋有泛舟入灵隐诗，至南宋时舟楫犹可通至白乐桥以内之灵隐浦。其不通舟楫，当在元代西湖荒废以后。

南宋度宗咸淳中，京尹赵与𥲚自北新路第二桥至曲院筑新堤，以通灵竺。夹岸植花柳，以比苏堤，曰赵公堤。夫宋时之曲院，在今九里松之行春桥地方。其东面既可筑堤，夹岸且可植花柳以比苏堤，则堤两旁必皆为湖水，且甚宽广可知。今则悉为陆地。

所谓赵公堤者，遗迹亦不复存。此面积缩小之可考者一也。凡水际谓之步，今俗作埠。茅家步之名，宋已有之，应在水际，而今则去湖甚远。跨虹桥通耿家埠，在仙姑山下。今则埠已无有。映波桥通赤山埠。今埠去湖亦甚远。其东之陆地，当皆昔日之湖。此面积缩小之可考者二也。

花家山、丁家山，昔时皆在湖中。丁家山且有小孤山之名。万历《钱唐志》犹言之。今则悉在陆地之中。此面积缩小之可考者三也。

高丽寺，在筲箕湾之东，赤山埠之西。《慧因寺志》谓当时画船箫鼓，犹得集于箕泉之下，今则深在陆地。此面积缩小之可考者四也。

明代杭府杨孟瑛，于苏堤之西又筑一堤，曰杨公堤，通以六桥，曰里六桥。有堤有桥，则两旁之皆为湖水可知。今则其西已悉为陆地。而景行桥与浚源桥之东，亦复陆地展拓，筑定香桥以与苏堤相连。而其南别成小南湖。此面积缩小之可考者五也。

慈云岭下方家峪之地，宋时舟楫可由长桥下而直达。长桥以内，湖水尚汪洋也。今则长桥已易为短桥，其内悉成陆地。

此面积缩小之可考者六也。

　　此种缩小之原因，约有三种。一为地盘之犹在上升。二为泥沙杂质之不绝堆积。三为人民之恣意侵占。而三者之中，尤以侵占为甚，官府置若罔闻，且有以旁湖水田，标送势豪，编竹节水，专菱芡之利者。或有因而渐筑塍埂者。

　　此种风气，历代有之，而以元、明为甚。杭人疾之，为之歌曰："十里湖光十里笆，编笆都是富豪家；待他享尽功名后，只见湖光不见笆。"可见诅咒之深矣。

　　西湖面积，旧说有四十余里。宋人谓绕郭荷花三十里，约计之词耳。清雍正时，巡抚黄叔琳清厘，实存二十二里。至光绪中实测，周围二十一里，南北袤五里，东西广三里五分。迄今又六十年，山庄别墅，环湖林列，有无侵占湖面，不可知也。

四　湖之浚治

　　西湖苟无历代之浚治，则千年以前，早已为平陆。兹举其著者如下：

　　一、唐代宗时，李泌为杭州刺史，凿阴窦，引湖水入城，为六井，使民不致卤饮。又以杭州春夏多雨，湖水每至泛溢，乃于钱塘门外凿石函，分其水，北流以泄之（西湖西南高，东北低，昔时东北与海通也）。石函在今昭庆寺东。然亦有谓此石函系白居易所凿者。

　　二、唐穆宗长庆间，白居易为杭州刺史，由石函桥筑堤，迤北至余杭门，外以隔江水，内以障湖水（按余杭门，即今之武林门，宋时始有之。在唐时并未有城，武林门一带，犹为泛洋湖与西湖相通之地。故白居易筑堤以隔之。此所谓白堤也）。堤成之后，居易作《钱唐湖石记》，其言曰："凡放水溉田，每减一寸，可溉田十五余顷；每一复时，可溉五十余顷。……若堤防如法，蓄泄及时，即濒湖千余顷田，无凶年矣。"故李泌之利用西湖，仅注意于人民之饮料。而居易更注意于田之灌溉，较李泌又进一层矣。居易之记又曰：旧法泄水，"先量湖水浅深，待溉田毕，却还本水尺寸。往往旱甚，即湖水不充。今年修筑湖堤，加高数尺，水亦附加，即不啻足矣。……脱或不足，即更决临平湖，添注官河，又有余矣"。观此数语，可知当时湖之缺口，实在东北一隅。西南高而东北低，故居易筑堤障而蓄之。然所云湖堤加高数尺，水亦随加，及决临平湖水即有余等语，则亦有可疑。堤为居易所筑，则高下尺寸，当早有成算。曰今年筑高数尺，岂重筑之耶？抑旧时本有此堤，因居易增高之而后人遂以为居易所筑也？此可疑者一。水性平衡，阻于此，必溢于彼。东北之堤，既增高数尺，何以不溢而入于城中？旧时城中地势，本低于西湖也。此可疑者二。"濒湖千余顷无凶年"一语，其所谓湖，当不仅指西湖，应合泛洋湖、临平湖而统言之。如谓专指西湖，则泛洋湖已低于西湖，临平湖更低于泛洋湖。决临平湖之水，岂能上及于西湖？此可疑者三。古人文字简略，千余年来形势又殊，不可得而究诘矣。居易之记又曰："俗云：决放湖水不利钱唐县官。县官多假他辞，以惑刺史。或云鱼龙无所托；或云菱芡失其利。且鱼龙与生民之命孰急？菱芡与稻粱之利孰多？断可知矣。又云：放湖即郭内六井无水，亦妄也。且湖底高，井管低。湖中又有泉数十眼，湖耗则泉涌。虽尽竭湖水，而泉用有余。况前后放湖，终不至竭，而云井无水，谬矣。"观此数语，可知居易筑堤时，人之阻挠百端，非有定识定力，不能成也。居易之记又曰："湖中有无税田约十数顷。湖浅则田出，湖深则田没。田户多与所由计会，盗泄湖水以利私田。其石函南笕，并诸小笕闼，非浇田时并须封闭筑塞。数令巡检，小有漏泄，罪责所由。即无盗泄之弊矣。"此居易对于西湖之苦心也。相传居易守杭时，政平讼简。贫民有犯法者，令于西湖种树若干株。富民有赎罪者，令于西湖开葑田若干亩。历任多年，湖葑尽去，树木成林。居易每于此载妓看山，寻花问柳而已。今之白乐桥，即以此得名也。盖其心，惟以西湖为人民生计之根本，故尽力如此。论西湖者推为第一首功。杭人至今犹景仰之。

三、唐代之末，距居易垂百年，湖中葑草蔓合。钱武肃王特置撩兵千人，专一撩除葑草，浚治西湖。先是城中诸河，全恃江水灌注，泥沙混浊，岁辄淤塞。武肃于江口各置闸以阻止之，开涌金池，引湖水入城，以资舟楫之利。又于今之保安桥附近，作小堰（宋时有门曰小堰，即此），于今武林门外之半道红地作大堰。皆所以爱惜湖水，不使轻流于外也。相传有术者谓武肃曰："王若安居城中，有国仅可百年。若填塞西湖而居之，有国可千年。"武肃曰："岂有千年之久而无真主之出者乎。"不用其言。夫武肃当时之力，足以填塞西湖，而不为浮言厚利所动，此武肃之所以为人杰也。

四、宋初，湖又淤。真宗景德四年，郡守王济始命工浚治，增置斗门，以防溃溢。仍以白居易之计，刻石湖侧。而其时僧民之规占者，已去湖之半。越十余年，王钦若来守郡，奏请以湖为放生池，祝延圣寿，禁民采捕，而湖葑益塞。至仁宗庆历时，郑戬守杭，发属丁数万人，尽辟豪族僧寺侵占之地。其后沈文通守杭，又引湖水作南井于美俗坊（美俗坊在三桥子之东）以利民，与李泌之六井并称。

五、宋哲宗元祐五年，苏轼守杭。其时湖上葑田约二十五万余丈,殆以塞湖之半。轼上言,西湖有不可废者五:一、废之则不合放生祝寿之旨;二、废之则居民将复卤饮;三、废之则田亩无可灌溉;四、废之则城中之河必藉江水,而复易淤恶;五、废之则官酒无以酝酿。盖宋时取西湖山泉以酿酒,岁课二十余万缗,于全国为最盛也。朝议许之。于是西湖大治。故自来论治西湖者,以轼与白居易并称。今湖上犹有其合祠。

六、南宋建都杭州。高宗时,郡守汤鹏举,申明西湖条划事宜,增置开湖军兵,差委官吏,管领任责,盖造寨屋舟只,专一撩湖。又修六井阴窦水口,增置水门斗闸,量度水势,得其通流。孝宗时,安抚周淙,以撩湖军兵废缺过多,复与填刺补额;又禁止官民不得抛弃粪土,栽植芰荷等物,秽污填塞湖港;并严侵冒之罪。其后京尹赵与𥲆、潜说友等,递加浚理,时申禁令。理宗淳祐九年春,霖雨,水溢堤上。重行修筑,自北山至南山六百六十九丈,帮阔六丈五尺;曲院小新路一百九十七丈,帮阔三丈五尺,并增高一尺五寸。盖其时西湖在辇毂之下,为君相士民盘游之所,故不惮尽力如此。论者乃以西湖为尤物,比之亡吴之西子。西子岂任其咎哉!

七、元代惩宋之弊,废而不治。兼之政无纪纲,听民侵占。于是全湖尽为桑田。明初且许可之,定额征税。苏堤以西,高者为田,低者为荡,阡陌纵横,曾不容舟。苏堤以东,亦仅一线如带。斯时之西湖,几灭没矣。至宣宗、英宗时,始有倡浚湖之议者。然欲夺人民已纳税之田而斥为湖,浮议蜂起。有力者更百计阻挠,卒无成就。至宪宗成化十年,郡守胡浚,稍稍辟治外湖。十七年,御史谢秉中、布政使刘璋等,清理续占。孝宗弘治十二年,御史吴一贯修筑石闸,始渐有端绪。武宗正德十三年,郡守杨孟瑛锐意恢复,力排群议,上书言西湖当开者五：一、以风水为言。谓西湖塞，则杭州之形势破损，生殖将不蕃。二、以守备为言。谓西湖塞，则城之西部，无险可守，奸宄易滋。三、以人民之卤饮为言。四、以运河之枯竭，妨害交通为言。五、以田亩之缺乏灌溉为言。此三者皆白、苏二公之论也。朝议许之。于是毁田荡三千四百八十一亩，西抵北新路为界，增益苏堤高二丈，阔五丈三尺。西湖大部始复唐宋之旧。盖自宋亡以后，西湖渐废。历一百数十年，始有明宣宗时之倡议浚治。又历七八十年而底于成。故论者以杨孟瑛为西湖中兴之首功焉。然其后官司禁约浸弛，豪民又有侵占，柳败而堤亦圮。世宗嘉靖十二年，县令王钜，令犯轻罪者，种桃柳为赎。红紫又灿烂如锦。至十八年，巡按御史傅凤翔对于侵占者又清理之。四十四年，巡按御史庞尚鹏刻碑于清波、涌金、钱唐三门，严为防禁。然至神宗万历时，又骎骎插芭笼，树楼榭矣。甚矣！人民之惟知自私自利，而不知公益！惟其时太监孙隆修理白沙堤，于其他风景古迹亦竭力点缀。说者以为西湖功德主焉。

八、清代以康熙、乾隆两帝之历次来杭，所有风景区，或树碑，或题额。故官厅皆能加意葺治，以备临幸，无敢废弛者。雍正时之总督李卫，浚湖三年。嘉庆时之巡抚阮元，浚湖二年，其尤有名者也。同治时，当大兵之后，巡抚左宗棠、布政使蒋益沣，并加浚治。左宗棠并于湖中试行小汽船。则湖水之深与无葑蔓可知。其后又设浚湖局，确定经费，备船只，雇人夫，由绅士管理，每年常川撩葑。民国以后，改由官办。十年以后，白堤、苏堤及南山、北山，均改筑马路，有环湖之计划。胜利后，令日俘筑西山马路，自岳坟南至张苍水祠，名曰凯旋路。环湖之计划始成。又备机器船以挖泥去草。以后西湖，当永无淤塞之患矣。

白　堤

五　湖中之建设

一曰白沙堤　亦曰白堤，又曰沙堤，殆唐以前筑以通孤山之路者。或以为白居易所筑，误也。径三里余。宋时称孤山路。分湖为二，堤之北曰北里湖，以别于苏堤以西之里湖。为桥二，东曰宝佑桥。唐人呼之曰断桥，殆以孤山之路至此而断也。亦曰短桥，对湖南之长桥而言。又曰段家桥，不知其名之由。西曰西泠桥，亦曰西林，或作西陵，又作西村。南宋时游湖次第，先南后北，向午则尽入此桥。弁阳老人词，所谓"看画船尽入西村，闲却半湖春色"是也。断桥之西，又有一桥，曰涵碧，宋时转运使陈尧佐曾重修之，有碑记其事。明万历中，太监孙隆重修白沙堤。两岸垒砌白石，色如玉，中间敷以软沙，杂栽四季花木，名之曰十锦塘（亦作石径塘）。改涵碧桥之名曰锦带。或以桥为孙隆所建，殆非也。《西湖志》谓桥系木质。康熙帝舟过其下，乃改为石。此说亦可疑。陈尧佐所修者，如仅系木桥，则何必立碑以张其事？孙太监之力，能修十锦塘，乃不能易木桥为石桥，抑又何耶？

　　一曰苏公堤　简称苏堤，宋苏轼所筑。自岳王庙之东，直达南屏山西麓。轼作诗，所谓"六桥横绝天汉上，北山始与南山通"是也。相传苏轼筑堤时，取土于赤山。惠因寺僧谓与寺之风水有关，谏不可。轼曰：果若此，我死后必为寺之伽蓝神以护之。遂尽取赤山之土。尔后寺之伽蓝神，佥以为即轼也。轼去后，林希继任，榜其堤曰苏公堤。杭人并于堤上作祠以纪念之。当时堤上有九亭六桥，自南而北。第一桥曰映波，桥畔后建定香寺。南宋理宗时，京尹袁韶改为旌德观，祀本郡人物许由以下四十人，列女孙夫人等五人。亦曰仰高。祠中建虚舟、雪锦二亭。桥下西通赤山。第二桥曰锁澜，路通赤山麦岭。其后京尹洪涛，于桥畔建湖山堂。袁韶又建三贤堂，以祀白居易、林逋、苏轼，匾曰"水西云北"，曰"月香水影"，曰"晴光雨色"。第三桥曰望山，通花家山。第四桥曰压堤，通茅家埠。桥畔后建崇真道院，亦名龙王祠，以白、林、苏三人附祀。桥下水极深，凡入灵竺舟行者，必取道于此。桥旁设有石台，笼烛以照夜行之舟。第五桥曰东浦，或曰应作束浦，通九里松之曲院。第六桥曰跨虹，通耿家埠（《梦粱录》谓之涵碧桥），但土人以头桥呼之。夫堤上桥畔可以建寺院祠宇，则其宽广可想也。刘一清《钱塘遗事》曰："东坡筑堤，自大佛头直至净慈寺前。"此说与今之堤形不类。且大佛头在北里湖，中隔白沙堤，岂能越堤而筑？所言当有误。然《方舆胜览》曰：苏堤成后十年，吕惠卿来守杭，奏毁之。孝宗乾道时，始筑新堤，自南山净慈寺前，直抵北山，分湖为里外。明李旻浚治西湖说，亦谓苏堤毁于吕惠卿，南宋洪涛、潜说友相继修复之。然则今之苏堤，果如《钱塘遗事》之说，非苏轼所筑之旧耶？或谓惠卿所毁，乃毁其堤上之生祠，非毁其堤也。此则又一说矣。明熹宗天启丁卯，浙抚建立魏忠贤生祠，徙跨虹桥于百步之外，数日立成。此其变动之可考者。堤上两旁遍栽桃柳，春时烂缦如锦。然兴废无常。偶经兵燹，益复濯濯。清之季世，堤畔半为桑土。民国后改筑马路，遂焕然改观。六桥之胜，自昔与三竺并称。

一曰赵公堤　宋时称小新堤，为南宋安抚赵与𥲅所筑。自北山第二桥之西，至九里松之曲院埠，以通灵竺，袤二百五十丈，广二十五丈，夹岸植桃柳以比苏堤。明代荒芜，遂成陆地。今已无遗迹可寻。

一曰杨公堤　在苏堤之西。明武宗正德三年，杭府杨孟瑛所筑。亦有六桥，名里六桥。然近北三桥，宋时已有之。近南三桥，则孟瑛筑也。孟瑛各命以名，而田汝成为更定之。自北而南第一桥曰涵玉，改曰环璧，以玉泉之水所从以出也。西通耿家埠。第二桥曰流金，金沙港之水所从以出也。路通灵竺。第三桥曰卧龙，原名二龙。地近龙潭，深黝莫测，时有祥光浮水面，疑有神物藏焉，故名。路通茅家埠。第四桥曰隐秀，原名浚复。绕丁家山而东，沿堤屈曲，苍翠掩映，故名。通花家山。第五桥曰景行，原名浚治。桥畔旧有三贤祠，又西挹高峰，取《诗经》"高山仰止，景行行止"之意，故改之。路通麦岭。第六桥曰浚源，虎跑、珍珠二泉之水出焉。其源长矣，非浚导不可，故名曰浚源（按：虎跑、珍珠之泉恐不能出于此，此田汝成之误也）。

一曰金沙堤　清世宗雍正九年，总督李卫所筑，故亦曰李公堤。自苏堤东浦桥之西连接以达金沙港，而与赵公堤故址相接。广三丈余，长六十三丈，中建一桥曰玉带，下环三洞，上建巍亭，翼以丈石雕栏。石级分两行，中为斜坡而无级。旧时湖上诸桥，无及其宏丽者。"玉带晴虹"遂为西湖之一景。今亭已不存。

一曰三潭 亦名三塔，宋苏轼所立者，令塔以内不得种植菱芡，用意如此。或谓潭底有怪，以塔镇之，此神话也。或谓湖中有三潭，深不可测，筑塔以镇之。亦非是。南宋旧图，从南数湖中对苏堤第三桥之左为一塔，第四桥之左为一塔，第五桥之左为一塔。塔形如瓶，浮漾水中，所谓"三塔亭亭引碧流"是也。中塔、南塔之间，旧有小洲，上有寺，名保宁，石晋天福时建。北塔之旁，亦有小洲，上有寺曰湖心。明宪宗成化后，中南二塔与寺俱废为草滩。东西延袤三百八十步，南北延袤九百步。神宗万历间（一说孝宗弘治间）杭人请于大吏，浚取葑泥，环绕筑埂，插以水柳，为湖中之湖，专为放生之用。又于旧保宁寺基建堂，曰德生，择僧守之，禁绝渔人入内捕捉。又筑三石塔于堂前之堤上。故亦名湖心三塔寺。即今三潭印月之地是也。清初，三石塔悉毁。康熙三十八年，于其南之湖中，作瓶形之石塔三，鼎峙其间，谓之三潭，以存古迹。实则非宋时之所谓三塔也。《西湖渔唱》以今日之三塔为明代所置，殆即指在堤上者而言。陆云士《湖壖杂记》，作于清顺治九年，谓三塔久废，则今之塔为康熙时所建无疑。至于北塔及湖心寺，明初犹存。孝宗弘治间，寺僧怙权贵势，恣为不法。按察使佥事阴子淑毁其寺，并去其塔。至世宗嘉靖二十一年，太守孙孟寻遗迹建亭其上，露台亩许，周以石阑。湖山胜概，一览无遗。二十八年，太监孙东瀛改建清喜阁，极壮丽。入清后，为龙王庙。然杭人仍以湖心亭名之。

一曰阮公墩 清道光时，巡抚阮元大浚西湖，以所取葑草污泥堆积而成。然百余年来，树木丛生，而土仍松软，不能利用之。

一曰博览会纪念塔 民国十八年，开博览会于西湖。会毕，作此。正对孤山公园。以铁及水泥为其质，作圆筒形，基为平台，拾级而登，内有喷水鱼池。又作犀牛形者四，在池旁。塔之高处，有露台绕之，可由圆筒形中之螺旋梯拾级而上。周览四面，殊清旷也。胜利之后，改名戚继光纪念塔。又有木桥，自孤山放鹤亭畔斜通北里湖之西北岸，名曰博览会桥。日寇陷杭后，桥毁去而塔尚存。

六　湖之风景

晴湖不如雨湖，雨湖不如月湖，月湖不如雪湖，杭人游湖者之说也。四时朝暮，阴晴雪月，无所不宜，惟游者心会之，并不限于一隅一角之状，此西湖之所以可贵。十景之名，始于南宋之马远。远在画院，慨宋室之偏安，故其画西湖，往往仅画一角，以示剩水残山之意。而十景之名，遂由以起。元人仿之，遂有钱唐十景。清人又扩之为杭州十八景。又扩之，为东西南北四十二景。大率无关于湖。其有关于湖者，亦未能尽出宋人之范围。至于一屋一物，而亦谓之一景，其为景亦琐琐矣。兹就宋人之十景言之。

一曰柳浪闻莺 宋时自清波门至钱唐门，沿湖五里，皆植柳树，有柳洲之名。柳浪闻莺之景，在清波门外。其地有港有桥，皆以柳浪名。每当春时，柳丝跕地，轻风摇飏，如翠浪翻空。黄鸟睍睆其间，与画舫笙歌相应答。此为春景也。宋时地在聚景园中。宋亡，园废。元代有阿老丁者，从世祖徇西土有功，来杭建凤凰寺，死遂葬此。其孙丁鹤年，孝子也，庐于墓旁。其后子孙悉葬此，号丁氏陇，俗名回回坟。清圣祖康熙三十八年，恢复十景之旧。巡抚张敏，不忍掘回回坟，乃于钱王祠前建亭，立康熙帝所书柳浪闻莺碑于中，而南宋之景遂易其地矣。

一曰苏堤春晓　苏堤两旁，悉栽桃柳。杭人有"一枝杨柳一枝桃"之谚。每当春日，桃柳竞芳，红绿相间，远望近观，均堪娱目。而破晓之际，晨光乍启，宿雾未消，落英蘸波，锦屏垂绣，实为湖中之最胜处。此为春景，亦兼为晓景。

一曰曲院风荷　宋时，九里松行春桥之地，有麯院，为酿官酒之所。其旁湖中，悉植芰荷。每当风过，香沁心脾。故以为夏景。宋亡，院废。湖亦淤为平陆。清初规复旧景，于苏堤跨虹桥东，辟地浚池栽荷，更建楼阁，而树御书之碑焉。康熙帝且改麯院为曲院，改荷风为风荷，实则不足言景。无人过问，徒存其名而已。

一曰平湖秋月　亦作秋水。宋代此景，本无一定之地。清初欲求其地以实之，乃于明代望湖亭故址，指为此景所在，而树碑焉。其地突出湖中，三面空虚，可以平眺，遂为秋景及夜景。

一曰三潭印月　三塔各高丈余。形如壶瓶，而空其中。各有三孔，以通于外。秋月映之，塔下各有三影，故名。然殊未确。清陆云士谓于将台山上望之，湖中有三大圆晕，见于放生池之左侧，谓之三潭印月。此特为湖中有三晕，不言有三塔也。宋时三潭印月之景，究如何，不可考矣。此亦为秋景及夜景。

一曰断桥残雪　雪后至孤山探梅者，登此桥一望，则葛岭一带，楼台高下，如铺琼砌玉，晶莹朗澈，不啻玉山上行。此为冬景。《西湖梦寻》以为堤上树皆合抱。行其下者，枝叶扶苏，漏下月光，碎如残雪。以为夜景，而非真雪。似不可从。

一曰雷峰夕照 宋时，塔上重檐飞栋，窗户洞开，夕阳返照，金碧耀目。明代虽毁于兵火，而塔身岿然独存。砖皆赤色，苍萝翠蔓，掩映纷披。日落时倒影湖中，如火珠将坠。故仍可以为晚景。林逋雷峰诗"夕照前村见"，景名本于此。清康熙帝题碑改曰西照，未有从之者也。雷峰塔圮，此景遂失。

一曰南屏晚钟 南屏山多空穴，传声独远，故以为晚景。清康熙帝改曰晓钟，人亦不从之。盖以修省言，自以晓钟为佳；而以摹写景物言，应以晚钟为是。杜诗有"山钟摇暮天"之句。钟声之摇，令人有日暮苍茫之感也。钟为明初所铸，重二万斤。

一曰两峰插云 欲雨未雨之时，四山云幂。而南北两峰以高故，犹露其巅，故有此名。本为湖中遥望之景。清初必欲求其地以立碑，乃置之行春桥畔。湖中之景，易为陆上之景矣。康熙帝改两峰为双峰，人多从之。

一曰花港观鱼 花港之水，出花家山。南宋时，内侍卢允升筑园于此，景物奇秀。引港水甃石为池，水冽而深，异鱼种集，士民群往游观，故有此名。宋亡，园废。清初无从复其旧迹，乃于小南湖之北，当三台山出入之径，甃石为池，畜鱼立碑，以存其名。实则地非花港，鱼亦不及玉泉之有名也。宋人此景，于四时朝暮阴晴无所属，且与湖无关。殆以足成十景之数耳。

元人钱唐十景，所谓钱唐，即指西湖。以西湖亦名钱唐湖也。其十景之名：曰两峰白云，曰西湖夜月，曰孤山霁雪，曰六桥烟柳，曰葛岭朝暾（详见《说山》，一作东海朝暾），曰北关夜市，曰九里云松，曰浙江秋涛，曰灵石樵歌（详见《说山》），曰冷泉猿啸（或作灵隐社集）。此十景，前四者与宋

人之景相似,后六者,则与湖一无关系。若灵隐社集,更不得谓之景也。至于清人之杭州十八景:

一曰湖山春社 清雍正九年,总督李卫于金沙港地方、明魏忠贤生祠故址,创立祠宇。中塑神像,曰湖山正神。旁塑女像十三,曰十二月花神及闰月花神,尽态极妍,服饰各不同。每当春社之日,杭人士女祈赛于此。画鼓灵箫,喧阗竟日。所谓湖山正神,李盖以自况。十三花神,则其姬妾也。后为言官所纠,有诏切责,乃稍稍更易之。咸丰末后塑像悉毁。光绪中改为蚕学馆。

一曰功德崇坊 指钱王祠而言。清雍正五年,于祠前敕建石坊,题曰"保障江山"。俯临湖面,沙堤平垣,约数十亩,垂杨披拂,望如烟丝。其中丹宫碧殿,掩映林表。每当旭日初升,霞光绚烂,波光荡漾,晓雾迷离,恍见风马云旗之象也。

一曰海霞西爽 孤山西麓,有高阜如平台。清雍正八年,构亭其上,额曰"西爽",取昔人西山朝来致有爽气之意。但海霞两字不得其解。亭已久废。

一曰玉带晴虹 玉带桥回廊绕水,朱阑倒影,金碧澄鲜。桥畔花柳夹映。上构红亭,飞革高骞,晴光照灼,如天际长虹,横亘霄汉。今所存者惟桥而已。

一曰莲池松舍 孤山路口,旧有龙王堂,即水仙王庙,在平湖秋月之后。旁有莲池,宽数亩,尝产白莲。清雍正五年,改建精舍。前楹祠水仙王。后楼祀白衣大士。湘帘窣地,清磬声圆。瓶中咒水,时与池上莲花同结异香焉。

一曰宝石凤亭 宝石山上旧有亭,曰来凤。以山形如凤,保俶塔似其味也。亭为清雍正时所建。南望平湖,水天滉漾,群山起伏。北望则平畴万亩,沟洫纵横,屋庐栉比。每值清秋气爽，木落天高，岩石瘦削，风景特异。

一曰梅林归鹤 孤山林逋栽梅豢鹤，为北宋之事。数百年来人共仰之。然梅可补种而鹤不恒有。故此景与元人之冷泉猿啸，同为有名无实之事。

一曰鱼沼秋蓉 三潭印月，本为放生池以畜鱼。环池临水，昔时遍栽木芙蓉。每当秋时，花开四面，五色缤纷。堤上之花，与水中花影相映，如绮霞缯幔，周遭围绕。今则以荷花为盛。

一曰亭湾骑射 出涌金门，沿湖而北，稍折而西，水流湾曲，曰亭子湾。旧有亭曰黑亭子。沿湖数百步，平沙浅草，可容骑射。清时，驻防营中之八旗子弟，于此肄武。每当校阅之时，铁骑屯云，朱旗耀日，弓刀竞响，鼓角俱鸣，别是一番景象。今之湖滨第一公园即其地也。

一曰湖心平眺 指湖心亭而言。四面临水，西向正对南北两高峰，左右翼以雕阑，花柳掩映，上为层楼。凭阑四望，群山环列如屏，仿佛蓬莱宫在水中央也。

一曰沙屿流金 指金沙港之关帝庙而言。前接丁家、花家两山，水波澄澈，山色葱茏。《西湖志》以为湖山绝胜处。

以上十一景皆濒湖，犹可谓为西湖之景。其他尚有蕉石鸣琴（已详丁家山）；玉泉鱼跃，指清涟寺而言；凤岭松涛，指万松岭而言。此三者去湖已远矣。若天竺香市、云栖梵径、西溪探梅、韬光观海，则与西湖更渺不相涉也。此外又有瑞石古洞，指城内之紫阳山而言。又有吴山大观，指城隍山之大观台而言。又有篁岭卷阿，指龙井之凤篁岭而言。此三者均应属之山，与西湖无关。

至于东西南北之二十八景：一曰金城耀采，指城市而言。西湖三面环山，独缺其东，以此补之。一曰石溜流膏，指流水桥而言。明代于涌金门外开水门，建闸以启闭之。此二者实不得谓之景也。一曰钱唐六井，指李泌所开而言。一曰湖堤水利，指白、苏二公之治湖而言。此二者系史事，不得谓之景。一曰问水古亭，在涌金门外。明神宗时，太监孙隆所建，为舣舟之所。后改为关帝庙。一曰南宋籍田，在玉皇山下。一曰三生古迹，指下天竺寺之三生石而言。一曰文成讲舍，在玉皇山，明王守仁与门人讲学之地。此四者系古迹，不得谓之景。一曰长桥锁钥，在清波门外。昔时泄桥南之水入湖。此系水利，亦不得谓之景。一曰敷文书院，在万松岭上，为士子肄业之所。一曰崇文舫课。崇文书院在岳坟东。明神宗时，巡盐御史叶永盛集士子课文于此，授以题，命各就舫作文。花洲鹭渚，听其所之。少焉画角一声，群舫毕集，各以文进。名曰舫课。此二者亦与景无关也。一曰二贤祠宇，在涌金门外，祀孔子弟子子贡、子路。一曰忠肃祠宇，在三台山，祀明于谦。旁即其墓，俗名于坟。一曰鄂王古墓，即岳坟，宋岳飞葬处。此三者亦系古迹，与景无关。一曰凤林古刹，即凤林寺。一曰理安藏经，即理安寺，有藏经楼。一曰云林参禅，即灵隐寺。一曰虎跑仙迹，即虎跑寺。一曰龙井名泉，即龙井寺。一曰西坡梦泉，即天竺寺。一曰法云讲寺，即惠因寺。一曰净慈佛国，即净慈寺。一曰昭庆戒律，即昭庆寺。一曰大佛庄严，即大佛寺。一曰永福禅院，在资严山。以上十一者，皆为寺院。虽其中亦各有其景，而与湖无关。一曰莲花高峰，在飞来峰旁。一曰灵鹫飞来，即飞来峰。一曰凤凰高冈，即凤凰山。一曰五云名山，即五云山。一曰竺国白云，指天竺山旁之白云峰而言。一曰黄龙积翠，指黄龙洞附近而言。一曰玛瑙名山，指孤山玛瑙坡而言。一曰烟霞采色，即烟霞洞。一曰水乐清音，即水乐

飞来峰

洞。一曰石屋虚明，即石屋洞。一曰栖霞胜迹，指栖霞岭中各洞而言。一曰金鼓仙迹，指金鼓洞之鹤林道院而言。一曰六和古塔。以上十三者，距湖均远，应属之于山景，不能曰湖景也。一曰小有天园，在净慈寺西南屏山麓。本名壑庵，清初为邑人汪之萼别墅。石笋林立，秀削玲珑。有泉自石隙出，汇为深池，即古金鲫池。宋苏东坡所谓"我识南屏金鲫鱼"，即此池。又有司马光摩崖碑及米芾所书"琴台"二字石刻，均在其内。幽居洞、欢喜岩亦在焉。更有南山亭、文昌祠、准提阁。祠侧石隙，有石刻"此石崩云"四大字。山径至此，石益奇，地益高，所见益远。左江右湖，如在几席。清乾隆帝驻跸庵内，赐以小有天园之名，故杭人多能称道之。一曰白云古迹，在雷峰塔下之湖滨，名白云庵。明末已有之。中奉月下老人。民间之求婚姻者，卜科名者，皆来此祈签。清乾隆二十二年，辟其旁为园，引湖水为池，缀以亭阁。帝亲临幸，赐名漪园，即宋翠芳园，一名屏山园之故址也。一曰吟香别业，在孤山陆宣公祠之后，为清闽浙总督范承谟祠。承谟尝于盛夏过湖堤，荷花盛开，触事行吟，得绝句十首。邦人刻石于此，故有吟香别业之称。承谟去浙时，取白居易"一半勾留是此湖"之诗意，书"勾留处"三字，榜于湖心亭。后人移悬祠中，遂名之曰勾留处。祠中有池榭楼台之胜。以上三者，皆濒于湖。可援宋人花港观鱼之例，为湖之景。惜小有天园、吟香别业，早已湮废。白云古迹，亦在若有若无之间耳。又其一曰留余山居，在南高峰北麓，为清初邑人陶骥别业。石壁奇峭，有泉从石壁下注，高数丈许，飞珠喷玉，作琴筑声。顶有楼曰白云窝，遥望海门，俯视全湖。清乾隆帝临幸，赐以今名。此地距湖过远。至今即不湮废，亦难厕诸西湖风景之列也。

七　湖水之来源

唐白居易谓湖中有泉百道，湖耗则泉涌。虽罄竭湖水，而泉脉相通。然南宋、明代，屡涸见底，其说不验。或居易不过想象之词，或岁久而泉穴湮塞，均未可知也。今考其四山灌注之水，最著者有八。

一曰南涧北涧　南涧，一名流虹涧，发源于天竺山白云峰东之水出岭，一名龙源。合两山支涧，经灵隐房小桥，过郎当岭路之小庙桥，又合观音井之水，出金佛桥，过天岩房桥，东合杨梅坞支涧，出琮老桥，又合德馨桥下之水，又东合中天竺永清坞支涧，又北出中天竺寺桥，东合下天竺神道坞支涧，北过下天竺寺桥，东合月桂峰支涧，有水三，横出如川字，名葛洪水，再过慈云北涧，出飞来峰，至龙迹桥（一作龙脊），会北涧。

北涧发源于灵隐山之西源峰，一名钱源水。南合白沙坞支涧，西合永安坞支涧，西北合大桐坞支涧，过吴寺桥，西北合乌石峰之水，南会呼猿涧暗水，又合冷泉水源，北合石笋峰支涧，又北会金沙、银沙泉支涧，又北合韬光支涧，东流过曹家桥，渟汇于灵隐寺前之石门涧。先时涧水深广，可通舟楫。宋高宗时，以形家者言，谓灵隐系火山，宜建闸蓄水以压之。遂不能通舟楫。明孝宗弘治十三年，山水横发，闸崩而涧亦涩，遂成今日之状态。北涧水过此，再经回龙桥，而会南涧水于合涧桥之下。旧时水势甚广，桥有三洞。其地即所谓灵隐浦也。宋时湖中舟楫，尚可至此（按《汉书·地理志》，"武林山，武林水所出，东入海，行八百三十里"，即指此水。其时湖与江尚未隔绝。所谓东行八百三十里者，当合江之下流言之。阚骃《十三州志》谓之钱水，则钱唐之所由得名也）。自灵隐浦而下，名曰金沙涧，北合水架坞支涧，东流过白乐桥，北合瑞云坞之水，流行桃源岭、积庆山之间，经神霄雷院前，一名后涧。有玉泉之水来注之。玉泉源出西山，涌现于清涟寺中，流出寺外，溉田千顷，余波入金沙涧。金沙涧再东出唐家桥，东南过东西二行春桥，至流金桥入湖，所谓金沙港也。一名金溪，沙明净作黄金色，故名。其浅陂则称金沙滩。此为西湖最大之水源。

一曰桃溪　出栖霞岭上。昔时桃花甚繁，故有此名。流经岳王坟而入湖。

一曰胭脂泉　出胭脂岭之普福寺中，通小溪至茅家埠之东入湖。

一曰金沙泉　亦名金液泉，源出棋盘山，东北流二里许，过永福桥，会玉钩涧。玉钩涧出凤篁岭下，汇龙井之水，过溪桥，东北经金钟、五老诸峰，穿绕大路，而与金沙泉会。路口旧有玉钩桥,元代勾曲外史张伯雨卖玉钩所建,涧因以名。二水既合,又东流半里许,至饮马桥,合黄泥岭之水,复合集庆寺君子泉之水,由茅家埠入湖。

一曰花港　源出花家山,由隐秀桥入湖。

一曰惠因涧　源出赤山之铁窗棂洞。洞口高数尺,旧传有蛟龙出入,恐其为患,乃置铁窗棂,嵌于石槽以拒之。水自窗棂中出,六月如冰,大旱不竭。过惠因寺前,遂名惠因。有筼箕泉之水,自赤山之阴来注之,过回龙桥,至赤山埠东,入于湖。

一曰长桥水　宋时钱湖门内诸山之水,分三道而下。雨甚则侵浊湖水。故于长桥之南,筑澄水闸,引其水由闸而入于湖。又筑南闸,引方家峪之水,由闸而入于湖。故其时长桥甚长,亘约里许,下有三洞。实为湖东南诸山之水所自出。今桥虽缩短,出水当自若也。

一曰学士港　在清波门外,旧长九十六丈,城中铁冶岭诸山之水由此入湖。

八　湖水之去路

(一)经城内而他去

唐李泌开六井,为引湖水入城之始。吴越钱氏,沿钱塘江置闸,不使江水溢入城中,于是城中诸河,悉赖湖水之浸灌。自清波门至钱唐门,宋时引湖水入城者,有明沟五道,暗沟十五。今可考者,惟旧藩署前之百狮池、杭府学中之泮池,为暗沟。清波门之流福沟、涌金门之涌金池,与其北之环带沟,为明沟。如此而已。

城中大河，南北行者有四：一曰清湖水，亦曰西河（旧时在旗营中者亦曰营河）。二曰小河。三曰盐桥大河，宋时亦名运河，亦简称大河。四曰菜市桥河，亦简称市河，亦曰东河，又曰东运河。凡此四河，均藉明沟、暗沟为灌注。然终苦不敷。故北宋苏轼开茅山河，南宋赵磻老置闸于通江桥之东，仍须纳江水以资增益。

明宪宗成化十二年，创开水门以通西湖。自柳洲寺入城，即宋玉莲堂水口故址，深四丈五尺，阔七尺，高九尺，置铁窗棂障隔内外，以防暴溢。至世宗嘉靖乙卯倭变，乃以石阑阻之。至清代康熙四十四年，以康熙帝来杭，臣工欲使御舟可由湖出入，织造孙文成又大启水门，引湖水入城，开河广一丈五尺，深八尺。于是非沟而为河，水源畅通矣。

清湖水首受西湖之水，入城而东，至西浣纱路，分南北流。南流者为三桥址河，至上华光巷而止。宋时所谓断河头是也。再折而东抵旧行宫前者，为清代所开，欲皇帝御舟可直泊行宫也（此南流之河，民国二十年后悉皆填塞）。北行者至平海路之八字桥，又分为二。一支过八字桥之清湖桥下，仍向北流，折东北，过众安桥下，折东入于小河（此支亦于民国二十年后填塞，并所有之桥而毁之。八字少其一偏矣）。一支西北流至西大街之回龙桥西，再分为二。其一，折东过回龙桥至观桥，入于小河。其一仍北行，至洗马桥之南，分一支东过破仓桥、天水桥而东南，又分为二。一合于小河。一东过胭脂桥，至梅东高桥，合于盐桥大河。其本干仍北行，过洗马桥，至武林门水口，分为二。一西折出城河。一东折过小新桥，至田家桥之西，入于盐桥大河，又东过田家桥，至新横河桥，入于菜市河。此河为清光绪初巡抚梅启照所开者也。梅东高桥之东，过吉庆桥而南,直至贡院东桥,此河为宋代茅山河之仅存者。自吉庆桥而东,梅启照亦开一河,自回水埠、小夹道巷、灰陈巷诸废址,东达于宝善桥,而与菜市河通。此河已湮没于大营。

清行宫侧影

清行宫御碑亭

考隋代未筑杭城以前，已有清湖镇。则此河之开盖甚古矣。明代以前，此河与西湖不通。受清波门暗沟之水，至府治前，过净因寺桥（即清代杭府署前之懊来桥），再东，过闸儿桥、楼店务桥（今水沟巷对面），折北过转运司桥（即旧时运司河下），至渡子桥，与涌金池水合，折东，过金文库桥（在闹市口东），南折至上华光巷而止，北折至军将桥（今开元桥）。此为清湖河之上源也。自明代大开涌金水门，以湖水为上源，而昔时之上源次第湮塞，桥亦多废。

小河于众安桥、观桥，受清湖水。其北行者，至天汉洲桥之北，仍与清湖水合。其南行者，至清河坊巷，过钟公桥，入于盐桥大河。此河自来不通舟楫，但供洗濯。清末时，曾有填塞之以筑江墅铁路之议。经地方反对，路筑城外，河乃不填。日寇陷杭，居民污物无出路，竟弃河中。胜利归来，河已就平，不可复开，因筑为路。故今已无此河矣。

盐桥大河，受清湖小河之水，纵贯城中。北抵梅东高桥、田家桥，与清湖水会，南至通江桥之南，分支东折，经过军桥，折而南，过车驾桥，又折而东，出候潮水门，入于城河。大河本干仍南行，出凤山水门，折东南，分支东过回驾桥入城河。其本干东南行，折南，至南星桥，分为二。一支南流折西，过梁家桥、诸桥、美政桥、洋泮桥、海月桥、化仙桥、小桥，至闸口，与江通。实则自城内稽接骨桥至闸口，皆为宋时之茅山河也（城外一段，亦名龙山河。南宋时，以逼近大内，南北各置铁窗栅以限之，锁闭不曾辄开。《梦粱录》所谓南水门、北水门也。舟楫不通，岁久湮塞。元仁宗时，丞相脱脱浚之，长九里二百六十步，造石桥八。其子达识帖木儿来，为行省平章，复浚之。舟楫虽通，而未达于江。明太祖时，参政徐本以河道窄，军舰高大，不能出江，又拓广八丈，浚深二尺，仍置闸限潮，舟楫出江始便。然又以河高江低，改闸为坝）。一支折东入城河，其南为跨浦桥。吴越钱氏于此置闸以断江水焉。城河受盐桥大河之水，北流至清泰门外，分为二。其一，沿城而北，再折而西，以与清湖水东来之城河会。其一西入清泰水门，为横河。再西，入于菜市桥河。菜市桥河，由横河受城河之水。其南行者，本与昔时之茅山河合。茅山河既湮，此河亦断。今之所谓断河头也。其北行者，至新横河桥，受清湖水，更北出艮山水门，与东西来之城河相会。

由此言之，则城中诸河，循环往复，皆为西湖之水所浸灌。清代巡抚阮元，有杭城水利图，勒石于城隍山之海会寺中，甚为详明。

附 茅山河 宋时盐桥河与菜市河之间，尚有茅山河。其时菜市河尚在城外。城中最要者，惟盐桥与茅山二河。而茅山河两岸犹荒僻。盐桥河实为交通之重心。

苏轼《申三省起请开湖六条状》曰："城中运河有二。其一曰茅山河，南抵龙山浙江闸口，而北出天宗门。其一曰盐桥河，南至州前碧波亭下，东合茅山河，而北出余杭门。余杭、天宗二门，东西相望，不及三百步。二河合于门外，以北抵长河堰下。今宜于钤辖司前创置一闸。每遇潮上，则暂闭此闸。令龙山浙江潮水径从茅山河出天宗水门，则盐桥一河过阛阓中者，永无潮水淤塞开淘骚扰之患。""潮水自茅山河行十余里，至梅家桥下，始与盐桥河相通。潮已行远，泥沙澄坠。虽入盐桥河亦不淤填。""茅山河既日受潮水，无缘涸竭。而盐桥河底低茅山河底四尺……则盐桥河亦无涸竭之理。"苏轼之状如此。夫茅山河，既专受潮水，泥沙所淀，其底又高于盐桥河底四尺，其易于淤塞宜也。《淳祐志》曰："茅山河自保安水门向西，过榷货务桥，转北，过茅山井、蒲桥，而至梅家桥。德寿宫之东，原为此河所经。因展拓宫基填塞之。积渐民户包占，惟存去水大沟，流至蒲桥修内司营。填塞所不及者，故道尚存自后军东桥至梅家桥河一段。"据此则茅山河之填塞，因筑宫而去其中之一段也。茅山井不知何在。《西湖游览志》曰：候潮门之东有茅山，高可寻丈，河经之，故有茅山之名。此茅山亦不知何在。然所谓候潮门，当为北宋时之候潮门，而非南宋时之候潮门。因茅山河既在保安水门以外，决不能再至南宋之候潮门以外也。《淳祐志》之茅山井，在榷货务桥之北，则在城内。与《游览志》之所谓在门东者不同。一山一井，显然两地矣。乡先辈丁松生先生丙，有《茅山河故道考》一篇，大致谓今之贡院东桥河，直北以抵乌龟尾巴桥者，实为茅山河尚存之一部。引而南，为柳营巷、五老巷至乌龙巷口，即《淳祐志》所谓蒲桥之所在也。再引而南，为打线弄（此弄今不存，疑即宣徐弄）、薛衙前、江牙园（在杨凌芝巷与清吟巷之间，即余所居地）。又引而南，为总织局（清末为谘议局。民国后为省议会地），为高桥巷。所谓高桥，昔时为茅山河所经。河塞桥毁，而名犹存也（民国十六年后改为民生路）。又引而南，为林木梳巷、景家弄、太平营（在佑圣观西）。过宗阳宫西，为牛羊司巷，与《淳祐志》西过榷货务桥之说合，以宋之榷货务桥在今牛羊司巷之前也。自牛羊司巷再南，即通保安桥。与《乾隆志》"茅山河湮塞未尽者为桥五：曰水门、曰诸家（今作车驾）、曰保安闸、曰保安、曰过军"之语亦合。丁先生此考，可谓明且确矣。然以苏轼之状及《梦粱录》所载核之，惜犹未尽，且有误也。轼之状曰："茅山河南抵龙山浙江闸。"又曰："盐桥河南至州前碧波亭下，东合茅山河。"《梦粱录》述盐桥运河亦自碧波亭州桥起。可见州桥以南之河，皆茅山河。盐桥河自西来合之，不过其旁支耳。故考茅山河者，当考至州桥，并至浙江闸为止，不应仅至保安桥为止也。夫所谓州前者，即今秸接骨桥之地。秸接骨桥北宋时名州桥。碧波亭为钱王讲武之地，即在桥附近。以今之地考之，茅山河由保安桥直街微向西，即至秸接骨桥而与盐桥河会矣。此段丁先生未及之，仅考至保安桥为止，故曰未尽也。丁先生引《乾隆志》之五桥为证，或过信《乾隆志》之说，以为茅山河之水，由今之候潮水门而来耳。不知《乾隆志》以过军等五桥均为茅山河遗迹，实大误。苏轼请于钤辖司前置闸，不欲江水之混入盐桥河也。过军桥如为茅山河之遗，则钤辖司前之江水虽塞，而此处仍通，与苏轼至梅家桥下始合之说不合。如诸家等桥为茅山河之遗，江水由今之候潮水门而来，则与苏轼南抵龙山浙江闸口之说尤不合，故曰误也。过军等五桥之河，系南宋吴芾所开以纳潮水者。

　　城河之水合而北流，经施家、觅渡二桥，为上塘河。分支东流为备塘河。分支西流至德胜坝入下塘河（宋时自德胜坝以下，为上塘河。明代筑会安坝，而沙河截。又筑猪圈坝，而泛洋湖反挟天宗门所出水，东趋菜市桥，以并会于五里塘。故施家、觅渡二桥外，即名上塘河，一名夹官河）。

　　上塘河本干西北流，经沈塘湾（至此亦名沈塘河），折东北约九里，而至皋亭山港。分一支东流至笕桥镇。本干再东北，沿皋亭山南麓，过衣锦桥，至赤岸桥，约十二里。分一支东南流至乔司镇。本干再东北流约十一里，至太平渡。分一支南流至乔司镇。本干再东北流过临平镇，至桂芳桥，约七里。

分一支东南通翁家埠。本干再东北流约四里，至施家堰。堰南有盐官第一桥，自此入海宁县。南宋时之所谓运河，即指此。

备塘河分上塘河之水，折东北过打铁桥、姚店桥，约十五里，而至笕桥镇，有牌楼港之水自西北来注之。又曲曲东北流约十三里，至乔司镇，有赤岸桥港之水自西北来注之。又东北流七里，至沈家桥，有天开河分上塘河之水来注之。又东北流三里至翁家埠，有上塘河自桂芳桥分出之水来注之。又东北过万成桥，入海宁县。

由此观之，上塘、备塘两河皆入海宁，而其源皆出西湖。故老相传，海宁天旱水涸，必至杭州请开湖闸以放水，而西湖之地税，由海宁人任之云。

（二）自湖径去

湖东北隅有三闸。南曰圣堂，为明武宗正德时所置，一名小闸，其水泄于新河。新河者，张士诚所开。士诚改宋时之九曲城而直之，故开此河以为城濠也。中曰涧水，一名中龙闸，亦曰水磨头。旧设水磨于此，故名。为宋时所置。南宋姜白石曾居此。俗亦名响水闸。以设闸板多块，水从板上或板缝流出，潺潺作响而名。改筑马路后已不见。北曰石函，为唐李泌所置。圣堂闸之水北流，曰下塘河。中龙、石函二闸之水，西北合流，至八字桥分支。西与西溪之分支合。其本干北至松木场分为二：一支仍北流，合于余杭塘河；一支绕弥陀山而东，入下塘河。

下塘河北流至湖墅，东有上塘河之水，自德胜坝来会之。西有余杭塘河之水来注之。又北流至江涨桥，分支西北为宧塘河。下塘河自此以下，亦名新开运河。

京杭大运河上的拱宸桥

　　元末张士诚以旧河狭窄，自塘栖之五淋港开至北新、江涨二桥，遂成大河，故有新开之名。明英宗正统七年，巡抚周忱自北新桥而北，直至崇德县界，筑塘一万三千二百七十二丈四尺，为桥七十二。清康熙九年，巡抚范承谟又筑石塘四千三百八十三丈，为桥六百二十三。河直而阔，亦深，可通小汽船。杭沪往来者之所资也。自北新桥而北，过拱宸桥，河面益阔，小汽船码头即在桥畔。又北十余里，至横泾桥，分支东南流为横泾港。横泾港之水东南流十里，至南村桥，再分一支北流，经鸭泾桥，凡十七里，仍入新开运河。横泾港正干自前村桥东北曲曲流约十一里，至虾蟆练桥，又分一支西北流，入丁山湖。正干东流，折北，约二十七里，仍入新开运河。新开运河自横泾桥北流，约十一里，至武林渡。有漳溪，由奉口斗门分宦塘河之水自西来注之。折东为杭州、德清两县之界河者约六里余，而至塘栖镇。又东流十余里，至落瓜桥。分支北流，过大喜桥入德清县。正干再东流少北，过坝桥、万年高桥、丰年高桥，约十七里至五里牌，入德清县。

宦塘河为南宋赵与𥲅所开。理宗淳祐七年大旱，运河涸竭。与𥲅时为京尹，募民夫分道开掘，遂成大河。以其为官府所开，故以宦塘名之。受下塘河之水，西北流约七里至板桥，有水自三墩镇来注之。又西北流八里至勾庄镇。分支西北流，为良渚镇水。又西流折西北，约十一里，过安溪斗门而入苕溪。宦塘河正干仍北流，约九里，过锁苕桥，又北流七里，过上纤桥，又二里至奉口斗门，入苕溪。

由上观之，城北三塘，无一非西湖之去路，无一非西湖之水所浸灌。西湖之为利亦溥矣。

九　湖水之失常

西湖水向有软玻璃之喻。明净如镜，是其常也。然有时亦失其常。

一曰涸　宋理宗嘉熙庚子岁，大旱。西湖为平陆，茂草生焉。李霜涯作谑词曰："平湖百顷生芳草，芙蓉不照红颠倒。东坡道，波光潋滟晴偏好。"有司欲捕治之，遂避去。其后六年，为淳祐七年，夏又大旱，西湖尽涸，步行者可以过之。城中人争汲城北白洋池之水，至有以舟载卖者。京尹赵与𥲅乃开宦塘河，取天目山之水，桔槔展转而注之于湖。又历二十年，至度宗咸淳时，又大旱。西湖龟裂，六井断流。明景宗景泰七年，自秋徂冬，数月不雨，西湖涸成陆。时方冤杀于谦，说者以为有天意也。明思宗崇祯辛巳年，杭州大旱。水泽皆涸，湖泥龟坼。杭人惊恐，奔走相告，谓镇压雷峰塔下之蛇妖将复出也。清高宗乾隆五十年秋旱，湖涸，但见葑泥坼裂如龟纹。清宣宗道光时，湖水又涸。断桥一带，泥皆燥裂。咸丰六年五月大旱，西湖龟坼。

一曰溢 唐宋时，春夏水大至，则湖溢，市井泛滥为患。故唐之李泌，凿石函，分湖水使北流以泄之。宋时又于石函东置中龙闸，皆所以防水之溢也。南宋时人烟稠密，环湖皆为民居。宁宗开禧三年四月，大水，湖溢，濒湖民居皆圮。越三年至嘉定三年又大雨，水溢。元末，俯湖为濠，于湖首置闸，而湖水往往冲击城垣。明武宗正德中，移闸于中龙闸之东，泄水独多，患乃已。明世宗嘉靖十年七月，大雨浃旬，水溢。嘉靖三十五年四月，霖雨，湖水泛溢，入城。钱唐门以北之城未曾修治者，冲圮三十余丈。明神宗万历八年五月，大雨，湖水涌进涌金门，舟楫可至三桥址。万历三十六年四月至五月终，大雨数十日夜。湖水泛入清波门者，进至杭府大堂，深四尺。黄泥潭一带民居，水及屋梁。其自涌金门入者，舟行可至上华光庙。清康熙三十八年闰七月，大雨，南北两山洪水骤发。湖水平高丈余，里外两堤俱淹没。行堤上者深过腰膝。山涧冲出棺木无数。城内西北民居水深数尺，三日始退。

按南宋陈亮有言：决西湖之水，可以灌城。说者嗤为书生之见。然清光绪中，每值霖雨，湖中瓜皮艇，往往可由涌金门至渡子桥。或堤防不修，宣泄无方之所致欤！

一曰冰 湖畔偶有冰结，舟须敲冰而行，此为常有之事。至全湖冻合，则少见。元顺帝至正间，湖水全合。故老谓六十年前曾有之。然则第二次矣。张仲举赋诗曰："西湖雪压冰澈底，行人径渡如长川。风吹盐地结阴卤，日射玉田生暖烟。鱼龙穴里寒更缩，鸥鹭沙头饥可怜。安得长冰通沧海，我欲三岛求神仙。"

清道光二十一年，湖水连底冰冻。湖上行人往来，甚至土工扛柩者，亦行走无碍，因而湖心亭有著白撞贼之事，杭人以为笑谈。

按湖中之泥，纯系葑草腐烂所积，松而上浮。视之去水面不盈二尺，而实甚深。溺其中浮而呼救，尚可得生。若欲强自振拔，必至愈陷愈深而灭顶。杭人谓之观音菩萨香灰泥也。

十　湖中之物产

昔时甚多，今已衰落。

一曰鱼　《酉阳杂俎》谓晋时钱唐人作簺取鱼，年以亿计，号万匠簺。此或不尽指西湖而言。唐时湖中渔火，通宵不绝。吴越钱王命湖中渔人日供鱼若干，谓之使宅鱼，想见渔业之盛。自宋王钦若奏请以西湖为放生池，而渔业乃无所闻矣。

相传所产者有土鲋一种，最为有名。明闺秀邵斯贞有"未到清明土鲋肥"之诗句，则其时犹有之。又产鲫鱼，滑软肉松，不异鲥鳊，今皆不闻。明武宗正德中，有鱼黄而无鳞，有肉翅能飞。一日冥雨，飞至洋坝头而坠。不知为何种鱼，其后亦无所闻。

一曰蟹　《淳祐志》：余杭风俗，每寒食雨后夜凉，家家持烛寻蟹。盖恶其害稻也。《万历志》谓出湖中者，色青，雄曰狼蝪，雌曰博带，称天下第一。然蟹生于葑田。葑田去，则蟹不存。南宋末，吴自牧作《梦粱录》，已谓其难得。今更不闻。然杭人呼蟹，犹曰湖蟹也。

一曰藕　湖中所产者，曰花下藕，甘脆爽口，极为有名，扁眼者尤佳。可析为粉。湖上各处皆有出售者，名曰西湖白莲藕粉。然或谓并不出于西湖，或且谓并非藕所制，不知究竟如何。《梦粱录》谓湖中之莲名绣莲尤佳。

一曰莼　宋陆放翁词，有"短艇湖中闲采莼"之句，则南宋时已有名矣。明李流芳曰："人谓莼出萧山湘湖。不知湘湖之莼，皆从西湖采去。湖上之驾舟披蓑者，皆来采莼之人也。"此言极可怪。采去作种耶？则不必年年来采。如非作种，则采自西湖，即是西湖莼。不能谓湘湖之莼，皆从西湖采去也。然今日西湖之莼实不多。据闻惟三潭印月及苏堤第三桥畔有之。嫩而无叶者曰雉尾莼。叶舒，则曰丝莼。采于夏初。

一曰芡　《万历志》谓产于西湖者特佳。《于越新编》谓俗名鸡头子，出杭州西湖。然今则不闻。

一曰酒　湖水可以酿酒。宋时杭州官酒最盛。设曲院于九里松，即取湖水酿之。苏轼谓西湖有五不可废之理由，其一即指此。杭人于冬日汲其水酿酒，味甘而色白，名曰湖白，极为著名。清初尚有之。今已不闻。惟蔡同德药铺设厂湖滨，用其水以煎驴皮胶。不知其功用较阿井如何。

一曰淡水水母　产于西泠印社之潜泉。民国十三年，余友韩陶斋士淑发见之。余曾取数枚畜之宗文中学之院中。其色纯白而透明，大不盈寸，而作尖底之袋形。其口如网之有纲，能收能放。向上向下，皆其纲收放之力也。黄岩管震民为之说曰：淡水水母，形圆如伞。无色而透明。伸展时直径约半寸。周围有柔而薄之绿膜。中有似宽紧带状之筋肉一条，围绕而生触手，长短不一，沿膜之上，栉比而下垂，俨如冕旒。其末端有感觉器。伞之下面有辐射线四条，成十字形。中有四枝之胃脘，生殖器即存于胃之副囊，底部开于正中。有唇瓣四枚，分摺而成，为花瓣状。由此而入，即为共有腔，亦即腔肠动物之特征也。据闻此项水母，外国及我国宜昌先后发见，盖有五次，为生物界稀有之物，世界学者极为注意。社中人于泉之四周作铁阑以护之。日寇陷杭，闻亦珍护。至余所畜之数枚，次年已无有。殆迁地弗良也。

选自钟毓龙著《说杭州》，浙江人民出版社1983年7月版

论雷峰塔的倒掉

鲁 迅

听说，杭州西湖上的雷峰塔倒掉了，听说而已，我没有亲见。但我却见过未倒的雷峰塔，破破烂烂的映掩于湖光山色之间，落山的太阳照着这些四近的地方，就是"雷峰夕照"，西湖十景之一。"雷峰夕照"的真景我也见过，并不见佳，我以为。

雷峰塔

然而一切西湖胜迹的名目之中，我知道得最早的却是这雷峰塔。我的祖母曾经常常对我说，白蛇娘娘就被压在这塔底下。有个叫作许仙的人救了两条蛇，一青一白，后来白蛇便化作女人来报恩，嫁给许仙了；青蛇化作丫鬟，也跟着。一个和尚，法海禅师，得道的禅师，看见许仙脸上有妖气，——凡讨妖怪做老婆的人，脸上就有妖气的，但只有非凡的人才看得出，——便将他藏在金山寺的法座后，白蛇娘娘来寻夫，于是就"水满金山"。我的祖母讲起来还要有趣得多，大约是出于一部弹词叫作《义妖传》里的，但我没有看过这部书，所以也不知道"许仙""法海"究竟是否这样写。总而言之，白蛇娘娘终于中了法海的计策，被装在一个小小的钵盂里了。钵盂埋在地里，上面还造起一座镇压的塔来，这就是雷峰塔。此后似乎事情还很多，如"白状元祭塔"之类，但我现在都忘记了。

　　那时我惟一的希望，就在这雷峰塔的倒掉。后来我长大了，到杭州，看见这破破烂烂的塔，心里就不舒服。后来我看看书，说杭州人又叫这塔作保叔塔，其实应该写作"保俶塔"，是钱王的儿子造的。那么，里面当然没有白蛇娘娘了，然而我心里仍然不舒服，仍然希望他倒掉。

　　现在，他居然倒掉了，则普天之下的人民，其欣喜为何如？

　　这是有事实可证的。试到吴越的山间海滨，探听民意去。凡有田夫野老，蚕妇村氓，除了几个脑髓里有点贵恙的之外，可有谁不为白娘娘抱不平，不怪法海太多事的？

　　和尚本应该只管自己念经。白蛇自迷许仙，许仙自娶妖怪，和别人有什么相干呢？他偏要放下经卷，横来招是搬非，大约是怀着嫉妒罢，——那简直是一定的。

　　听说，后来玉皇大帝也就怪法海多事，以至荼毒生灵，想要拿办他了。他逃来逃去，终于逃在蟹壳里避祸，不敢再出来，到现在还如此。我对于玉皇大帝所做的事，腹诽的非常多，独于这一件却很满意，因为"水满金山"一案，的确应该由法海负责；他实在办得很不错的。只可惜我那时没有打听这话的出处，或者不在《义妖传》中，却是民间的传说罢。

秋高稻熟时节，吴越间所多的是螃蟹，煮到通红之后，无论取那一只，揭开背壳来，里面就有黄，有膏；倘是雌的，就有石榴子一般鲜红的子。先将这些吃完，即一定露出一个圆锥形的薄膜，再用小刀小心地沿着锥底切下，取出，翻转，使里面向外，只要不破，便变成一个罗汉模样的东西，有头脸，身子，是坐着的，我们那里的小孩子都称他"蟹和尚"，就是躲在里面避难的法海。

当初，白蛇娘娘压在塔底下，法海禅师躲在蟹壳里。现在却只有这位老禅师独自静坐了，非到螃蟹断种的那一天为止出不来。莫非他造塔的时候，竟没有想到塔是终究要倒的么？

活该。

一九二四年十月二十八日

再论雷峰塔的倒掉

鲁　迅

从崇轩先生的通信（二月份《京报副刊》）里，知道他在轮船上听到两个旅客谈话，说是杭州雷峰塔之所以倒掉，是因为乡下人迷信那塔砖放在自己的家中，凡事都必平安，如意，逢凶化吉，于是这个也挖，那个也挖，挖之久久，便倒了。一个旅客并且再三叹息道：西湖十景这可缺了呵！

这消息，可又使我有点畅快了，虽然明知道幸灾乐祸，不像一个绅士，但本来不是绅士的，也没有法子来装潢。

我们中国的许多人，——我在此特别郑重声明：并不包括四万万同胞全部！——大抵患有一种"十景病"，至少是"八景病"，沉重起来的时候大概在清朝。凡看一部县志，这一县往往有十景或八景，如"远村明月""萧寺清钟""古池好水"之类。而且，"十"字形的病菌，似乎已经侵入血管，流布全身，其势力早不在"！"形惊叹亡国病菌之下了。点心有十样锦，菜有十碗，音乐有十番，阎罗有十殿，药有十全大补，猜拳有全福手福手全，连人的劣迹或罪状，宣布起来也大抵是十条，仿佛犯了九条的时候总不肯歇手。现在西湖十景可缺了呵！"凡为天下国家有九经"，九经固古已有之，而九景却颇不习见，所以正是对于十景病的一个针砭，至少也可以使患者感到一种不平常，知道自己的可爱的老病，忽而跑掉了十分之一了。

但仍有悲哀在里面。

其实，这一种势所必至的破坏，也还是徒然的。畅快不过是无聊的自欺。雅人和信士和传统大家，定要苦心孤诣巧语花言地再来补足了十景而后已。

无破坏即无新建设，大致是的；但有破坏却未必即有新建设。卢梭，斯谛纳尔，尼采，托尔斯泰，伊孛生等辈，若用勃兰兑斯的话来说，乃是"轨道破坏者"。其实他们不单是破坏，而且是扫除，是大呼猛进，将碍脚的旧轨道不论整条或碎片，一扫而空，并非想挖一块废铁古砖挟回家去，预备卖给旧货店。中国很少这一类人，即使有之，也会被大众的唾沫淹死。孔丘先生确是伟大，生在巫鬼势力如此旺盛的时代，偏不肯随俗谈鬼神；但可惜太聪明了，"祭如在祭神如神在"，只用他修《春秋》的照例手段以两个"如"字略寓"俏皮刻薄"之意，使人一时莫明其妙，看不出他肚皮里的反对来。他肯对子路赌咒，却不肯对鬼神宣战，因为一宣战就不和平，易犯骂人——虽然不过骂鬼——之罪，即不免有《衡论》（见一月份《晨报副镌》）作家TY先生似的好人，会替鬼神来奚落他道：为名乎？骂人不能得名。为利乎？骂人不能得利。想引诱女人乎？又不能将蚩尤的脸子印在文章上。何乐而为之也欤？

孔丘先生是深通世故的老先生，大约除脸子付印问题以外，还有深心，犯不上来做明目张胆的破坏者，所以只是不谈，而决不骂，于是乎俨然成为中国的圣人，道大，无所不包故也。否则，现在供在圣庙里的，也许不姓孔。

不过在戏台上罢了，悲剧将人生的有价值的东西毁灭给人看，喜剧将那无价值的撕破给人看。讥讽又不过是喜剧的变简的一支流。但悲壮滑稽，却都是十景病的仇敌，因为都有破坏性，虽然所破坏的方面各不同。中国如十景病尚存，则不但卢梭他们似的疯子决不产生，并且也决不产生一个悲剧作家或喜剧作家或讽刺诗人。所有的，只是喜剧底人物或非喜剧非悲剧底人物，在互相模造的十景中生存，一面各各带了十景病。

然而十全停滞的生活，世界上是很不多见的事，于是破坏者到了，但并非自己的先觉的破坏者，却是狂暴的强盗，或外来的蛮夷。獯鬻早到过中原，五胡来过了，蒙古也来过了；同胞张献忠杀人如草，而满洲兵的一箭，就钻进树丛中死掉了。有人论中国说，倘使没有带着新鲜的血液的野蛮的侵入，真不知自身会腐败到如何！这当然是极刻毒的恶谑，但我们一翻历史，怕不免要有汗流浃背的时候罢。外寇来了，暂一震动，终于请他作主子，在他的刀斧下修补老例；内寇来了，也暂一震动，终于请他做主子，或者别拜一个主子，在自己的瓦砾中修补老例。再来翻县志，就看见每一次兵燹之后，所添上的是许多烈妇烈女的氏名。看近来的兵祸，怕又要大举表扬节烈了罢。许多男人们都那里去了？

凡这一种寇盗式的破坏，结果只能留下一片瓦砾，与建设无关。

但当太平时候，就是正在修补老例，并无寇盗时候，即国中暂时没有破坏么？也不然的，其时有奴才式的破坏作用常川活动着。

雷峰塔砖的挖去，不过是极近的一条小小的例。龙门的石佛，大半肢体不全，图书馆中的书籍，插图须谨防撕去，凡公物或无主的东西，倘难于移动，能够完全的即很不多。但其毁坏的原因，则非如革除者的志在扫除，也非如寇盗的志在掠夺或单是破坏，仅因目前极小的自利，也肯对于完整的大物暗暗的加一个创伤。人数既多，创伤自然极大，而倒败之后，却难于知道加害的究竟是谁。正如雷峰塔倒掉以后，我们单知道由于乡下人的迷信。共有的塔失去了，乡下人的所得，却不过一块砖，这砖，将来又将为别一自利者所藏，终究至于灭尽。倘在民康物阜时候，因为十景病的发作，新的雷峰塔也会再造的罢。但将来的运命，不也就可以推想而知么？如果乡下人还是这样的乡下人，老例还是这样的老例。

这一种奴才式的破坏，结果也只能留下一片瓦砾，与建设无关。

岂但乡下人之于雷峰塔，日日偷挖中华民国的柱石的奴才们，现在正不知有多少！

瓦砾场上还不足悲，在瓦砾场上修补老例是可悲的。我们要革新的破坏者，因为他内心有理想的光。我们应该知道他和寇盗奴才的分别；应该留心自己堕入后两种。这区别并不烦难，只要观人，省己，凡言动中，思想中，含有借此据为己有的朕兆者是寇盗，含有借此占些目前的小便宜的朕兆者是奴才，无论在前面打着的是怎样鲜明好看的旗子。

一九二五年二月六日

西湖记

(一九一八年九月七日——十月廿八日)

徐志摩

杭州——上海——杭州

九月七日

方才又来了一位丫姑太太,手里抱着一个岁半的女孩,身边跟着一个五六岁的男孩。男的是她亲生的,女的是育婴堂里抱来的。他们是一对小夫妻!小媳妇在她婆婆的胸前吃奶,手舞足蹈的很快活。

明天祖母回神。良房里的病人立刻就要倒下来似的。积年的肺痨,外加风症,外加一家老小的一团乌糟——简直是一家毒菌的工厂,和他们同住的真是危险。若然在今晚明朝倒了下来,免不得在大厅上收殓,夹着我家的二通,那才是糟!她一去,他们一房剩下的是一个黑籍的老子,一窍不通的,一群瘦骨如柴肺病种的小孩!

为一个讣闻上的继字,听说镇上一群人在沸沸的议论,说若然不加继字,直是蔑视孙太夫人。他们的口舌原来姑丈只比作他家里海棠树上的雀噪,一般的无意识,一般的招人烦厌。

我们写信去请教名家以后，适之已有回信，他说古礼原配与继室，原没有分别，继妣的俗例，一定是后人歧视后母所定的，据他所知，古书上绝无根据。

九月二十九日

这一时骤然的生活改变了态度，虽则不能说是从忧愁变到快乐，至少却也是从沉闷转成活泼。最初是父亲自己也闷慌了，有一天居然把那只游船收拾个干净，找了叔薇兄弟等一群人，一直开到东山背后，过榆桥转到横头景转桥，末了还看了电灯厂方才回家，那天很愉快！塔影河的两岸居然被我寻出了一片两片经霜的枫叶。我从水面上捞到了两片，不曾红透的，但着色糯净得可爱。寻红叶是一件韵事，（早几天我同绎我阿六带了水果月饼玫瑰酒到东山背后去寻红叶，站在俞家桥上张皇的回望，非但一些红的颜色都找不到，连枫树都不易寻得出来，失望得很。后来翻山上去，到宝塔边去痛快的吐纳了一番。那时已经暝色渐深，西方只剩有几条青白色，月亮已经升起，我们慢慢的绕着塔院的外面下去，歇在问松亭里喝酒，三兄弟喝完了一瓶烧酒，方才回家。山脚下又布施了上月月下结识的丐友，他还问起我们答应他的冬衣哪！）菱塘里去买菱吃，又是一件趣事。那钵盂峰的下面，都是菱塘，我们船过时，见鲜翠的菱塘里，有人坐着圆圆的菱桶在采摘。我们就嚷着买菱。买了一桌子的菱，青的红的，满满的一桌子。"树头鲜"真是好吃，怪不得人家这么说。我选了几只嫩青，带回家给妈吃，她也说好。

这是我们第一次称心的活动。

八月十五那天，原来约定到适之那里去赏月的，后来因为去得太晚了，又同着绎荽，所以不曾到烟霞去。那晚在湖上也玩得很畅，虽则月儿只是若隐若现的。我们在路上的时候，满天堆紧了乌云，密层层的，不见中秋的些微消息。我那时很动了感兴——我想起了去年印度洋上的中秋！一年的差别！我心酸得比哭更难过。一天的乌云，是的，什么光明的消息都莫有！

我们在清华开了房间以后，立即坐车到楼外楼去。吃得很饱，喝得很畅。桂花栗子已经过时，香味与糯性都没有了。到九点模样，她到底从云阵里奋战了出来，满身挂着胜利的霞彩。我在楼窗上靠出去望见湖光渐渐的由黑转青，青中透白，东南角上已经开朗，喜得我大叫起来。我的欢喜不仅为的是月出，最使我痛快的，是在于这失望中的满意。满天的乌云，我原来已经抵拚拿雨来换月，拿抑塞来换光明，我抵拚喝他一个醉，回头到梦里去访中秋，寻团圆——梦里是什么都有的。

我们站在白堤上看月望湖，月有三大圈的彩晕，大概这就算是月华的了。

月出来不到一点钟又被乌云吞没了，但我却盼望，她还有扫荡廓清的能力，盼望她能在一半个时辰内，把掩盖住青天的妖魔，一齐赶到天的那边去，盼望她能尽量的开放她的清辉，给我们爱月的一个尽量的陶醉——那时我便在三个印月潭和一座雷峰塔的媚影中做一个小鬼，做一个永远不上岸的小鬼，都情愿，都愿意。

"贼相"不在家，末了抓到了蛮子仲坚，高兴中买了许多好吃的东西——有广东夹沙月饼——雇了船，一直望湖心里进发。

三潭印月上岸买栗子吃，买莲子吃，坐在九曲桥上谈天，讲起湖上的对联，骂了康圣人一顿。后来走过去在桥上发现有三个人坐着谈话，几上放有茶碗。我正想对仲坚说他们倒有意思，那位老翁涩重的语音听来很熟，定睛看时，原来他就是康大圣人！

  下一天我们起身已不早，绎荄同意到烟霞洞去，路上我们逛了雷峰塔，我从不曾去过，这塔的形与色与地位，真有说不出的神秘的庄严与美。塔里面四大根砖柱已被拆成倒置圆锥体形，看看危险极了。轿夫说："白状元的坟就在塔前的湖边，左首草丛里也有一个坟，前面一个石碣，说是白娘娘的坟。"我想过去，不料满径都是荆棘，过不去。雷峰塔的下面，有七八个鹄形鸠面的丐僧，见了我们一齐张起他们的破袈裟，念佛要钱。这倒颇有诗意。

小瀛洲上远眺雷峰塔

我们要上桥时，有个人手里握着一条一丈余长的蛇，叫着放生，说是小青蛇。我忽然动心，出了两角钱，看他把那蛇扔在下面的荷花池里，我就怕等不到夜它又落在他的手里了。

进石屋洞初闻桂子香——这香味好几年不闻到了。

到烟霞洞时上门不见土地，适之和高梦旦他们一早游花坞去了。我们只喝了一碗茶，捡了几张大红叶——疑是香樟——就急急的下山。香蕉月饼代饭。

到龙井，看了看泉水就走。

前天在车里想起雷峰塔做了一首诗用杭白。

> 那首是白娘娘的古墓，
> （划船的手指着蔓草深处）
> 客人，你知道西湖上的佳话，
> 白娘娘是个多情的妖魔。
> 她为了多情，反而受苦——
> 爱了个没出息的许仙，她的情夫；
> 他听信一个和尚，一时的糊涂，
> 拿一个钵盂，把她妻子的原形罩住。
> 到今朝已有千把年的光景，
> 可怜她被镇压在雷峰塔底——
> 这座残败的古塔，凄凉地，
> 庄严地，永远在南屏的晚钟声里！

十月一日

前天乘看潮专车到斜桥，同行者有叔永、莎菲、经农、莎菲的先生Ellery，叔永介绍了汪精卫。一九一八年在南京船里曾经见过他一面，他真是个美男子，可爱！适之说他若是女人一定死心塌地的爱他，他是男子……他也爱他！

精卫的眼睛，圆活而有异光，仿佛有些青色，灵敏而有侠气。马君武也加入我们的团体。到斜桥时适之等已在船上，他和他的表妹及陶知行，一共十人，分两船。中途集在一只船里吃饭，十个人挤在小舱里，满满的臂膀都掉不过来。饭菜是大白肉，粉皮包头鱼，豆腐小白菜，芋艿，大家吃得很快活。精卫闻了黄米香，乐极了。我替曹女士蒸了一个大芋头，大家都笑了。精卫酒量极好，他一个人喝了大半瓶的白玫瑰。我们讲了一路的诗，精卫是做旧诗的，但他却不偏执，他说他很知道新诗的好处，但他自己因为不曾感悟到新诗应有的新音节，所以不曾尝试。我同适之约替陆志苇的《渡河》作一篇书评。

我原定请他们看夜潮，看过即开船到硖石，一早吃锦霞馆的羊肉面，再到俞桥去看了枫叶，再乘早车动身各分南北。后来叔永夫妇执意要回去，结果一半落北，一半上南，我被他们拉到杭州去了。

过临平与曹女士看暝色里的山形，黑鳞云里隐现的初星，西天边火饰似的红霞。

楼外楼吃蟹，精卫大外行！

湖心亭畔荡舟看月。

三潭印月闻桂花香。

十月四日

昨天与君劢菊农等去常州。乘便游了天宁寺，大殿上有一二百个和尚在礼忏，钟声，磬声，鼓声，佛号声，合成一种宁静的和谐，使我感到异样的意境。走进大殿去，只闻着极浓馥的檀香，青色的氤氲，一直上腾到三世佛的面前，又是一种庄严而和蔼，静定的境界。

十月五日

方才从君劢处吃蟹回来，路上买得两本有趣的旧书，一是Mark Twin的*Is Shakespear Dead?* 一是Sidney Lanier的*Music and Poetry*，虽旧，却都是初版，不易得到的。

早上同裕卿到吴淞去吊君革，听了他出现的奇迹，今天我对人便讲，也已写信去告诉爸妈。这实在是太离奇了，难道最下等的迷信会有根据的吗？纸衣，纸锭，经忏，寿限……这话真是太渺茫了。我已经约定君革的母亲，他的阴灵回家时，我要去会他。君劢亦愿意去看个究竟。

今天与振飞在一枝香吃饭，谈法国文学颇畅，振飞真是个"风雅的生意人"。

十月九日

前天在常州车站上渡桥时，西天正染着我最爱的嫩青与嫩黄的和色，一颗铄亮的初星从一块云斑里爬了出来，我失声大叫好景。菊农说："寡人有疾，寡人好色！"好色是真的。最初还带几分勉强，现在看的更锐敏，欣赏也更自然了。今夜我为眼怕光，拿一张红油光纸来把电灯包了，光线恬静得多。在这微红的灯光里，烟卷烧着的一头，吸时的闪光，发出一痕极艳的青光，像磷。

十月十一日

　　方才从美丽川回来，今夜叔永夫妇请客，有适之，经农，擘黄，云五，梦旦，君武，振飞，精卫不曾来，君劢闯席。君劢初见莎菲，大倾倒，顷与散步时热忱犹溢，尊为有"内心生活"者，适之不禁狂笑。君武大怪精卫从政，忧其必毁。

　　午间东荪借君劢处请客，有适之菊农筑山等。与菊农偃卧草地上朗诵斐德的"诗论"，与哈代的诗。

　　午后为适之拉去沧州别墅闲谈，看他的烟霞杂诗，问尚有匿而不宣者否，适之赧然曰有，然未敢宣，以有所顾忌。《努力》已决停版，拟改组，大体略似规复《新青年》，因仲甫又复拉拢，老同志散而复聚亦佳。适之问我"冒险"事，云得自可恃来源，大约梦也。

　　秋白亦来，彼病肺已证实，而旦夕劳作不能休，可悯。适之翻示沫若新作小诗，陈义体格词采皆见竭蹶，岂《女神》之遂永逝？

　　与适之经农，步行去民厚里一二一号访沫若，久觅始得其居。沫若自应门，手抱襁褓儿，跣足，敝服（旧学生服），状殊憔悴，然广额宽颐，怡和可识。入门时有客在，中有田汉，亦抱小儿，转顾间已出门引去，仅记其面狭长。沫若居至隘，陈设亦杂，小孩羼杂其间，倾跌须父抚慰，涕泗亦须父揩拭，皆不能说华语。厨下木屐声卓卓可闻，大约即其日妇。坐定寒暄已，仿吾亦下楼，殊不谈话，适之虽勉寻话端以济枯窘，而主客间似有冰结，移时不涣。沫若时含笑睇视，不识何意。经农竟嗫不吐一字，实亦无从端启。五时半辞出，适之亦甚讶此会之窘，云上次有达夫时，其居亦稍整洁，谈话亦较融洽。然以四手而维持一日刊，一月刊，一季刊，其情况必不甚愉适。且其生计亦不裕，或竟窘，无怪其以狂叛自居

十月十二日

方才沫若领了他的大儿子来看我，今天谈得自然的多了。他说要写信给西滢，为他评《茵梦湖》的事。怪极了，他说有人疑心西滢就是徐志摩，说笔调像极了。这倒真有趣，难道我们英国留学生的腔调的确有与人各别的地方，否则何以有许多人把我们俩混作一个？他开年要到四川赤十字医院去，他也厌恶上海。他送了我一册《卷耳集》，是他《诗经》的新译；意思是很好，他序里有自负的话："……不怕就是孔子复生，他定也要说出'启予者沫若也'的一句话。"我还只翻看了几首。

沫若入室时，我正在想做诗，他去后方续成。用诗的最后的语句作题——"灰色的人生"，问樵倒读了好几篇，似乎很有兴会似的。

同谭裕靠在楼窗上看街。他列说对街几家店铺的隐幕，颇使我感触。卑污的，罪恶的人道，难道便不是人道了吗？

十月十三日

昨写此后即去适之处长谈，自六时至十二时不少休。归过慕尔鸣路时又遇君劢菊农等，正洗澡归，截劫，拥入室内，勒不令归，因在沙发上胡睡一宵，头足岖岭，甚苦，又有巨蚊相扰，故得寐甚微。

与适之谈，无所不至，谈书谈诗谈友情谈爱谈恋谈人生谈

此谈彼，不觉夜之渐短。适之是转老回童的了，可喜！

凡适之诗前有序后有跋者，皆可疑，皆将来索引资料。

十月十五日　回国周年纪念

今天是我回国的周年纪念。恰好冠来了信，一封六页的长信，多么难得的，可珍的点缀啊！去年的十月十五日，天将晚时，我在三岛丸船上拿着望远镜望碇泊处的接客者，渐次的望着了这个亲，那个友，与我最爱的父亲，五年别后，似乎苍老了不少。那时我在狂跳的心头，突然迸起一股不辨是悲是喜的寒流，腮边便觉着两行急流的热泪。后来回三泰栈，我可怜的娘，生生的隔绝了五年，也只有两行热泪迎接她惟一的不孝的娇儿。但久别初会的悲感，毕竟是暂时的，久离重聚的欢怀，毕竟是实现了。那时老祖母的不减的清健，给我不少的安慰，虽则母亲也着实见老。

今年的十月十五日——今天呢？老祖母已经做了天上的仙神，再不能亲见她钟爱的孙儿生命里命定非命定的一切——今天已是她离人间的第四十九日！这是个不可补的缺陷，长驻的悲伤。我最爱的母亲，一生只是痛苦与烦劳与不怿，往时还盼望我学成后补偿她的慰藉，如今却只是病更深，烦更剧，愁思益结，我既不能消解她的愁源，又不能长侍她的左右，多少给她些温慰。父亲也是一样的失望，我不能代替他一分一息的烦劳，却反增添了他无数的白发。我是天壤间怎样的一个负罪，内疚的人啊！

一年，三百六十有五日，容易的过去了。我的原来的活泼的性情与容貌，自此亦永受了"年纪"的印痕——又是个不可补的缺陷，一个长驻的悲伤！

我最敬最爱的友人呀，我只能独自地思索，独自地想象，独自地抚摩时间遗下的印痕，独自地感觉内心的隐痛，独自地呼嗟，独自地流泪……方才我读了你的来信，江潮般的感触，横塞了我的胸臆，我竟忍不住啜泣了。我只是个乞儿，轻拍着人道与同情紧闭着的大门，忘想门内人或许有一念的慈悲，赐给一方便——但我在门外站久了，门内不闻声响，门外劲刻的凉风，却反向着我褴褛的躯骸狂扑——我好冷呀，大门内慈悲的人们！

前日沫若请在美丽川，楼石庵适自南京来，故亦列席。饮者皆醉，适之说诚恳话，沫若遽抱而吻之——卒飞拳投詈而散——骂美丽川也。

今晚与适之回请，有田汉夫妇与叔永夫妇，及振飞。大谈神话。出门时见腴庐——振飞言其姊妹为"上海社会之花"。

十月十六日

昨夜散席后，又与适之去亚东书局，小坐，有人上楼，穿蜡黄西服，条子绒线背心，行路甚捷，帽沿下卷——颇似捕房"三等侦探"，适之起立为介绍，则仲甫也。彼坐我对面，我睇视其貌，发甚高，几在顶中，前额似斜坡，尤异者则其鼻梁之峻直，歧如眉脊，线画分明，若近代表现派仿非洲艺术所雕铜像，异相也。

与适之约各翻曼殊斐儿作品若干篇，并邀西滢合作，由泰东书局出版，适之冀可售五千。

读E. Dowden《勃朗宁传》，我最爱其夫妇恋史之高洁，白莱德长罗勃德六岁，其通信中有语至骇至复至蠢至有味：——

I Never thought of being happy through you or by you or in you, even your good was all my idea of good and is.

Let me be too near to be seen⋯once I used to be uneasy, and to think that I ought to make you see me.But Love is better than Sight.

I Love your Love too much.And that is the worst fault, My be-loved, I can ever find in my love of you.

谈明宣——她是抚堂先生的小女儿，今年九岁，颇明慧可爱，我抱置膝上，诵诗娱之。

十月十七日

振铎顷来访，蜜月实仅三朝，又须如陆志苇所谓"仆仆从公"矣。

幼仪来信，言归国后拟办幼稚院，先从硖石入手。

日间不曾出门，五时吃三小蟹，饭后与树屏等闲谈，心至不怪。

忽念阿云，独彼明眸可解我忧，因即去天吉里，渭孙在家，不见阿云，讶问则已随田伯伯去绍兴矣。

我爱阿云甚，我今独爱小友，今宝宝二三四爷恐均忘我矣！

十月二十一日

昨下午自硖到此，与适之经农同寓新新，此来为"做工"，此来为"寻快活"。

昨在火车中，看了一个小沄做的《龙女》的故事，颇激动我的想象。

经农方才又说，日子过得太快了，我说日子只是过得太慢，比如看书一样，乏味的页子，尽可以随便翻他过去——但是到什么时候才翻得到不乏味的页子呢？

我们第一天游湖，逛了湖心亭——湖心亭看晚霞看湖光是湖上少人注意的一个精品——看初华的芦荻，楼外楼吃蟹，曹女士贪看柳梢头的月，我们把桌子移到窗口，这才是持螯看月了！夕阳里的湖心亭，妙；月光下的湖心亭，更妙。晚霞里的芦雪是金色；月下的芦雪是银色。莫泊桑有一段故事，叫做In the Moonlight，白天适之翻给我看，描写月光激动人的柔情的魔力，那个可怜的牧师，永远想不通这个矛盾："既然上帝造黑夜来让我们安眠，这样绝美的月色，比白天更美得多，又是什么命意呢？"便是最严肃的，最古板的宝贝，只要他不曾死透疆透，恐怕也禁不起"秋月的银指光儿，浪漫的搔爬！"曹女士唱了一个《秋香》歌，婉曼得很。

三潭印月——我不爱什么九曲，也不爱什么三潭，我爱在月光下看雷峰静极了的影子——我见了那个，便不要性命。

阮公墩也是个精品，夏秋间竟是个绿透了的绿洲，晚上雾霭苍茫里，背后的群山，只剩了轮廓！它与湖心亭一对乳头形的浓青——墨青，远望去也分不清是高树与低枝，也分不清是榆荫是柳荫，只是两团媚极了的青屿——谁说这上面不是神仙之居？

我形容北京冬令的西山，寻出一个"钝"字；我形容中秋的西湖，舍不了一个"嫩"字。

昨夜二更时分与适之远眺着静偃的湖与堤与印在波光里的堤影，清绝秀绝媚绝，真是理想的美人，随她怎样的姿态，也比拟不得的绝色。我们便想出去拿舟玩月，拿一支轻如秋叶的小舟，悄悄的滑上了夜湖的柔胸，拿一支轻如芦梗的小桨，幽幽的拍着她光润，蜜糯的芳容，挑破她雾縠似的梦壳，扁着身子偷偷的挨了进去，也好分尝她贪饮月光醉了的妙趣！

但昨夜却为泰戈尔的事缠住了，辜负了月色，辜负了湖光，不曾去拿舟，也不曾去偷尝"西子"的梦情，且待今夜月来时吧！

"数大"便是美，碧绿的山坡前几千个绵羊，挨成一片的雪绒，是美；一天的繁星，千万只闪亮的神眼，从无极的蓝空中下窥大地，是美；泰山顶上的云海，巨万的云峰在晨光里静定着，是美；沧海万顷的波浪，戴着各式的白帽，在日光里动荡着，起落着，是美；爱尔兰附近的那个"羽毛岛"上栖着几千万的飞禽，夕阳西沉时只见一个"羽化"的太空，只是万鸟齐鸣的大声，是美……数大便是美，数大了，似乎按照着一种自然律，自然的会有一种特殊的排列，一种特殊的节奏，一种特殊的式样，激动我们审美的本能，激发我们审美的情绪。

所以西湖的芦荻，与花坞的竹林，也无非是一种数大的美。但这数大的美，不是智力可以分析的，至少不是我的智力所能分析。看芦花与看黄熟的麦田，或从高处看松林的顶巅，性质是相似的，但因颜色的分别，白与黄与青的分别，我们对景而起的情感，也就各各不同。季候当然也是个影响感兴的原素。芦雪尤其代表气运之转变，一年中最显著最动人深感的转变；象征中秋与三秋间万物由荣入谢的微指：所以芦荻是个天生的诗题。

西溪的芦苇，年来已经渐次的减少，主有芦田的农人，因为芦柴的出息远不如桑叶，所以改种桑树，再过几年，也许西溪的"秋雪"，竟与苏堤的断桥，同成陈迹！

在白天的日光中看芦花，不能见芦花的妙趣，它是同丁香与海棠一样，只肯在月光下泄漏它灵魂的秘密，其次亦当在夕阳晚风中。去年十一月我在南京看玄武湖的芦荻，那时柳叶已残，芦花亦飞散过半，但紫金山反射的夕照与城头倏起的凉飚，丛苇里惊起了野鸭无数，墨点似的洒满云空，（高下的鸣声相和）与一湖的飞絮，沉醉似的舞着，写出一种凄凉的情调，一种缠绵的意境，我只能称之为"秋之魂"，不可以言语比况的秋之魂！又一次看芦花的经验是在月夜的大明湖，我写给徽那篇《月照与湖》（英文的）就是纪念那难得的机会的。

所以前天西溪的芦田，他本身并不曾怎样的激动我的情感。与其白天看西溪的芦花，不如月夜泛舟到湖心亭去看芦花，近便经济得多。

花坞的竹子，可算一绝，太好了，我竟想不出适当的文字来赞美：不但竹子，那一带的风色都好，中秋后尤妙，一路的黄柳红枫，真叫人应接不暇！

三十一那天晚上我们四个人爬登了葛岭，直上初阳台，转折处颇类香山。

十月二十三日

昨天（二十二日）是一个纪念日，我们下午三人出去到壶春楼，在门外路边摆桌子喝酒。适之对着西山，夕晖留在波面上的余影，一条直长的金链似的，对映山后渐次泯灭的琥珀光。经农坐在中间，自以为两面都看得到，也许他一面也不曾看见。我的座位正对着东方初升在晚霭里渐渐皎洁的明月，银辉渗着的湖面，仿佛听着了爱人的裾响似的，霎时的呼吸紧迫，心头狂跳。城南电灯厂的煤烟，那时顺着风向，一直吹到北高峰，在空中仿佛是一条漆黑的巨蟒，荫没了半湖的波光，益发衬托出受月光处的明粹。这时缓缓的从月下过来一条异样的船，大约是砖瓦船，长的，平底的。没有船舱，也没有篷帐，静静的从月光中过来，船头上站着一个不透明的人影，手里拿着一支长竿，左向右向的撑着，在银波上缓缓的过来——一幅精妙的"雪罗蔼"，镶嵌在万顷金波里，悄悄的悄悄的移着：上帝不应受赞美吗？我疯癫似的醉了，醉了！

饭后我们到湖心亭去，横卧在湖边石板上，论世间不平事，我愤怒极了，呼叫，咒诅，顿足，都不够发泄。后来独自划船，绕湖心亭一周，听桨破小波声，听风动芦叶声，方才勉强把无名火压了下去。

十月二十八日　下午八时

完了，西湖这一段游记也完了。经农已经走了，今天一早走的，但像是已经去了几百年似的。适之已定后天回上海，我想明天，迟至后天早上走。方才我们三个人在杏花村吃饭吃蟹，我喝了几杯酒。冬笋真好吃。

一天的繁星，我放平在船上看星。沉沉的宇宙，我们的生命究竟是个什么东西？我又摸住了我的伤痕。星光呀，仁善些，不要张着这样讥刺的眼，倍增我的难受！

眉轩琐语

（一九二六年八月——一九二七年四月）

徐志摩

北京——上海——杭州

八 月

去年的八月，在苦闷的齿牙间过日子，一整本呕心血的日记，是我给眉的一种礼物，时光改变了一切，却不曾抹杀那一点子心血的痕迹，到今天回看时，我心上还有些怔怔的。日记是我这辈子——我不知叫它什么好。每回我心上觉着晃动，口上觉着苦涩，我就想起它。现在情景不同，不仅脸上笑容多，心花也常常开着的。我们平常太容易诉愁诉苦了，难得快活时，倒反不留痕迹。我正因为珍视我这几世修来的幸运，从苦恼的人生中挣出了头，比做一品官，发百万财，乃至身后上天堂，都来得宝贵，我如何能噤默。人说诗文穷而后工，眉也说我快活了做不出东西，我却老大的不信，我要做个样儿给他们看看——快活人也尽有有出息的。

顷翻看宗孟遗墨，如此灵秀，竟遭横折，忆去年八月间（夏历六月十七日）宗孟来，挈眉与我同游南海，风光谈笑，宛在目前，而今不可复得，怅惘何可胜言。

去年今日自香山归，心境殊不平安，记如下："香山去只增添加深我的懊丧与惆怅，眉眉，没有一分钟过去不带着想你的痴情。眉，上山，听泉，折花，眺远，看星，独步，嗅草，捕虫，寻梦——哪一处没有你，眉，哪一处不惦着你，眉，哪一个心跳不是为着你，眉！"另一段："这时候各人有各人的看法……有绝对怀疑的，有相对怀疑的；有部分同情的，有完全同情的（那很少，除是老金）；有嫉忌的，有阴谋破坏的（那最危险）；有肯积极助成的，有愿消极帮忙的……都有，但是，眉眉听着，一切都跟着你我自身走；只要你我有志气，有意志，有勇敢，加在一个真的情爱上，什么事不成功，真的！"这一年来高山深谷，深谷高山，好容易走上了平阳大道，但君子居安不忘危，我们的前路，难保不再有阻碍，这辈子日子长着哩。但是去年今天的话依旧合用："只要你我有意志，有志向，有勇气，加在一个真的情爱上，什么事不成功，真的。"

这本日记，即使每天写，也怕至少得三个月才写得满，这是说我们的蜜月也包括在内了。但我们为什么一定得随俗说蜜月？爱人们的生活哪一天不是带蜜性的，虽则这并不除外苦性？彼此的真相知，真了解，是蜜性生活的条件与秘密，再没有别的了。

九月十日

国民饭店三十七号房：眉去息游别墅了，仲述一忽儿就来。方才念着莎士比亚"Like as the waves make toward the pebbled shore"那首叹光阴的"桑内德"，尤其是末尾那两行，使我憬然有所动于中，姑且翻开这册久经疏忽的日记来，给收上点儿糟粕的糟粕吧。小德小惠，不论多么小，只要是德是惠，总是有着落的；华茨华斯所谓Little kindnesses别轻视它们，它们各自都替你分担着一部分，不论多微细，人生压迫性的重量。"我替你拿一点吧，你那儿太沉了。"他即使在事实上并没有替你分劳（不是他不，也不是你不让：就为这劳是不能分的。），他说这话就够你感激。

昨天离北京，感想比往常的迥绝不同。身边从此有了一个人——究竟是一件大事情，一个大分别。向车外望望，一群带笑容往上仰的可爱的朋友们的脸盘，回身看看，挨着你坐着的是你这一辈子的成绩，归宿。这该你得意，也该你出眼泪，——前途是自由吧？为什么不？

九月十九日

今天是观音生日，也是我眉儿的生日，回头家里几个人小叙，吃斋吃面。眉因昨夜车险吃哓，今朝还有些怔怔的，现在正睡着，歇忽儿也该好了。昨晚菱清说的话要是对，那眉儿你且有得小不舒泰哪。

这年头大澈（彻）大悟是不会有的，能有的是平旦之气发动的时候的一点子"内不得于已"。德生看相后又有所憬（警）惕于中，在戏院中就发议论，一夜也没有睡好。清早起来就写信给他忘年老友霍尔姆士，他那诚挚激奋的态度，着实使我感动。"我喜欢德生"，老金说，"因为他里面有火"。霍尔姆士一次信上也这么说来。

德生说我们现在都在堕落中，这样的朋友只能叫做酒肉交，彼此一无灵感，一无新生机，还谈什么"作为"，什么事业。

蜜月已经过去，此后是做人家的日子了。回家去没有别的希冀，除了清闲，译书来还债是第一件事，此外就想做到一个养字。在上养父母（精神的，不是物质的），与眉养我们的爱，自己养我的身与心。

首次在沪杭道上看见黄熟的稻田与错落的村舍在一碧无际的天空下静着，不由的思想上感着一种解放：何妨赤了足，做个乡下人去，我自己想。但这暂时是做不到的，将来也许真有"退隐"的那一天。现在重要的事情是，前面说过的养字，对人对己的尽职，我身体也不见佳，像这样下去决没有余力可以做事，我着实有了觉悟，此去乡下，我想找点儿事做。我家后面那园，现在糟得不堪，我想去收拾它，好在有老高与家麟帮忙，每天花它至少两个钟头，不是自己动手就是督饬他们弄干净那块地，爱种什么就种什么，明年春天可以看自己手种的花，明年秋天也许可以吃到自己手植的果，那不有意思？至于我的译书工作我也不奢望，每天只想出产三千字左右，只要有恒，三两月下来一定很可观的。三千字可也不容易，至少也得花上五六个钟头，这样下来已经连念书的时候都叫侵了。

十二月二十七日

我想在冬至节独自到一个偏僻的教堂里去听几折圣诞的和歌，但我却穿上了臃肿的袍服上舞台去串演不自在的"腐"戏。我想在霜浓月淡的冬夜独自写几行从性灵暖处来的诗句，但我却跟着人们到涂蜡的跳舞厅去艳羡仕女们发金光的鞋袜。

十二月二十八日

投资到"美的理想"上去，它的利息是性灵的光采，爱是建设在相互的忍耐与牺牲上面的。

送曼年礼——曼殊斐儿的日记，上面写着"一本纯粹性灵所产生，亦是为纯粹性灵而产生的书"。——一九二七，一个年头你我都着急要它早些完。

读高尔士华绥的《西班牙的古堡》。

麦雷的 *Adelphi* 月刊已由九月起改成季刊。他的还是不懈的精神，我怎不愧愤？

再过三天是新年，生活有更新的希望不？

一九二七年一月一日

愿新的希望，跟着新的年产生，愿旧的烦闷跟着旧的年死去。

《新月》决定办，曼的身体最叫我愁。一天二十四时，她没有小半天完全舒服，我没有小半天完全定心。

给我勇气，给我力量，天！

一月六日

小病三日，拔牙一根，吃药三煎。睡昏昏不计钟点，亦不问昼夜。乍起怕冷贪懒，东偎西靠，被小曼逼下楼来，穿大皮袍，戴德生有耳大毛帽，一手托腮，勉强提笔，笔重千钧，新年如此，亦苦矣哉。

适之今天又说这年是个大转机的机会。为什么？

各地停止民众运动，我说政府要请你出山，他说谁说的，果然的话，我得想法不让他们发表。

轻易希冀轻易失望同是浅薄。

费了半个钟头才洗净了一支笔。

男子只有一件事不知厌倦的。

女人心眼儿多，心眼儿小，男人听不惯她们的说话。

对不对像是分一个糖塔饼，永远分不净匀。

爱的出发点不定是身体，但爱到了身体就到了顶点。厌恶的出发点，也不一定是身体，但厌恶到了身体也就到了顶点。

梅勒狄斯写Egoist，但这五十年内，该有一个女性的Sir Willoughby出现。

最容易化最难化的是一样东西——女人的心。

朋友走进你屋子东张西望时，他不是诚意来看你的。

怀疑你的一到就说事情忙赶快得走的朋友。

老傅来说我下回再有诗集他替作序。

过去的日子只当得一堆灰，烧透的灰，字迹都见不出一个。

我唯一的引诱是佛，它比我大得多，我怕它。

今年我要出一本文集一本诗集一本小说两篇戏剧。

正月初七称重一百卅六磅（连长毛皮袍），曼重九十。

昨夜大雪，瑞午家初次生火。

顷立窗间，看邻家园地雪意。转瞬间忆起贝加尔湖雄踞群峰，小瑞士岩稿梨梦湖上的少女和苏格兰的雾态。

二月八日

闷极了，喝了三杯白兰地，昨翻哈代的对句，现在想译他的《瞎了眼的马》，老头难得让他的思想往光亮处转，如在这首诗里。

天是在沉闷中过的，到哪儿都觉得无聊，冷。

三月十七日

清明日早车回硤石,下午去蒋姑母家。次晨早四时复去送除帏。十时与曼坐小船下乡去沈家浜扫墓,采桃枝,摘薰花菜,与乡下姑子拉杂谈话。阳光满地,和风满裾,致足乐也。下午三时回硤,与曼步行至老屋,破乱不堪,甚生异感。森侄颇秀,此子长成,或可继一脉书香也。

次日早车去杭,寓清华湖。午后到即与瑞午步游孤山。偶步山后,发现一水潭浮红涨绿,俨然织锦,阳光自林隙来,附丽其上,益增娟媚。与曼去三潭印月,走九曲桥,吃藕粉。

三月十八日

次日游北山,西泠新塔殊陋。玉泉鱼似不及从前肥。曼告奋勇,自灵隐捷步上山,达韬光,直登观潮亭,撷一茶花而归。冷泉亭大吃辣酱豆腐干,有挂香袋老婆子三人,即飞来峰下揭裾而私,殊亵。

与瑞议月下游湖,登峰看日出。不及四时即起。约仲龄父子同下湖而月已隐。云暗木黑,凉露沾襟,则扣舷杂唱,未达峰,东方已露晓,雨亦涔涔下。瑞欲缩归,扶之赴峰,直登初阳台,瑞色苍气促,即石条卷卧如猬。因与仲龄父子捷足攀上将军岭,望宝椒南山北山,皆奥昧入云,不可辨识。骤雨欲来,俯视则双堤画水,树影可鉴,阮墩尤珠围翠绕,潋滟湖心,虽不见初墩,亦足豪已。既吐纳清高,急雨已来,遥见黄狗四条,施施然自东而西,步武井然,似亦取途初阳自矜逸兴者,可噱也。因雨猛,趋山半亭小憩看雨,带来白玫瑰一瓶,无杯器,则即擎瓶直倒,引吭而歌,殊乐。忽举头见亭颜悬两联，有"雨后山光分外清"句，共讶其巧合。继拂碑看字，则为瑞午尊人手笔，益喜，因摹几字携归，亦一纪念。

下山在新新早餐，回寓才八时。十时过养默来，而雨注不停，曼颇不馁，即命舆出游。先吊雷峰遗迹，冒雨跻其颠而赏景焉。继至白云庵拜月老求签。翁家山石屋小坐，即上烟霞，素餐至佳，饭毕已三时。天时冥晦，雨亦弗住，顾游兴至感勃勃，翻岭下龙井，时风来骤急，揭瑞舆顶，佚子几仆。龙井已十年不到，泉清林旺，福地也。自此转入九溪，如入仙境，翠岭成屏，茶丛嫩芽初吐，鸣禽相应，婉转可听。尤可爱者则满山杜鹃花，鲜红照眼，如火如荼，曼不禁狂喜，急呼采采。迈步上坡，踬亦弗顾，卒集得一大束，插戴满头。抵理安天已阴黑，楠林深郁，高插云天，到此吐纳自清，胸襟解豁。有身长眉秀之僧人自林里走出，殷勤招客入寺吃茶，以天晚辞去。寺前新矗一董太夫人经塔，奇丑，最煞风景，此董太夫人该入地狱。回寓已七时半。

适之游庐山三日，作日计数万言，这一个"勤"字亦自不易。他说看了江西内地，得一感想，女性的丑简直不是个人样，尤其是金莲三寸，男性造孽，真是无从说起，此后须有一大改变才有新机：要从一把女性当牛马的文化转成一男性自愿为女性作牛马的文化。适之说男人应尽力赚出钱来为女人打扮，我说这话太革命性了。邹恩润都怕有些不敢刊入名言录了！

有天鹅绒悲哀的疑古玄同，有时确是疯得有趣。

四月十四日

下午去龙华看桃花，到塔前为止，看不到半树桃花，废然返车。（桃花在新龙华。）入半淞园撮景，风沙涂面，半不像人。

母亲今晚到，寓范园。

琬子常嚷头疼，昨去看医，说先天带来的病，不即治且不治。淑筠今日又带去中医处，话说更凶，孩子们是不可太聪慧了。

曼说她妹子慧绝美绝，她自己只是个痴孩子。（曼昨晚又发跳病痒病，口说大脸的四金刚来也！真是孩子！）

案上插了一枝花便不寂寞。最宜人是月移花影上窗纱。

四月二十日

是春倦吗，这几天就没有全醒过，总是睡昏昏的。早上先不能醒，夜间还不曾动手做事，瞌睡就来了。脑筋里几乎完全没有活动，该做的事不做，也不放在心上，不着急，逛了一次西湖反而逛呆了似的。想做诗吧，别说诗句，诗意都还没有影儿，想写一篇短文吧，一样的难，差些日记都不会写了。昨晚写信只觉得一种懒惰在我的筋骨里，使得我在说话上只选抵抗力最小的道儿走。字是不经挑择的，句是没有法则的，更说不上章法什么，回想先前的行札是怎么写的，这回真有些感到更不如从前了。

难道一个诗人就配颠倒在苦恼中，一天逸豫了就不成吗？而况像我的生活，何尝说得到逸豫？只是一样，绝对的苦与恼确是没有了的，现在我一不是攀登高山，二不是疾驰峻坂，我只是在平坦的道上安步徐行，这是我感到闭塞的一个原因。

天目的杜鹃已经半萎，昨寄三朵给双佳楼。

我的墨池中有落红点点。

译哈代八十六岁自述一首，小曼说还不差，这一夸我灵机就动，又做得了一首。

残　春

　　昨天我瓶子里斜插着的桃花，
　　是朵朵媚笑在美人的腮边挂；
　　今儿它们全低了头，全变了相——
　　红的白的尸体倒悬在青条上。
　　窗外的风雨报告残春的运命，
　　表钟似的音响在黑夜里丁宁：
　　"你生命的瓶子里的鲜花也变了样，
　　艳丽的尸体，等你去收殓！"

天目山中笔记

徐志摩

佛于大众中　说我当作佛
闻如是法音　疑悔悉已除
初闻佛所说　心中大惊疑
将非魔作佛　恼乱我心耶

——莲华经·譬喻品

　　山中不定是清静。庙宇在参天的大木中间藏着，早晚间有的是风，松有松声，竹有竹韵，鸣的禽，叫的虫子，阁上的大钟，殿上的木鱼，庙身的左边右边都安着接泉水的粗毛竹管，这就是天然的笙箫，时缓时急的掺和着天空地上种种的鸣籁。静是不静的；但山中的声响，不论是泥土里的蚯蚓叫或是轿夫们深夜里"唱宝"的异调，自有一种特别处：它来得纯粹，来得清亮，来得透彻，冰水似的沁入你的脾肺；正如你在泉水里洗濯过后觉得清白些。这些山籁，虽则一样是音响，也分明有洗净的功能。

　　夜间这些清籁摇着你入梦，清早上你也从这些清籁的怀抱中苏醒。

　　山居是福，山上有楼住更是修得来的。我们的楼窗开处是一片蓊葱的林海；林海外更有云海！日的光，月的光，星的光,全是你的。从这三尺方的窗户你接受自然的变幻;从这三尺方的窗户你散放你情感的变幻。自在,满足。

今早梦回时睁眼见满帐的霞光。鸟雀们在赞美,我也加入一份。它们的是清越的歌唱,我的是潜深一度的沉默。

钟楼中飞下一声宏钟,空山在音波的磅礴中震荡。这一声钟激起了我的思潮。不,潮字太夸,说思流吧。耶教人说阿门,印度教人说"欧姆"(O—m),与这钟声的嗡嗡,同是从撮口外摄到合口内包的一个无限的波动:分明是外扩,却又是内潜;一切在它的周缘,却又在它的中心;同时是皮又是核,是轴亦复是廓。这伟大奥妙的"Om"使人感到动,又感到静;从静中见动,又从动中见静。从安住到飞翔,又从飞翔回复安住;从实在境界超入妙空,又从妙空化生实在:——

闻佛柔软音,深远甚微妙。

多奇异的力量!多奥妙的启示!包容一切冲突性的现象,扩大刹那间的视域,这单纯的音响,于我是一种智灵的洗净。花开花落,天外的流星与田畔间的飞萤,上缅云天的青松,下临绝海的巉岩,男女的爱,珠宝的光,火山的溶液,一婴儿在它的摇篮中安眠。

这山上的钟声是昼夜不间歇的,平均五分钟打一次。打钟的和尚独自在钟头上住着,据说他已经不间歇的打了十一年钟,他的愿心是打到他不能动弹的那天。钟楼上供着菩萨,打钟人在大钟的一边安着他的座,他每晚是坐着安神的,一只手挽着钟槌的一头,从长期的习惯,不叫睡眠耽误他的职司。

"这和尚",我自忖,"一定是有道理的!和尚是没道理的多;方才哪知客僧想把七窍蒙充六根,怎么算总多了一个鼻孔或是耳孔；那方丈师的谈吐里不少某督军与某省长的点缀；那管半山亭的和尚更是贪嗔的化身，无端摔破了两个无辜的茶碗。但这打钟和尚，他一定不是庸流不能不去看看！"他的年岁在五十开外，出家有二十几年，这钟楼，不错，是他管的，这钟是他打的（说着他就过去撞了一下），他每晚，也不错，是坐着安神的，但此外，可怜，我的俗眼竟看不出什么异样。他拂拭着神龛，神座，拜垫，换上香烛，掇一盂水，洗一把青菜，捻一把米，擦干了手接受香客的布施，又转身去撞一声钟。他脸上看不出修行的清癯，却没有失眠的倦态，倒是满满的不时有笑容的展露。念什么经？不，就念阿弥陀佛，他竟许是不认识字的。"那一带是什么山，叫什么，和尚？""这里是天目山。"他说。"我知道，我说的是那一带的。"我手点着问。"我不知道。"他回答。

山上另有一个和尚，他住在更上去昭明太子读书台的旧址，盖着几间屋，供着佛像，也归庙管的，叫作茅棚。但这不比得普渡山上的真茅棚，那看了怕人的，坐着或是偎着修行的和尚没一个不是鹄形鸠面，鬼似的东西。他们不开口的多，你爱布施什么就放在他跟前的篓子或是盘子里，他们怎么也不睁眼，不出声，随你给的是金条或是铁条。人说得更奇了。有的半年没有吃过东西，不曾挪过窝，可还是没有死，就这冥冥的坐着。他们大约离成佛不远了，单看他们的脸色，就比石片泥土不差什么，一样这黑刺刺，死僵僵的。"内中有几个，"香客们说，"已经成了活佛，我们的祖母早三十年来就看见他们这样坐着的！"

但天目山的茅棚以及茅棚里的和尚，却没有那样的浪漫出奇。茅棚是尽够蔽风雨的屋子，修道的也是活鲜鲜的人，虽则他并不因此灭却他给我们的趣味。他是一个高身材、黑面目，行动迟缓的中年人；他出家将近十年，三年前坐过禅关，现在这山上茅棚里来修行；他在俗家时是个商人，家中有父母兄弟姊妹，也许还有自身的妻子；他不曾明说他中年出家的缘由，他只说"俗业太重了，还是出家从佛的好"，但从他沉着的语音与持重的神态中可以觉出他不仅是曾经在人事上受过磨折，并且是在思想上能分清黑白的人。他的口，他的眼，都泄漏着他内中强自抑制，魔与佛交斗的痕迹；说他是放过火杀过人的忏悔者，可信；说他是个回头的浪子，也可信。他不比那钟楼上人的不着颜色，不露曲折。他分明是色的世界里逃来的一个囚犯。三年的禅关，三年的草棚，还不曾压倒、不曾灭净，他肉身的烈火。"俗业太重了，还是出家从佛的好"；这话里岂不颤栗着一往忏悔的深心？我觉着好奇，我怎么能得知他深夜趺坐时意念的究竟？

佛于大众中　说我当作佛
闻如是法音　疑悔悉已除
初闻佛所说　心中大惊疑
将非魔所说　恼乱我心耶

但这也许看太奥了。我们承受西洋人生观洗礼的，容易把做人看得太积极，入世的要求太猛烈，太不肯退让，把住这热乎乎的一个身子一个心放进生活的轧床去，不叫他留存半点汁水回去；非到山穷水尽的时候，决不肯认输，退后，收下旗帜；并且即使承认了绝望的表示，他往往直接向生存本体的取决，不来半不阑珊的收回了步子向后退：宁可自杀，干脆的生命的断绝，不来出家，那是生命的否认。不错，西洋人也有出家做和尚做尼姑的，例如亚佩腊与爱洛绮丝，但在他们是情感方面的转变，原来对人的爱移作对上帝的爱，这知感的自体与它的活动依旧不含糊的在着；在东方人，这出家是求情感的消灭，皈依佛法或道法，目的在自我一切痕迹的解脱。再说，这出家或出世的观念的老家，是印度不是中国，是跟着佛教来的；印度可以会发生这类思想，学者们自有种种哲理上乃至物理上的解释，也尽有趣味的。中国何以能容留这类思想，并且在实际上出家做尼僧的今天不比以前少（我新近一个朋友差一点做了小和尚！），这问题正值得研究，因为这分明不仅仅是个知识乃至意识的浅深问题，也许这情形尽有极有趣的解释的可能，我见闻浅，不知道我们的学者怎样想法，我愿意领教。

十五年九月

再不见雷峰

徐志摩

再不见雷峰,雷峰坍成了一座大荒冢,
顶上有不少交抱的青葱;
顶上有不少交抱的青葱,
再不见雷峰,雷峰坍成了一座大荒冢。

为什么感慨,对着这光阴应分的摧残?
世上多的是不应分的变态;
世上多的是不应分的变态,
发什么感慨,对着这光阴应分的摧残?

为什么感慨:这塔是镇压,这坟是掩埋,
镇压还不如掩埋来得痛快!
镇压还不如掩埋来得痛快,
为什么感慨:这塔是镇压,这坟是掩埋。

再没有雷峰,雷峰从此掩埋在人的记忆中:
像曾经的幻梦,曾经的爱宠;
像曾经的幻梦,曾经的爱宠,
再没有雷峰,雷峰从此掩埋在人的记忆中。

九月,西湖

雷峰塔

徐志摩

"那首是白娘娘的古墓,
（划船的手指着野草深处）
客人，你知道西湖上的佳话,
白娘娘是个多情的妖魔。"

"她为了多情，反而受苦,
爱了个没出息的许仙，她的情夫,
他听信了一个和尚，一时的糊涂,
拿一个钵盂，把他妻子的原形罩住。"

到如今已有千百年的光景,
可怜她被镇压在雷峰塔底——
一座残败的古塔，凄凉地,
庄严地，独自在南屏的晚钟声里!

西湖的风景

石评梅

西湖风景，我怀慕渴望已非一日。在学校我的朋友多是浙江人，往往月下花前，谈西湖名胜，辄令我神游梦寐，在那时"西湖"已深深地镌印在我的心里，种着很深的苗。所以当时我能把心神都化在那里，在细纹的湖水里，反映出我的影子，我才知道不是梦境的虚幻。但我在西湖逗留了五六天，所得的印影，都如电光一瞬，现在想起来，依然是梦境，所余的仅仅一点模糊回忆。我现在幽居在山城里，窗外雨声淅沥，恼人愁怀，欹斜花影，反映纸上。我披卷握管，预备把我的回忆和当时情形，写在纸上，但这是最令我胆怯的。我的心异常的懦弱，竟使我写不下去。这时候我接到君宇的一封信，他这信是和我谈风景的，中有一段和我现在濡毫难下的情形相同：

本来人与宇宙，感着的不见得说得出，说出的不见得写得出。口头与笔端所表示的，绝不是兴趣的整个。就像我自己，跑遍了半个地球，国内东部各省都走过了。山水之美虽都历历犹在目中，但是要以口或笔来形容它们，我总是做不出。有时我也找得最好的诗句，恨笔不在手底不能写出来，然而就是当时笔在手边又何尝写得出呢？好的诗句，是念不出的，更是写不出的；好的风景是画不出的，更是描不出。越是诗人，越多兴感，越觉得描写技短，又何怪你觉得你游过的景物不可写出呢？然而我总愿世人应得把他的才能志愿，将宇宙一切图画了出来。你不笑这是个永不能达的妄想吗？

这信内说得非常透彻，但我准不能为西湖而搁笔，只好尽我的能力做去。

西湖风景

六月五号的下午，我们去游西湖。一望湖水潋滟，一片空明，千峰紫翠；冠山为寺，架木做亭，楼台烟雨，绮丽清幽；昔日观画图恐西湖不如画，今乃知画何足尽西湖？我们坐着小艇慢慢划着；微风过处，金鳞涌泮，烈日反映，幻作异彩。只见碧波茫茫，云天苍苍，远山含翠，若烟若雾；一支小艇飘荡着如登仙境。我们同学都衣裳蹁跹，意欲凌仙；惠和穿着极薄的绛纱，永叔服着一套绡裳，映在碧波中未尝不与西子增色！慧文向划船的要了桨，想自己撑，但不料反退了回去；我们都笑了起来！两岸绿树之影，映在湖中，碧嫩欲滴，我们一齐都唱起《杏花村》来，协着水中反应，声如玉磬。柳扬水面，映着阳光万点，如绢上的云霓宝钻，撒手一幅彩光万道图。美哉！西子。

我们到了苏堤东，有洲，洲旁有三塔影入洲中，就是"三潭印月"。船拢岸上陆，为"小瀛洲"；四周碧树阴蒙，如遮绿幕，回亭水上，横匾为"饮渌"，联为"一桥虚待山光补，片席平分潭影清"。过假山有亭，横匾为三亭字"亭亭亭"，联为"至此地空邀明月，问谁家秋思，吹残玉笛到三更？记故乡亦有仙潭，看一样湖光，添得石桥长九曲"。此处如：

<blockquote>
波上平临三塔影，
湖中倒映一轮秋。
</blockquote>

四面山光湖水，相映皆碧；中有三塔，内分三潭，青山映潭，潭水映月，宇宙之美，即非中秋来此，俯仰之间都是良辰佳景。几排疏柳中，可以望见断桥残雪；几扇翠屏里，可以看着"雷峰夕照"。仰视青天白云，潭水映影，顿现我象；惜无明月对我，斟酒当歌！莲荷摇曳其上，游鱼游荡于下，小艇一只，撑破荷叶，缓缓渡来，人耶？仙耶？东坡咏西湖有句："毕竟西湖六月中，风光不与四时同；接天莲叶无穷碧，映日荷花别样红。"

诚然！不到其处，不知古人写景之妙。我来恰在六月（但非阴历），虽荷花未映日，而莲叶接天，一望皆碧。返故道上船，有月门额曰"竹径通幽"。我拉了金环进去一望，只见青竹撑天，曲折九回，从篱中能望见湖水，其明如镜。尚有明孝贤祠，卧薪说无奇，故牺牲不去看。上船又至白云庵，清高宗题为漪园。净慈寺里有运木古井，济颠当日曾在此运木，留在井中的。老和尚给我们把烛系在绳端放下去看，真是一块木头在里边。

"南屏晚钟"，南屏在净慈寺之后，正对着苏堤，寺钟一动，山谷皆应。据说是济公的显圣处，因为他曾在净慈寺做过书记。雷峰塔在净慈寺前，现已倾塌中空，我同孝颜，披蒙茸，拂苍苔，拾级登雷峰，乱石堆集，悬石欲坠。"俗传这里的砖做炉灶可集福，所以现在的砖都被人拿去。"这是慧文告我说的。我只觉四面风来，摇摇欲倒，吹我衣襟，翩然欲飞，阴沉之气扑人欲咽。俯望西湖，银光灿烂。塔为绛色，矗立于碧绿里，反映在湖水中，而其美丽更在夕照时。昔有姓雷的筑庵于此，后吴越王妃黄氏，就此处建塔，遂名雷峰塔。俗传青白两蛇，镇压塔下，此塔现已倾颓，苟白蛇有能，想早已腾空逸去？

"花港观鱼"，在"映波"和"锁澜"二桥的中间，池中有大金鱼，以饼做饵，鱼始现出。茅亭上遍植藤萝，景致幽雅，卧薪在这里请我们吃茶，清凉草香，令人心醉。竹篱外隐约能看见游人的衣衫飘动。上船后到红栎山庄，俗称高庄，两旁竹高丈余，风过处瑟瑟作声，有一种特别的韵调。我们在高庄的后门等船，只见一支白帆的小艇，慢慢地由断桥下撑来。我眼睛只望着这小船，忽然卧薪在后边叫我去看她买的香珠。从这里上船到水竹居，俗叫刘庄，在秀隐桥西，是香山刘学询所建。它的风景佳处，可以在联语中看出：

山色湖光，倒影浑成天上下；
花明柳暗，闻香不辨路西东。

泉石亦经纶，揽全湖多少楼台，试大开绮户，遍倚雕阑，对西子新妆，如此文章真富丽；
琴樽容啸傲，看佳日联翩裙屐，有万树琪花，四围岚翠，话天台轶事，本来家世是神仙。

其亭台楼阁花草之美，为湖上庄墅的第一。有藏书处叫望山楼，登其上觉一湾碧水，万叠青山，看烟云变态，共风月清淡，并可以领略万壑中的涛声，六桥间的烟景。

"湖心亭"是明朝知府孙孟建的，初名"振鹭亭"，清圣祖题"静观万类"楼。如明月一轮镌入碧青，如微云一朵，点上河汉，翼然水面，恰在湖心。有"静观万类，天然图画"八字，为清圣祖御书。有联为：

春水绿浮珠一颗；
夕阳红湿地三弓。

游毕"湖心亭"，遂棹归桨；云山模糊，幕烟朦胧，像撒了满天的红霞，被罩着西子，愈增其艳，真是浓妆。忽有一种激昂的歌声入耳，陡觉心胸辛酸；半天西湖揽胜凭吊，感慨甚多！迨暮霭迷漫，蓦地一片的时候，我的心又沉在深深的悲哀之渊里。湖水深，恨无穷！幸万灯辉煌，已抵第一码头，拢船上岸，无精打采地回了我们住的旅社。这是第一天游的西湖，在此暂且收束吧。

理公塔

　　六月六号上午参观女师，下午仍游西湖。仍由第一码头上船，过卧龙桥。两岸杨树丝丝，芦草瑟瑟，野花一阵阵的香味，送拂襟头。平湖似镜，时闻小鸟啁啾婉转；俨然置身碧玉池内，映影皆绿。舍舟上陆，有船夫给我们引路，一直向灵隐去。两旁松柏杉杨，茂然荫森，如张绿幕。苍苔草径中时有贞节牌坊，和某府某堂之墓道。由黄土小道，蜿蜒而上，则累累皆荒冢。幽深的环境里常有小鸟婉转唱歌，似安慰千古的孤魂，声极凄凉。慢步同芎蘅、惠和联袂相偕。青石铺道，绿阴林下，时有瀑布如挂练，激在小石间，发出极自然的韵调，其声淙淙，清凉芬香。日影映地，仅见花纹零乱。惠和谈她们家乡惠山的风景与我听。走了约有五六里，已到灵隐寺的山门。只见两旁古树参天，青碧一片，奇峰特峙，流水环周。旁有理公塔，上为理公岩。晋时西僧慧理至杭，登山见怪石森立，千态各出，曾云："此是中天竺国灵鹫山之小岭，不知何年飞来?"后遂名飞来峰,亦呼灵鹫峰。山石不杂土壤,山势若浮若悬;小隙中时见生瘦藤古木,都是抱石合皮;云霞横生,孔穴贯达。山壁间满镌佛像,盈千累万不计其数,大小粗细,其工不一。洞在山腹,桥当洞口;度桥进洞里,只见岩崖空幻,石骨玲珑,乳泉滴沥,韵音清心,名"玉乳洞",又叫"一线天";香烟萦绕,供铜佛一尊,和尚以长杆,指岩顶裂缝,可见一线天色,故叫"一线天"。静同、永叔在洞外摄一影留念。我们又向前行,清溪边,山岩下,石形奇秀,卓立林间。此地风景殊佳,遂同金环、芋薇在此摄一影,我斜蹲在山峰上,脚下有清泉一股,白石鳞鳞突然而起。山侧有放生池,池下为冷水亭,即八景中的"冷泉猿啸"。亭旁联语甚多,有左文襄公一联为:

在山本清,泉自源头冷起;
入世皆幻,峰从天外飞来。

"一线天"

这亭高不倍寻，广不累大，振前搜胜，真为神仙境地。春天即花碧草香，可以导和纳粹，畅入怀抱；夏天即风冷泉亭可以祛烦消暑，兴我幽情；秋冬即山树做盖，岩石为屏，另有一种悲歌激昂的状况。我在亭栏上俯望清溪内怪石昂藏，流泉湍急，游鱼喷沫，碧藻澄鲜；望着飞来峰峭峻嵯岈，宛如一朵千叶莲花，望奇莫名——亭下为石门涧，涧旁有壑雷亭，东为"春淙亭"。

冷泉亭

春淙亭

灵隐寺

灵隐寺大殿

云林寺——即灵隐寺，在冷泉的北面，晋僧慧理建；现在系清初僧宏礼重建，为西湖名刹。入正殿见佛高数丈，跪着许多小和尚，两旁的大和尚都披着袈裟，坐着念经。这种生活，亦有趣味，但他们念经时心未必能专一吧！老和尚木鱼一敲，手中拿着的乐器也叮当地奏起来，念经的声音，也特别洪亮。寺左有罗汉堂，内里有五百个罗汉，也是男女老幼，千态万

状,以笑容可掬,慈眉善眼的居多数。灵隐寺的对殿,有一副对联是:

　　胜境重新,门前峰列如屏,未必飞来不飞去;
　　优游若昔,亭畔水清可掬,漫论泉冷与泉温。

天竺韬光,天色已暮,容后游;遂乘洋车去岳坟,路经栖霞岭,桃溪。岳王庙在栖霞岭下,金碧辉煌,系重建未久;仰庄严之像,不觉凛然。联语甚多,兹择三联,为:

　　皦日矢忠心,千古仰军人钜镬;
　　栖霞新庙貌,万方拜中国英雄。
　　专制杀英雄,千载何人雪国耻?
　　横流遍宇宙,九州无地哭忠魂。

　　忠孝节义萃于一门,间披南宋伤心史;
　　祠祊尝烝昭乎四祀,可纪西湖堕泪碑。

寺左有启忠祠,祀岳父母,旁有五侯及五夫人祠;精忠墓在寺内,其树木皆向南,秦桧、王氏铸铁像,背缚跪于墓前。门联为:

　　宋室忠臣留此冢;
　　岳家母教重如山。

有精忠柏,相传为岳坟柏树历久变石,真的碧血丹心,草水亦为之感动吗?出岳王庙,见湖内泊一帆船,中坐一人,绝类纫秋！询之诸友，亦谓极像。下船渡跨虹桥已望见苏小的墓！所谓"英雄侠骨儿女柔情"又点缀在湖山图画中。旁为鉴湖秋瑾墓，草径荒凉，侠气犹存。卧薪说："这是女界的英雄，我们后生应该行全礼。"我们很恭敬地行了三鞠躬的礼！佳联很多，如：

浙东西冤狱成三，前岳后于，浩气英风侠女子；
湖南北高峰有两，残山剩水，惊魂血泪葬斯人。

共和五载竟前功，英名直抗罗兰，欧亚东西，烈女双烈；
风雨一亭还慧业，抔土重依武穆，湖山今古，秋社千秋。

秋瑾风雨亭

慧文拜谒了秋瑾墓，要去玉泉看金鱼。我们说，天晚了明天再游，后来，我见她很热心地要去，我们遂把船划到清涟寺。御书为"清涟禅寺"。进门为大雄宝殿，殿后有方池二——即玉泉，清澈见底，有五色大鱼数百，映日金鳞耀目，美丽无比！再进内有珍珠泉，再进为鱼乐国，大鱼约有三尺许，以石击之，一翻身，水花四溅。上有洗心亭，凭栏投饵，此为最佳。遂棹归舟，时暮霭笼罩，高歌一曲，余音缭绕水面。晚风拂面，胸襟皆清，此种清凉福几生修到？

昨夜十时余我伏在电灯底下，给北京的朋友写信，写完我正要归寝，忽然淅淅沥沥地落起雨来，洒在芭蕉叶上，奏出很凄凉的音韵。这时景色渐黯淡起来，电灯也惨然无光。由窗外看出去只见黑漆漆一片，雨愈下愈大，我想到一切的旧事，都浮在我的心阈里，烦恼极了。最令我挂念的，就是雨要不止，明天怎样游西湖呢？果然恨事，今天早晨到下午雨犹未止，且愈下愈大，今日的西湖是不能去了，未免扫兴。并且我们有极短的规定，耽误一天，西湖就少游一天，这是多么可惜的事啊？一直到八号的下午，雨稍止，我才能再见到西湖。

别后的怅惘是多么幽怨啊！幸而又能三次与西湖把晤。只见细雨濛濛，湖水微绉，烟雾成霞，山岚抹黛。东坡有诗咏西湖初雨："水光潋滟晴偏（方）好，山色空蒙雨亦奇。欲把西湖比西子，淡妆浓抹总相宜。"可知西湖之晴雨皆为佳艳。我不禁欣喜，能看到雨后的西湖：望去如云如烟，似山非山；如月光射到梨花时，由楼上望梨花后之美人，其美在隐约间。船抵葛岭拢岸。葛岭在宝石山西，相传为葛洪炼丹处。上船后雨已止，唯径湿草滑；花草欣然，欲滴露珠；路旁有荒冢，覆满青碧，旁有白泉涌出，其声淙淙。过"兰若精舍"，再进杨柳夹道，槐青松香，满山苍翠。岩间有大瀑布冲下，声犹裂帛，洁如绡练。对面有奇峰峙立，俨如一石砌成，上有"喜雨亭"，一望满湖风景，翠峦如屏；苏堤杨柳，犹自随风飘舞，历历如涌眼底。有联为："雨后山光分外青，喜看湖水浓于碧。"在此仰视则红旭一轮，俯窥则翠峦千叠，诚为宇宙内之奇观，愈登愈高至顽石亭，无奇可叙。"揽灿亭"有联为："江痕斜界东西浙，山色都收里外湖。"能望见全湖，风景历历如画，钱塘如带，横系天边。再上有石碑，额曰，"渥丹养素"，中有古葛岭院，即葛洪住处。再进为玉泉殿，旁有抱朴庐——抱朴，葛洪之别号。再上为炼丹台，石洞中供葛仙像。登炼丹台，已能全望钱塘。在湖中的小舟，宛如凫鹅游泳；四围碧青，拥护仙寰。有联为："岭上白云千万片，时闻鸾鹤下仙坛。"再上为"观光"，有联为："晓日初升，荡得山色湖光，试登绝顶；仙人何处，剩有石台丹井，来结闲缘。"此处有关内侯葛洪像。有碑曰初阳台，地处高朗，最宜远眺，每岁十月朔日，可观月日并升。朝吞旭日，夜纳归蟾，湖光浅碧，层峦矗立；登其上，俯视岩下，烟云由脚下生，风声瑟瑟，殊畏衣薄！开旷心胸，无负披荆棘，出岩砾之苦。葛岭左有"智果寺"，寺旁有杨云友女史墓；南有"云龛亭"，联有："雾鬓云裳曾入梦，柳塘花屿对是亭。"下葛岭即命船至孤山，一屿耸立，四无依联，又名孤屿；环山迭翠，如列屏几案，一镜平湖，澄波千顷；踞全湖之胜，而能爽然四眺。为林和靖隐处，有"放鹤亭""巢居阁""林下亭"诸胜。那时我极目水云，由低莲内看游鸥；昂首霄汉，想从林亭中放鹤归；处士风流不羁，看破人生真谛，梅妻鹤子，是真能自乐其生。想当年红梅百本，雪鹤一双，潇洒艳福，谁能比此？"巢居阁"后为林处士墓，有吴惟信题联最佳：

坟草年年一度青，梅花无主自飘零；
定知魂在梅花上，唯有春风唤得醒。

墓旁有鹤冢，其形俨然如岳家父子坟，墓后壁上镌"孤山一片云"五字。后有赵公祠及财神庙。林处士墓侧，马菊香墓前，即为冯小青墓。小青薄命，遗憾千秋。西湖胜景，春花秋月皆为赏心悦目之行乐地，但小青葬孤山，遂与西湖另辟一凄凉境界。读其诗如："新妆竟与画图争，知是昭阳第几名？瘦影自临春水照，卿须怜我我怜卿。"其哀怨悲婉，我欲为小青大哭。但我今日能凭吊孤冢，怀想美人在夕阳青紫之间者，抑天之不成就小青于当时，正成就小青于千古。

杨庄为前清杨士琦的别业，现属严姓，风景殊佳，有眷属在内。在客厅稍息吃茶后，遂到西泠印社，内祀丁敬，为印学浙派所宗，丁仁叶铭吴隐王寿祺所创立；内有假山小池，结构精巧。由草径中看见石上镌有"清心佳境"四字，遍植修篁，上有茅亭。再上为仰贤亭，豁然开朗，风景幽秀；水中有石刊"西泠印社"四字，旁有敬身先生石像，有石碑，上刊：

古极龙泓像，描来影欲飞，
看碑伸鹤颈，拄杖坐苔矶；
世外隐君子，人间大布衣，
似寻蝌蚪文，仓颉庙中题。

（袁枚题）

再进有茅亭，名曰"剔藓"。再上即为"观乐楼"，及"四照阁"，阁上有叶翰仙女史所撰：

面面有情，环水抱山山抱水；
　　心心相印，因人传地地传人。

此外尚有泉唐丁不识所撰一联：

　　亚字阑，卍字墙，丁字箔，心字香，翼然井然，咸宜左右；
　　东瞰日，西瞰月，南瞰山，北瞰水，高也明也，宛在中央。

壁间无名诗一首：

　　搔首乾坤几醉醒，年来游屐未曾停，双柑斗酒孤山路，一片风云护落星；
　　六桥三竺两模糊，野鹤寒梅一屿孤，删尽繁华归淡泊，寥寥千载一林逋。

山顶荷池，颇宜消夏；湖中风景，此为最佳，因俯瞰环眺，在在皆为胜境，竹韵荷香，总是雅人深致。

公园即行宫改建，复阁回廊，周环相通，凿石为基，削岩成壁，道水成池，植花成幄，以湖山自然之胜，略加人工，其富艳可想。渡桥登山，到后边宫殿建山上，含岩石于殿中，注清泉于座下，一室之中，山水奇观毕具。左右高楼，近可挹湖光，远可以吞山色，惜现多倾颓，已非旧观。

"平湖秋月"，为十景中之一，前临外湖，旁构重轩，曲栏画槛，直挹波际；想秋月圆时其风景之美，始能全现；乍视觉一湖濛溦，几栏回廊，是无足奇。额曰："湖天一碧"，有彭玉麟一联为：

凭栏看云影波光，最好是红蓼花疏，白苹秋老；
把酒对琼楼玉宇，莫孤负天心月到，水面风来。

平湖秋月，来时非秋更五月，故无景；断桥残雪，来时非冬更无雪，故无景；草径中虫鸣，湖岸旁蛙叫；暮夜风清，飘荡湖中，凝眸望去，俨然海上仙山，隐约恍惚于缥缈虚无之间；望岸上明灯千盏，我又归繁华境地，做无味敷衍的生活，非我所欲的生活啊！

湖上风景，已游其大概。唯异境在山中人迹罕至之处；故今日之游，舍船用竹轿，游行万岩中，希望探窥深幽间的妙处。缘着内湖，白堤，过卧龙山庄、白莲祠面抵葛岑山脚。时天气阴沉，空气清爽，两旁杨柳，碧绿夹道，落花铺地，鸟语如簧，竹轿拂杨披柳，隐约望之，俨然人入画图中！坐轿中不如地行舒适，且无谈伴，幸蝉声抑扬林间，如慰我的沉闷！过玛瑙寺未入内，在此能望见初阳台上顶；黄牛踟蹰于芳草中间；石像已生有苔藓，倒卧草中；在在皆为极雅致之风景。绕岳庙栖霞岭到香山小洞，小湖碧青四环，岸上柳，湖中影，一样碧绿，人影反映亦浸成绿色；俨然游于翠玉浴池！有殿供金佛数尊；洞中供观世音；建于洞壁上，玉乳下滴，幽深清凉；令人生惧心！旁有小楼数间，为夏日避暑地，清凉如秋。上轿过清溪稻田，万顷青碧；野花小草间，时有白黄蛱蝶飞舞其间。路旁峭岩削壁，万骨嶙峋，山势既高，故轿行亦慢；上下振动的速度遂增加。枫叶朱染，映在碧绿的林内，红艳可爱！山坡有花，白黄相间；问轿夫，他说是栗子花。轿抵紫云洞落下；有石坊，额曰"紫云胜境"，有联为："灵鬼灵山风马云车历历，一丘一壑玉阶凉夜憎憎。"缘石阶上去，有寺名"智禅寺"，再进为大雄宝殿，旁有小门，额曰"洞天福地"，进小门陡觉阴深幽凉，顿使罗衣生寒。缘怪石下去，峭耸嵌空，奇崖削壁，色如暮云凝紫，几疑身入仙府！从洞口下石级二十余，窿然如堂，内外明朗，岩间玉乳滴沥，声如玉磬；空中石楼倒垂，上设峻槛；拾级上在岩洞中供西方三圣神像，张颂元题"云根净土"于其上。中有泉方可三尺，水极清澈，深不可测，名"七宝泉"。石上满生苍苔，油绿可爱。此洞状既幽深，石都嶙峋；清凉澈骨，寒沁胸襟，真夏季的福地。西湖山中妙景，此其一。壁上石刊诗数首，择一录如下：

　　黄龙带左栖霞右，牝洞居然居路中，未可鸣鞭过弗入，春风坐似拂秋风。

　　下山时在稻田中有一碧头红嘴的小鸟，在水里喝水，见我们轿子过去，它走近两步向我点点头，飞着向碧林中去了！小鸟啊！你认识的故人吗？在我的家乡梅树的枯枝上，我在前二年曾看见一只碧头红嘴的小鸟，在那里啁啾；一天，就飞去永没有再回来；今天这小鸟似非似是，令我不解！但宇宙间事物只可遇之无意中，又何必斤斤然去计较是非呢？当时引起我不少的感想来——我只顾想着这最虚无缥缈的幻想，已经过了灵隐寺，一直上韬光去。一路落花沉涧，鸟语如簧，竹韵涛声，别饶风致！缘石阶曲折而上，有石亭匾额"韬光"两字。再登为韬光禅寺，入内有引水处，金莲池鹤岭，风景幽雅，读书其中，真能足迹不到城市。再上为吕金仙宗祠，两峰夹峙，翠螺如黛。再上为观海楼，有高宗御书"云岑日观"，有骆宾王之"楼观沧海日，门对浙江潮"。登此真觉海阔天空，别开眼界。再上为炼丹台，有吕仙洞，嵌"丹崖空洞"四字。崖下有水。点滴如乳泉，有老和尚向我们谈吕洞宾故事，颇津津有味。云烟苍茫，风高衣寒；身体摇摇欲坠，几欲飞去！真是"岭树湖云沉足底，江潮海日上眉端"；依稀能看见一线沧海。北高峰我本欲去，后惠和说："不用去吧，太高了！"下山时，枫叶遍落山涧，红艳可爱！我择了几叶夹到书里。林中徐步，翠幕下甚觉清凉。壑雷亭前瀑布，因雨后更觉美丽，有联如：

飞瀑停水，迹在名山偏耐冷；
巨雷纵壑，心如止水总无惊。

据卧薪告我，北高峰上有景晖亭，亭中有碑，人登其上，如入云中，四面风拂，袖袂生寒，望见西湖如丸，钱塘江已全如瞭掌。十二时我们在灵隐寺旁的饭店，略吃点点心；吃完饭后遂乘轿到天竺去。先到下天竺，自灵隐寺至天门，周围数十里，两山相夹，峦岫重裹，林壑之美，实聚于下天竺。入内香烟萦绕，嗅之欲醉，有许多太太们拿着香烛进香。观音殿上有仙山一座，上有多神，男女皆有；再进为大佛殿，有子孙娘娘神，龛前有许多小孩。庙前有无数香铺，想都是很兴旺的生意！一路上进香的妇女，都联络不绝于道，或坐轿或走。中天竺距下天竺约一里路，法真寺中有池碧青，有鱼，非金鱼似鲫鱼，长约尺许，亦皆五色。上天竺我们因为都是庙和佛殿，并且听轿夫说和中天竺、下天竺相同，所以我们决计不去上天竺，去龙井山去。

当我轿子过那青翠的山时，我不禁觉着我现时的心太繁杂了，充满了人间的污点同烦闷；我想在西湖的山川里，一濯我二十年来沾染的人间污点。但我的心是最懦弱不过的；我的身体是不自由的。为了白发的双亲，期望和爱恋，我只得在那万恶的深渊里浮沉去，人间的丝已缚得我紧紧的；我斩不断我天性中的爱恋啊！万绿丛中我在轿里想着，这许多风景，也是一时的印痕，如电光一般地过去了；离合聚散，都在这一瞥里，明天我将要别了我永久爱恋的西湖去。白香山说："未能抛得杭州去，一半勾留是此湖。"我不禁也感到这种痛苦；愿留着我未画的西湖，作我他日的逗留。

两岸稻田秧穗，一束束在水的浅处浸着。前面屏着青翠的山，旁边临着碧绿的泉；天上啊？人间？每一个枝头，都留我一点粉屑碎了的心在里边。过路里鸡龙山的中间，有庙正在唱戏，观者很多。时时能看见草里的荒冢，山坡下有几间瓦房，小鸡都散在坡下的草地上觅食，其间花香扑鼻，水声淙淙，竹韵瑟瑟，这好景在我的脑海里已堆集成好几层；所以使我更觉着模糊。不觉已到龙井，亭曰"过豁亭"，有泉自山巅冲下，汇成小溪，绿萍满覆，旁有茅屋数间。抵龙井寺，遂下轿，见墅上碑字已模糊不能辨，再进，匾为"引人入胜"，壁上有"风篁余韵""爱其瑰青"，皆高宗御笔。圆洞中出泉，激成瀑布，如练下奔，井水供品茶用，有"钟灵毓秀"刊石上，有"龙泉试茗"刊其崖顶，山石成阶，琢白天成。有极大山洞，石洁如玉，雨后润泽欲滴。右行有小亭，有康有为题"江湖一勺亭"；茶树尚在狮子峰，距此尚有二里遥。至小亭稍息，茶淡而香，亭上可观西湖之一角，白银一片，民房如鳞；清风徐来，心胸皆醉，竹韵冷然，如置身清凉画图中。

轿行山下，蜿蜒而上，俯视下方，云烟脚底；至绝顶，同学辈皆下轿步行，隐约碧绿中衣衫鲜丽。抵烟霞洞，旁有石极光滑，皆山水浸泽的缘故。绿槐修竹，张天如幕。沿阶级登其顶有"烟该此地多"五字嵌石壁内，有诗刊石上："初入烟霞片乱无，老僧学信住茅屋；往来三十余年后，琼岛瑶台曲径铺。久仰名山幽境寻，六旬有二惯登临；自来小住清阁课，煮茗浇花乐更深。"壁皆满刊佛像，如飞来峰，有洞甚深，轿夫云内有蛇，故未敢进去。壁刊"天留胜地"四字。再上为"陟岯亭"，有联为："得来山水奇观，与君选胜；对此烟霞佳景，使我思亲"。山壁上有"佛地诗情"。登此一望，群峦列笏，迎风长啸，修竹万竿，幽寂高岑；我觉西湖各风景，此为我最爱。有"吸江亭"，旁有题词为："学信开土新辟一亭，自烟霞洞凿石通径而上；远吞山光，俯挹江潮，往来空气呼吸可通，请题客额，以吸江称之。"有联为："四大空中独留云住，一峰缺处远看潮来。"远望旭日出海，江湖涌金，晓雾成霞，山岚抹黛。烟云冉冉，生于脚下；幽壑深林，风景特殊；我不禁留恋久之。下有双栖冢，系周兑枳与其夫人金凤藻女士合葬于此。再上为师复墓，师复为世界语学者，社会主义宣传者，创晦鸣学舍世界语研究会，发刊《民声》杂志，后呕血死，葬于此地。有卧狮阁，因匆匆下未探其秘，至洞口，有慧文同孝琪购茶。我拾级下，俯望万绿荫遮，烟霞丛生，瀑流喷薄，坠玉飞珠，涧水深幽，调笙鼓瑟，仰视可摸罗松之末，缥缈入云。那时我的灵魂不禁出云霄而凌驾烟霞，冉冉扶摇直上！再上为南高峰，为经济时间，未暇登其巅。乘轿过夕岚亭，对面为"南高揽胜"，登南高必经之途。时已夕阳西下，赤日已敛其光辉，清风徐来，胸襟豁然开朗；山坡下有白羊游于碧草间，山崖中有鸡觅食稻粟，有携筐村女，其清艳不带俗像，岂亦西湖之钟秀欤？

大仁寺内有石屋洞，壁刊"印心石屋"；洞门嵌"沧海浮螺"，崖如刀削，嶙峋做顶，上刊无数佛像。池中有青红小石，晶莹可爱，水清可鉴底，有二飞仙，系裸体女神，面相向嵌两壁顶上。有汇真泉，再上有乾坤洞小石屋，奇石卧地，圆滑可鉴；再上为青龙洞，蜿蜒深入；唯惜时间已暮，故未能尽兴探奇，今回忆之殊甚怅怅！出此洞，一路秀峰削立，小溪横流。抵定慧禅寺，山门有石塔旁立，高约五尺。无山不青，无水不韵，石涧中涌泉，喧声如西子呢喃！于荫清凉，杜鹃嘲啾；美景皆是，惜我无生花妙笔。佛殿内有方池，宽长各二尺，水取之不竭，亦不溢出，名"虎跑泉"。壁上东坡题诗，已模糊，不过尚可观其大概，为：

紫李黄瓜村路香，乌纱白葛道衣凉。避门野寺松阴转，欹枕风轩客梦长。因病得闲殊不恶，心安是药更无方。道人不惜阶前水，借与匏樽自在尝。

后有济祖道院。再进为紫金罗汉阿那尊者济公佛祖的塔。游完至亭稍息，略品虎跑清泉，遂出寺。一路风来夜寒，碧崖翠峦皆笼罩在烟云中。蝉声喧谷，山林欲眠，湖水苍碧，雷峰默立中；崖中隐约间吐出烟云，遮遍湖中。暮云四合，晚景模糊；山水烟云浑成一片。我在共游四次，而湖光山色，峰峦迭翠，在在皆觉恋人。我在船中只觉着山色依依，尚知不舍；湖水漾漾，宛若留人，可怜我"征途行色惨风烟，祖帐离声咽管弦"，"处处回头尽堪恋，就中难别是湖边"。把白香山别西湖的诗，拿来表我当时的情形。

秋光中的西湖

庐　隐

我像是负重的骆驼般,终日不知所谓的向前奔走着。突然心血来潮,觉得这种不能喘气的生涯,不容再继续了,因此便决定到西湖去,略事休息。

在匆忙中上了沪杭甬的火车,同行的有朱、王二女士和建,我们相对默然的坐着。不久车身蠕蠕而动了,我不禁叹了一口气道:"居然离开了上海。"

"这有什么奇怪,想去便去了!"建似乎不以我多感慨的态度为然。

查票的人来了,建从洋服的小袋里掏出了四张来回票,同时还带出一张小纸头来,我捡起来,看见上面写着:"到杭州:第一大吃而特吃,大玩而特玩……"真滑稽,这种大计划也值得大书而特书,我这样说着递给朱、王二女士看,她们也不禁哈哈大笑了。

来到嘉兴时,天已大黑。我们肚子都有些饿了,但火车上的大菜既贵又不好吃,我便提议吃茶叶蛋,便想叫茶房去买,他好像觉得我们太吝啬,坐二等车至少应当吃一碗火腿炒饭,所以他冷笑道:"要到三等车里才买得到。"说着他便一溜烟跑了。

"这家伙真可恶!"建愤怒的说着,最后他只得自己跑到三等车去买了来。吃茶叶蛋我是拿手，一口气吃了四个半，还觉得肚子里空无所有，不过当我伸手拿第五个蛋时，被建一把夺了去，一面埋怨道；"你这个人真不懂事，吃那么许多，等些时又要闹胃痛了。"

这一来只好咽一口唾沫算了。王女士却向我笑道："看你个子很瘦小，吃起东西来倒很凶！"其实我只能吃茶叶蛋，别的东西倒不可一概而论呢！——我很想这样辩护，但一转念，到底觉得无谓，所以也只有淡淡地一笑，算是我默认了。

车子进杭州城站时，已经十一点半了，街上的店铺多半都关了门，几盏黯淡的电灯，放出微弱的黄光，但从火车上下来的人，却吵成一片，挤成一堆，此外还有那些客栈的招揽生意的茶房，把我们围得水泄不通，不知花了多少力气，才打出重围叫了黄包车到湖滨去。

车子走过那石砌的马路时，一些熟习的记忆浮上我的观念界来。一年前我同建曾在这幽秀的湖山中作过寓公，转眼之间早又是一年多了，人事只管不停地变化，而湖山呢，依然如故，清澈的湖波，和笼雾的峰峦似笑我奔波无谓吧！

我们本决意住清泰第二旅馆，但是到那里一问，已经没有房间了，只好到湖滨旅馆去。

深夜时我独自凭着望湖的碧栏，看夜幕沉沉中的西湖。天上堆叠着不少的雨云，星点像怕羞的女郎，踯躅于流云间，其光隐约可辨。十二点敲过许久了，我才回到房里睡下。

晨光从白色的窗幔中射进来，我连忙叫醒建，同时我披了大衣开了房门。一阵沁肌透骨的秋风，从桐叶梢头穿过，飒飒的响声中落下了几片枯叶，天空高旷清碧，昨夜的雨云早已躲得无影无踪了。秋光中的西湖，是那样冷静，幽默，湖上的青山，如同深纽的玉色，桂花的残香，充溢于清晨的气流中。这时我忘记我是一只骆驼,我身上负有人生的重担。我这时是一只紫燕,我翱翔在清隆的天空中,我听见神祇的赞美歌,我觉到灵魂的所在地,……这样的,被释放不知多少时候,总之我觉得被释放的那一霎那,我是从灵宫的深处流出最惊喜的泪滴了。

建悄悄地走到我的身后,低声说道:"快些洗了脸,去访我们的故居吧!"

多怅惘呵,他惊破了我的幻梦,但同时又被他引起了怀旧的情绪,连忙洗了脸,等不得吃早点便向湖滨路崇仁里的故居走去。到了弄堂门口,看见新建的一间白木的汽车房,这是我们走后唯一的新鲜东西。此外一切都不曾改变,墙上贴着一张招租的帖子,一看是四号吉房招租……"呀!这正是我们的故居,刚好又空起来了,喂,隐!我们再搬回来住吧!"

"事实办不到……除非我们发了一笔财……"我说。

这时我们已到那半开着的门前了,建轻轻推门进去。小小的院落,依然是石缝里长着几根青草,几扇红色的木门半掩着。我们在客厅里站了些时,便又到楼上去看了一遍,这虽然只是最后几间空房,但那里面的气氛,引起我们既往的种种情绪,最使我们觉到怅然的是陈君的死。那时他每星期六多半来找我们玩,有时也打小牌,他总是摸着光头懊恼的说道:"又打错了!"这一切影像仍逼真地现在目前,但是陈君已作了古人,我们在这空洞的房子里,沉默了约有三分钟,才怅然地离去。走到弄堂门的时候,正遇到一个面熟的娘姨——那正是我们邻居刘君的女仆,她很殷勤地要我们到刘家坐坐。我们难却她的盛意,随她进去。刘君才起床,他的夫人替小孩子穿衣服。我们这两个不速之客够使他们惊诧了。谈了一些别后的事情,抽过一支烟后,我们告辞出来。到了旅馆里,吃过鸡丝面,王、朱两位女士已在湖滨叫小划子,我们讲定今天一天玩水,所以和船夫讲定到夜给他一块钱,他居然很高兴地答应了。我们买了一些菱角和瓜子带到划子上去吃。船夫是一个五十多岁的忠厚老头子,他洒然地划着。温和的秋阳照着我——使全身的筋肉都变成松缓,懒洋洋地靠在长方形的藤椅背上。看着划桨所激起的波纹,好像万道银蛇蜿蜒不息。这时船已在三潭印月前面,白云庵那里停住了。我们上了岸,走进那座香烟阒然的古庙,一个老和尚坐在那里向阳。菩萨案前摆了一个签筒,我先抱起来摇了一阵,得了一个上上签,于是朱、王二女士同建也都每人摇出一根来。我们大家拿了签条嘻嘻哈哈笑了一阵,便拜别了那四个怒目咧嘴的大金刚,仍旧坐上船向前泛去。

船身微微地撼动,仿佛睡在儿时的摇篮里,而我们的同伴朱女士,她不住地叫头疼。建像是天真般的同情地道:"对了,我也最喜欢头疼,随便到那里去,一吃力就头疼,尤其是昨夜太劳碌了不曾睡好。"

"就是这话了,"朱女士说:"并且,我会晕车!"

"晕车真难过……真的呢!"建故作正经的同情她,我同王女士禁不住大笑,建只低着头,强忍住他的笑容,这使我更要大笑。船泛到湖心亭,我们在那里站了些时,有些感到疲倦了,王女士提议去吃饭。建讲:"到了实行我'大吃而特吃'的计划的时候了。"

我说:"如要大吃特吃,就到'楼外楼'去吧,那是这西湖上有名的饭馆,去年我们曾在这里遇到宋美龄呢!"

"哦,原来如此,那我们就去吧!"王女士说。

果然名不虚传,门外停了不少辆的汽车,还有几个丘八先生点缀这永不带有战争气氛的湖边。幸喜我们运气好,仅有唯一的一张空桌,我们四个人各霸一方,但是我们为了大家吃得痛快，互不牵掣起见，各人叫各人的菜，同时也各人出各人的钱，结果我同建叫了五只湖蟹，一尾湖鱼，一碗鸭掌汤，一盘虾子冬笋；她们二位女士所叫的菜也和我们大同小异。但其中要推王女士是个吃喝能手，她吃起湖蟹来，起码四五只，而且吃得又快又干净。再衬着她那位最不会吃湖蟹的朋友朱女士，才吃到一个的时候，便叫起头疼来。

"那么你不要吃了，让我包办吧！"王女士笑嘻嘻地说。

"好吧！你就包办，……我想吃些辣椒，不然我简直吃不下饭去。"朱女士说。

"对了，我也这样，我们两人真是事事相同，可以说百分之九九一样，只有一分不一样……"建一本正经地说。

"究竟不同是那一分呢！"王女士问。

"你真笨伯，这点都不知道，一个是男人，一个是女人呵！"建说。

这时朱女士正捧着一碗饭待吃，听了这话笑得几乎把饭碗摔到地上去。

"简直是一群疯子，"我心里悄悄地想着，但是我很骄傲，我们到现在还有疯的兴趣。于是把我们久已抛置的童年心情，从坟墓里重新复活，这不能说这不是奇迹罢！

黄昏的时候，我们的船荡到艺术学院的门口，我同建去找一个朋友，但是他已到上海去了。我们嗅了一阵桂花的香风后，依然上船。这时凉风阵阵地拂着我们的肌肤，朱女士最怕冷，裹紧大衣，仍然不觉得暖，同时东方的天边已变成灰黯的色彩，虽然西方还漾着几道火色的红霞，而落日已堕到山边，只在我们一霎眼的工夫，已经滚下山去了。远山被烟雾整个的掩蔽着，一望苍茫。小划子轻泛着平静的秋波，我们好像驾着云雾，冉冉的已来到湖滨。上岸时，湖滨已是灯火明耀，我们的灵魂跳出模糊的梦境。虽说这马路上依然是可以漫步无碍，但心情却已变了。回到旅馆吃了晚饭后，我们便商量玩山的计划：上山一定要坐山兜，所以叫了轿班的头老，说定游玩的地点和价目。这本是小问题，但是我们却充分讨论了很久：第一因为山兜的价钱太贵，我同朱女士有些犹疑；可是建同王女士坚持要坐，结果是我们失败了，只得让他们得意扬扬地吩咐轿班第二天早晨七点钟来。

今日是十月九日——正是阴历重九后一日，所以登高的人很多，我们上了山兜，出涌金门，先到净慈观去看浮木井——那是济颠和尚的灵迹。但是在我看来不过一口平凡的井而已，所闻木头浮在当中的话，始终是半信半疑。

出了净慈观又往前走，路渐荒芜，虽然满地不少黄色的野花，半红的枫叶，但那透骨的秋风，唱出飒飒瑟瑟的悲调，不禁使我又悲又喜。像我这样劳碌的生命，居然能够抽出空闲的时间来听秋蝉最后的哀调，看枫叶鲜艳的色彩，领略丹桂清绝的残香，——灵魂绝对的解放，这真是万千之喜。但是再一深念，国家危难，人生如寄，此景此色只是增加人们的哀痛，又不禁悲从中来了……我尽管思绪如麻，而那抬山兜的伕子，不断地向前进行，渐渐地已来到半山之中。这时我从兜子后面往下一看，但见层崖叠壁，山径崎岖，不敢胡思乱想了。捏着一把汗，好容易来到山顶，才吁了一口长气，在一座古庙里歇下了。

同时有一队小学生也兴致勃勃地奔上山来，他们每人手里拿了一包水果一点吃的东西，都在庙堂前面院子里的雕栏上坐着边唱边吃。我们上了楼，坐在回廊上的藤椅上，和尚泡了上好的龙井茶来，又端了一碟瓜子。我们坐在藤椅上，东望西湖，漾着滟滟光波；南望钱塘，孤帆飞逝，激起白沫般的银浪。把四围无限的景色，都收罗眼底。我们正在默然出神的时候，忽听朱女士说道："适才上山我真吓死了，若果摔下去简直骨头都要碎的，等会儿我情愿走下去。"

"对了，我也是害怕，回头我们两人走下去罢，让她们俩坐轿！"建说。

"好的，"朱女士欣然地说。

我知道建又在使捉狭，我不禁望着他好笑。他格外装得活像说道："真的，我越想越可怕，那样陡削的石级，而且又很滑，万一伕子脚一软那还了得，……"建补充的话和他那种强装正经的神气，只惹得我同王女士笑得流泪。一个四十多岁的和尚，他悄然坐在大殿里，看见我们这一群疯子，不知他作何感想，但见他默默无言只光着眼睛望着前面的山景。也许他也正忍俊不禁，所以只好用他那眼观鼻，鼻观心的苦功罢！我们笑了一阵，喝了两遍茶才又乘山兜下山。朱女士果然实行她步行的计划，但是和她表同情的建，却趁朱女士回头看山景的一刹那，悄悄躲在轿子里去了。

"喂！你怎么又坐上去了？"朱女士说。

"呀！我这时忽然想开了，所以就不怕摔，……并且我还有一首诗奉劝朱女士不要怕，也坐上去罢！"

"到底是诗人，……快些念来我们听听罢！"我打趣他。

"当然，当然，"他说着便高声念道，"坐轿上高山，头后脚在先。请君莫要怕，不会成神仙。"

这首诗又使得我们哄然大笑。但是朱女士却因此一劝，她才不怕摔，又坐上山兜了。中午的时候我们在龙井的前面斋堂里吃了一顿素菜。那个和尚说得一口漂亮的北京话，我因问他是不是北方人。他说："是的，才从北方游方驻扎此地。"这和尚似乎还文雅，他的庙堂里挂了不少名人的字画，同时他还问我在什么地方读书，我对他说家里蹲大学，他似解似不解的诺诺连声地应着，而建的一口茶已喷了一地。这简直是大大煞风景，我连忙给了他三块钱的香火资，跑下楼去。这时日影已经西斜了，不能再流连风景。不过黄昏的山色特别富丽，彩霞如垂幔般的垂在西方的天际，青翠的岗峦笼罩着一层干绡似的烟雾，新月已从东山冉冉上升，远远如弓形的白堤和明净的西湖都笼在沉沉暮霭中。我们的心灵浸醉于自然的美景里，永远不想回到热闹的城市去。但是轿夫们不懂得我们的心事，只顾奔他们的归程。"唷咿"一声山兜停了下来，我们翱翔着的灵魂，重新被摔到满是陷阱的人间。于是疲乏无聊，一切的情感围困了我们。

晚饭后草草收拾了行装，预备第二天回上海。这秋光中的西湖又成了灵魂上的一点印痕，生命的一页残史了。

可怜被解放的灵魂眼看着它垂头丧气地又进了牢囚。

十一，八日　上海

忆西湖

梁得所

一　夏夜之梦 A Midsummer Night's Dream

雷峰塔倾倒那年的夏天，我初次寄旅江南，到久慕美名的西湖巡礼。夏夜繁星之下，荡桨于小瀛洲的旁边，南屏晚钟若隐若现地传入耳鼓，使我们几个倥偬的旅人置身于梦一般的境界，给我们一种难以消灭的印象，不过事隔多年，也就渐渐地淡忘了。

最近承岭南分校校长司徒先生的招呼，到那里享受清爽的学校生活。该校特辟一室，满挂现代绘画，名家徐悲鸿、高奇峰、丁衍镛、黄潮宽等都各赠一幅。其中拙劣的作品也有，至少有我的一幅。偶然重观那幅拙劣的画，引起我重温当年江南的旧梦。

那幅画是初次游杭时所写的紫云洞寺前树林的风景，记得当日在那山上林间消磨了半昼。登山时替我挽画箱的M君，也就坐在寺前石凳读他那时刻携带着的政治书籍。我虽知道他是要走他所认为救国方法的军界，但料不到他这么早就成为历史中一个无名英雄；料不到他竟变成荒凉战地上的一副不知下落的骸骨！

许多青年——对于自己使命有认识或有错误的青年——把

他们血管中最后的一滴流尽了，剩下未完的责任，交给我们后死者的肩上；我们不忍说他们的血枉流，虽然我们不相信民族的拯救是一死可以解决的问题。

人们所说的话，都易随着时间而消逝；至于人们所做的事，无论对不对，在世上永久遗留着。好比一幅画，无论工巧或拙劣，都载着作者的生命。

二 春之歌曲Spring Song

平日有一种习惯，每逢令人疲倦的事结束之后，立刻找一处地方走走，空气变换，精神便恢复而且增进了。因这作用而有第二次杭州之行，那时正当"暮春三月，江南草长"的时节。

被春风洗沐而美化了的西湖，更加妩媚。单单是那嫩绿的柳叶和妃红的桃花，便足以象征青春的陶醉了。

为了春假游人拥挤，好容易在青年会旅舍找着半间房子。同住的原来是一位中央大学教授Y君，从前留美研究音乐的，我们由闲话而谈到歌曲，他既知我是做文字职业的，便叫我介绍些可作歌词的诗。"一部唐诗尽够你采用了吧，"我这样答他，可是他的意思以为"律诗句语太整齐，谱曲易陷于呆板，而且想要新的白话诗"。他又提议我们即景合作一首。对于诗句我是没有把握的，不过因想看Y君的曲谱，只好写一段长短参差的句子，所写的仿佛是：

  记得去年春天，西湖边——
  水青柳绿桃花红，
  独自漫步堤上边，只有影子和我，

美景总难入心中！
今年重游西湖，景色如故，
只因有你同在，一切备觉可爱：
你好比春风，你好比彩虹——
自从我有了你，
湖水分外青，
杨柳分外绿，
桃花朵朵分外红！

Y君读了那首所谓诗，不禁笑问事实在哪里。"尽管谱你的曲罢。"我答他，"我们执笔的人，有时要把一只手借给别人，替别人说出他们想说的话。倘若这首小曲能使一对或半对情侣增加一点温馨，我们小小的工作也就不算徒劳了。"

马戏班中的小丑，为谋大众的欢愉，把自己的蹙额愁眉涂成开颜笑脸，在这世人认为无聊的事，我发见一种为了别人而掩藏自己的伟大精神。

三　紫燕南飞 When the Swallows Homeward Fly

紫燕南飞的时节，黄龙洞的桂花已经吐香，而北高峰的枫叶开始飘舞了。

中秋的明月照着西湖之夜，正是一个极度兴奋者案头工作之时。那晚的圆月引动人人举头欣赏，我却偏偏看也不看。现在回想当时未免有点憨气，然而一本厚书——我的一本比较像样的书——竟在那五十天而写成了。

秋，是病态的弱者呻吟的时令，至于没有叹息余暇的健康者，就感觉这是一年中最爽快的日子。白云在空中动移，黄叶离枝芽而下坠，在病者感着浮荡飘零的悲哀，健康者却看见奔腾和飞舞的欣悦——云行叶落正是宇宙力的表现啊！

沪杭车上的归途中，检阅五十天所成的草稿，心中感着快慰。车中闲眺，笑紫燕趋暖避寒，慕白鹤屹立于风霜的郊野。

四　倘若冬来If Winter Comes

渐渐地，我不但不怕西风的萧索，更爱北风的凛冽；现在才十月，我便盼望冬之来临了。

最近有一位朋友在杭州筑了一座房子，两次来信邀我去小住。我答应践约之期，当在"孤山蜡梅盛开之后，断桥残雪未消之前"，因为一则目前决计不离上海，二则想看看冬天的西湖。

我想，冬天的西湖必定有一种笔墨所难形容的情调，这种情调倘若必要形容出来，大概好比一个青年，他所爱的人儿已经逝去。而他所辜负的又在别人爱护之下得了归宿。这样一个青年的心情，必定感伤而又安慰，就像湖畔之冬，一辈子肃穆、宁静。

为了对于冬天表示赞美，某君竟喟然叹道我从此完了。大概他见我近来起居有定时，不像从前通宵达旦参加都会生活，以为这样的态度缺乏朝气。为我过虑是我所感谢的，然而寄语某君，冰雪盖着的富士山里面燃着不灭之火，叶子暂脱的枝芽藏着明年春天新生命的萌芽。正是：

绸缪无计且徘徊，
得见天心意未灰；

霜草有情招野鹤，
雪花无语寄寒梅。
实生一觉重啼笑，
执着都除任去来；
已是严冬春不远，
伫看雷雨洗黄埃！

选自《未完集》，上海良友图书印刷公司1931年版

杭游杂感

宋春舫

上有天堂，下有苏杭，从这句话看起来，苏州和杭州人的生活，一定是十二分的舒服。

可是这一天，我从杭州回来得到的印象，是至少有一部分人，在杭州，不但不能过舒服日子，而且简直是在地狱里面。

这一部分人是谁呢？便是到杭州去游历而住在杭州各大旅馆中的游客。

白天呢！倒也平平稳稳地过去，同普通人没有多大分别。他们也许逛虎跑寺，入黄龙洞；泛舟西子湖中看不尽山光水色……可是一到晚上，夜阑人静的时候，恶魔即便追踪睡魔而来了。

"恶魔是谁？"有人问，"是不是臭虫？"

……

据最近调查，杭州的私娼，至少有三千多户。

"住了！这三千多户的私娼，难道都是'红粉骷髅'，个个天魔恶煞吗？那还了得！"

咳！这些可怜虫，哪里有作天魔恶煞的资格。她们不过是天魔恶煞的走狗——工具——和傀儡罢了。

以下便是我朋友王某告诉我的：

前晚我和内人坐沪杭夜车赴杭，到杭以后，就在旗下某大旅馆内，开了一个房间。

钟鸣十下，我们正想脱衣睡觉，忽听得门外一阵皮鞋声！

"快开门！"

我开门一看，原来是五六个武装巡警。其中有一个，不晓得臂上或者肩上多了几条已经起了乌光的金线，算是个巡官，睁着眼，向我问道：

"那一位是谁？"

"是内人。"

"跟我来！"

于是我跟着那巡官，走到外边一间小屋子里去。

我这里要补充一句话，我的妻子，虽不是续弦，因为我当时抱定男子三十而娶，女子二十而嫁的宗旨；所以她比我年纪轻了十岁；而且她的相貌，也还不差。（这一次，可是文章别人的好，老婆自己的好了。哈哈！）我呢，又格外生得苍老，所以人家常常容易误会，我们两人不是正式的夫妇。

"你那位妻子，是几时娶的？"

"已经有五个年头了。"

"有没有儿子？"

"没有。"

"怎么还没有儿子呢？"

"？"

"你今年几岁了？"

"三十五岁。"

"你几岁上娶亲的？"

"三十岁。"

巡官觉得我的"口供"很老练，"无懈可击"。正有些失望了，忽然又说道：

"你老实说，她是不是你的姨太太？"

"我向来是反对纳妾的。"

回到房里,妻子向我抱怨不已。我才知道她也经过一番同样的"优待"。幸亏我们没有丝毫破绽。

"现在我们可以高枕无忧了,睡罢。"我说。

"快开门!"

茶房的声音:"这里刚才已经查过的了。"

"不相干,快开门!"

我只好睡眼蒙眬的再披了衣服来开门,眼看着又进来了五六个武装巡警,如法炮制地把我们审问了一番。

不觉钟鸣二下了。

经过此次风浪以后,我们两人,便和衣而睡;果然第三次又来了,接连着第四次——第五次。等到第五次巡警出去以后,窗上渐渐地透出些白光,鸡鸣不已,远寺的钟声,晓风吹着,不断地送进耳鼓里来。——我向妻子说:"我们还是上初阳台去看日出罢!"

……

有人听了我朋友的一番叙述,不觉喟然叹道:

"你比较的还是一个幸运儿,居然一毛不拔,被你混过去了。"

钱是小事……但是我是始终以为住在杭州旅馆中的旅客,夜间简直是在地狱里面过日子。你想连眼睛也不许你闭一下,那种侵犯个人自由的举动,真所谓无微不至。只有吾们中国人,肯受这种气。我同时还有以下几种的感想:(一)何以杭州的巡警,这样认真办事?答:因为查到了私娼,便有罚款。(二)杭州每年旅客,何止千万,何以无人起来反对?即不然,何以没有人提议:把公娼制度恢复过来,寻花问柳的人,就可以堂而皇之地宿娼,再没有人敢半夜来干涉了。但是要知道私娼如果绝迹,那笔巨大的罚款,便无形取消。

有人说:公娼恢复了以后,便可以将花捐来抵补。但据吾人所得的报告，花捐数目，哪里有罚款那么多！——而且报销起来，花捐是要涓滴归公，罚款是可以随随便便。所以照现在情形看起来，即不高唱禁娼的口号，公娼永没有再见天日的日子，也就是旅客永没有再见天日的日子。而私娼的数目，却一天多如一天了。

又有人说：杭州市政当局，头脑很清，思想很新，岂不知道游客事业直接有裨市政，间接可以发展工商业。譬如瑞士，全仗游人立国；日本游客业的收入，可以抵过海军支出。并且去年年底南京内政部，因为华侨方面有人建议，曾行文到杭州市政府，令其设立游客局。但是我们要知道，杭州市的警察，不隶属于市政府的，游客事业发达，那是市政府的好处，与别人有什么相干。吾们不能因为市政府和地方上工商有益处，便要叫杭州的巡警去吃西北风。

又有人说：市政府方面提倡游客事业，巡警方面拼命地和旅客过不去，这岂不是自杀政策吗？咳！自相矛盾之处，中国正多着呢；到处多有，杭州既非化外区域，安有例外？

但是谈到例外，杭州本城就有。——何以一班巡警，从未光顾西泠旅社及新新旅馆呢？莫不是因为他们远在里西湖吗？非也，中国人只要有钱可拿，南非洲猪仔都肯去干，那一些路算什么？

西泠旅社中人告诉我："对于旅客，一切不合规则的运动，我们的旅馆是负责的。"真好大的胆量！实际上因为那两个旅馆内，有的是碧眼黄髯儿，罚款拿不到手，还是小事，反而引起国际交涉。中国人何等聪明，偷鸡不着，掷了一把米的事，是向来不干的。

一九三三年一月十五日作

选自上海国光印书局1935年版

杭江之秋

傅东华

从前谢灵运游山，"伐木取径，……从者数百人"，以致被人疑为山贼。现在人在火车上看风景，虽不至像康乐会那样煞风景，但在那种主张策杖独步而将自己也装进去作山水人物的诗人们，总觉得这样的事情是有伤风雅的。

不过，我们如果暂时不谈风雅，那么觉得火车上看风景也有一种特别的风味。

风景本是静物，坐在火车上看就变动的了。步行的风景游览家，无论怎样把自己当做一具摇头摄影器，他的视域能有多阔呢？又无论他怎样健步，无论视察点移得怎样多，他目前的景象总不过有限几套。若在火车上看，那风景就会移步换形，供给你一套连续不断的不同景象，使你在数小时之内就能获得数百里风景的轮廓。"火车风景"（如果许我铸造一个名词的话）就是活动的影片，就是一部以自然美作题材的小说，它是有情节的，有布局的——有开场，有Climax，也有大团圆的。

新辟的杭江铁路从去年春天通车到兰溪，我们的自然文坛就又新出版了一部这样的小说。批评家的赞美声早已传到我耳朵里，但我直到秋天才有工夫去读它。然而秋天是多么幸运的一个日子啊！我竟于无意之中得见杭江风景最美的表现。

"火车风景"是有个性的。平浦路上多黄沙，沪杭路上多殡屋。京沪路只北端稍觉雄健，其余部分也和沪杭路一样平凡。总之，这几条路给我们一个共同的印象——就是单调。它们都是差不多一个图案贯彻到底的。你在这段看是这样，换了一段看也仍是这样——一律是平畴，平畴之外就是地平线了。偶然也有一两块山替那平畴作背景，但都单调得多么寒伧啊！

秋是老的了，天又下着濛濛雨，正是读好书的时节。

从江边开行以后，我就一志凝神地准备着——准备着尽情赏鉴一番，准备着一幅幅的画图连续映照在两边玻璃窗上。

萧山站过去了。临浦站过去了，这样差不多一个多钟头，只偶然瞥见一两点遥远的山影，大部分还是沪杭路上那种紧接地平线的平畴，我便开始有点觉得失望。于是到了尖山站，你瞧，来了——山来了。

山来了，平畴突然被山吞下去了。我们夹进了山的行列，山作我们前面的仪仗了。那是重叠的山；"自然"号里加料特制的山。你决不会感着单薄，你决不会疑心制造时减料偷工。

有时你伸出手去差不多就可摸着山壁，但是大部分地方山的倾斜都极大。你虽在两面山脚的缝里走，离开山的本峰仍旧还很远，因而使你有相当的角度可以窥见山的全形。但是哪一块山肯把它的全形给你看呢？哪一块山都和她的同伴们或者并肩，或者交臂，或者搂抱，或者叠股。有的从她伙伴们的肩膊缝里露出半个罩着面幕的容颜，有的从她姊妹行的云鬓边透出一弯轻扫淡妆的眉黛。浓妆的居于前列，随着你行程的弯曲献媚呈妍；淡妆的躲在后边，目送你忍心奔驶而前，有若依依不舍的态度。

这样使我们左顾右盼地应接不暇了二三十分钟，这才又像日月蚀后恢复期间的状态，平畴慢慢地吐出来了。但是地平线终于不能恢复。那逐渐开展的平畴随处都有山影作镶绲；山影的浓淡就和平畴的阔狭成了反比例。有几处的平畴似乎是一望无际的，但仍有饱蘸着水的花青笔在它的边缘上轻轻一抹。

于是过了湄池，便又换了一幕。突然间，我们车上的光线失掉均衡了。突然间，有一道黑影闯入我们的右侧。急忙抬头看时，原来是一列重叠的山嶂从烟雾弥漫中慢慢地遮上前来。这一列山嶂和前段看见的那些对峙山峦又不同。它们是朦胧的，分不出它们的层叠，看不清它的轮廓，上面和天空浑无界线，下面和平地不辨根基，只如大理石里隐约透露的青纹，究不知起自何方，也难辨迄于何处。

那时我们在左侧本是一片平旷，但不知怎么一转，山嶂忽然移到左侧来，平旷忽然搬到右侧去。如是者交互着搬动了数回，便又左右都有山嶂，只不如从前那么夹紧，而左右各有一段平畴作缓冲了。

这时最奇的景象，就是左右两侧山容明暗之不一。你向左看时，山的轮廓很暧昧，向右看时，却如几何图画一般的分明。你以为这当然是"秋雨隔田塍"的现象所致，但是走过几分钟之后，暧昧和分明的方向忽然互换了，而我们却是明明按直线走的。谁能解释这种神秘呢？

到直埠了。从此神秘剧就告结束，而浓艳的中古浪漫剧开幕了。幕开之后，就见两旁竖着不断的围屏，地上铺着一条广漠的厚毯。围屏是一律浓绿色的，地毯则由黄、红、绿三种彩色构成。黄的是未割的缓稻，红的是荞麦，绿的是菜蔬。可是谁管它什么是什么呢？我们目不暇接了。这三种彩色构成了平面几何的一切图形，织成了波斯毯、荷兰毯、纬成绸、云霞缎……上一切人类所能想像的花样。且因我们自己如飞的奔驰，那三种基本色素就起了三色板的作用，在向后飞驰的过程中化成一切可能的彩色。浓艳极了，富丽极了！我们领略着文艺复兴期的荷兰的画图，我们身入了《天方夜谭》的苏丹的宫殿。

这样使我们的口胃腻得化不开了一回，于是突然又变了。那是在过了诸暨牌头站之后。以前，山势虽然重叠，虽然复杂，但只能见其深，见其远，而未尝见其奇，见其险。以前，山容无论暧昧，无论分明，总都载着厚厚一层肉，至此，山才挺出嶙峋的瘦骨来。山势也渐兀突了，不像以前那样停匀了。有的额头上怒挺出铁色的巉岩，有的半腰里横撑出骇人的刀戟。我们从它旁边擦过去，头顶的悬崖威胁着要压碎我们。就是离开稍远的山岩，也像铁罗汉般踞坐着对我们怒视。如此，我们方离了肉感的奢华，便进入幽人的绝域。

但是调剂又来了。热一阵，冷一阵，闹一阵，静一阵，终于又到不热亦不冷、不闹亦不静的郑家坞了。山还是那么兀突，但是山头偶有几株苍翠欲滴的古松，将山骨完全遮没，狰狞之势也因而减杀。于是我们于刚劲肃杀中复得领略柔和的秀气。那样的秀，那样的翠，我生平只在宋人的古画里看见过。从前见古人画中用石绿，往往疑心自然界没有这种颜色，这番看见郑家坞的松，才相信古人着色并非杜撰。

而且水也出来了。一路来我们也曾见过许多水，但都不是构成风景的因素。过了郑家坞之后，才见有曲折澄莹的山涧山溪，随山势的迂回共同构成了旋律。杭江路的风景到郑家坞而后山水备。

于是我们转了一个弯，就要和杭江秋景最精彩的部分对面了——就要达到我们的Climax了。

苏溪——就是这个名字也像具有几分的魅惑，但已不属出产西施的诸暨境了。我们那个弯一转过来，眼前便见烧野火般的一阵红，——满山满坞的红，满坑满谷的红。这不是枫叶的红，乃是柏子叶的红。柏子叶的隙中又有荞麦的连篇红秆弥补着，于是一切都被一袭红锦制成的无缝天衣罩着了。

但若这幅红锦是四方形的、长方形的、菱形的、等边三角形的、不等边三角形的、圆形的、椭圆形的，或任何其他几何图形的，那就不算奇，也就不能这般有趣。因为既有定形，就有尽处，有尽处就单调了。即使你的活动的视角可使那幅红锦忽而方，忽而圆，忽而三角，忽而菱形，那也总不过那么几套，变尽也就尽了。不，这地方的奇不在这样的变，而在你觉得它变，却又不知它怎样变。这叫我怎么形容呢？总之，你站在这个地方，你是要对几何家的本身也发生怀疑的。你如果尝试说：在某一瞬间，我前面有一条路。左手有一座山，右手有一条水。不，不对；决没有这样整齐。事实上，你前面是没有路的，最多也不过几码的路，就又被山挡住，然而你的火车仍可开过去，路自然出来了。你说山在左手，也许它实在在你的背后；你说水在右手，也许它实在在你的面前。因为一切几何学的图形都被打破了。你这一瞬间是在这样畸形的一个圈子里，过了一瞬间就换了一个圈子，仍旧是畸形的，却已完全不同了。这样，你的火车不知直线呢或是曲线地走了数十分钟，你的意识里面始终不会抓住那些山、水、溪滩的部位，就只觉红、红、红，无间断的红，不成形的红，使得你离迷惝恍，连自己立脚的地点也要发生疑惑。

寻常，风景是由山水两种要素构成的，平畴不是风景的因素。所以山水画者大都由水畔起山，山脚带水，断没有把一片平畴画入山水之间的。在这一带，有山，有水，有溪滩，却也有平畴，但都布置得那么错落，支配得那么调和，并不因有平畴而破坏了山水自然的结构，这就又是这最精彩部分的风景的一个特色。

此后将近义乌县城一带，自然的美就不得不让步给人类更平凡的需要了，山水退为田畴了，红叶也渐稀疏了。再下去就可以"自郐无讥"。不过，我们这部小说现在尚未完成，其余三分之一的回目不知究竟怎样，将来的大团圆只好听下回分解了。

　　真所谓"文章本天成，妙手偶得之"。自古造铁路的计划何曾有把风景作参考的呢？然而杭江路居然成了风景的杰作！

　　不过以上所记只是我个人一时得的印象。如果不是细雨蒙蒙红叶遍山的时节，当然你所得的印象不会相同。你将来如果"查与事实不符"，千万莫怪我有心夸饰！

选自《东方杂志》1933年3月16日第31卷第6号

杭 州

黄炎培

　　杭州到了。在一大堆迎接人们中间，夹着吾的儿子敬武，刚才吾妻送我，看见妻的时候，子在那里？看见了子，妻又在那里？忽然想起老杜诗句"却看妻，子愁何在？"吾得了这句的新读法了。

　　雨越发大了。天冷得不堪。时间已过午后三点钟了。还有一两个钟头，怎样使过去呢？总得消遣一下才好。林语堂、潘光旦等都在那里嚷。吾说：吾们到西泠印社去。

　　一到了西泠印社，登四照阁，把三面窗子打开了一望，湖里的水，和环湖的山峰，抹成一种颜色，就是灰色。山脚下还有几十株桃，花开得不少了。在那灰色的云雾里，哭不出、笑不出地挣扎着。

　　话匣打开了。在座光旦、语堂，还有全增嘏。你发一句，我接一句，敬武在旁边听。说些什么问题呢？说：吾们中国的先圣昔贤，历来是提倡中和的。提倡中和，就是反对极端。这点影响于民族性很不小。自古以来，产生不出很大的大英雄，就是很大的大奸恶也没有。像那西洋的亚历山大、恺撒、拿破仑、林肯，连那东方的成吉思汗等等，且不论他们好和坏，吾们汉族中哪一个及得上。就因为一种主张，才倾向这边，便有人拉到那边去；才倾向那边，又便有人拉到这边来。永远不会到极端，就永远不会有极端好和极端坏，就永远不会有极端厉害的人。

这时四照阁里散坐吃茶，不假思索、随随便便的闲谈，要使文人或画家描写起来，倒是一场很风雅的"湖楼话雨"。

依吾想来，虽似近乎嚼蜡，其中却有些道理。吾们汉族的崇拜中和，倒是很古的。一部《虞书》，至少总可以说是代表三千年以前思想的了。皋陶和禹讲到用人的难处，提出九德做标准，就是"宽而栗，柔而立，愿而恭，乱而敬，扰而毅，直而温，简而廉，刚而塞，强而义"，意思是既要宽大，又要精密；既要和平，又要强硬；既要……，又要……，料不到那时候就有这般复杂的心理。吾们汉族思想成熟得这般早呀；孔老先生称赞舜的政治手腕"执其两端，用其中于民"，这不都是三千年以前很早提倡中和的证据么？

还有一个有力的证据，孟子说："杨子取为我，拔一毛而利天下，不为也。墨子兼爱，摩顶放踵利天下，为之。子莫执中。"杨墨二人，各走极端，不必说了。子莫执中，总算好了么？孟子还以为不对，他说："执中为近之，执中无权，犹执一也。"孟子的意思，执定了中心不动，还是不行。须得或左或右或中，随时移动才行。孟子的反对极端论，真正尖锐化。

魏晋以后，释道两家竞争很烈。斗法的把戏，不一而足。但不久就有顾欢出来，著一篇《夷夏论》，明僧绍著一篇《二教论》，孟景翼著一篇《正一论》，张融著一篇《门律》，他们都说，两教各有各的妙用。张融更妙哩，临死的时候，左手拿着一本《孝经》和一本《老子》，右手拿着一本小品《法华经》，表示他一生努力于三教调和工作。在两种学说对抗的时候，立刻产生出调和论来，因此永不会有极端精深的贡献。这也是一例罢。

天公真无赖，归途忽然下起雪来。那一夜，浙江建设厅假西湖边上中行别业招餐，建厅秘书汪英宾代表建厅说明浙江、江苏、江西、安徽、福建合组一个东南五省交通周览会，不久要成立。先请诸位分组去游览游览赐吾们一点作品。又说了许多欢迎的话。大众推我致答词。吾就把奉宪游山，怕不会有好作品贡献，并且天气来得坏，照这样子，怕写生摄影，任何英雄都没有用武之地，应先切实声明，免致失望等话说了一下。接下来，众推林语堂，他立刻拿出幽默家的风度，说：浙江建设厅招待吾们好，吾们说些好话；要使招待得不好，吾们骂他一顿。惹得哄堂大笑。大家又推郁达夫讲，到底没有肯。

选自《之东》，生活书店1934年版

岁暮还乡记

倪贻德

有谁对于归返故乡这件事不感到欢慰喜悦的么？故乡有美丽的田园，故乡有亲爱的人儿，故乡有儿时旧游的迹踪，故乡即使是一草一木之微也是值得恋慕的。

但是我近来对于故乡却生了一种畏惧之念，故乡好像已经没有什么足以引起我怀念的地方了。杭州，是拥有西湖钱江之胜，东南的和平安乐之乡，而且距离上海又那样的近，然而我自从一九三一年的冬天暂时收起了我远游的倦足，重回到上海居住以来，已经有两个年头的久长了，这其间，却是一次也没有回去过。

其实说杭州是我的故乡，已经有点勉强了。所谓故乡，第一应当有一个家，一个可以永久安居的家。但是我的家又在哪里？十年之前，我还有一个可爱的家，但这十年以来的变幻竟使我们家破人散，母亲死了，姊妹嫁了，到如今，我和我的弟弟各自漂泊在外面，剩下年老的父亲和病弱的二姊寄住在亲戚的家里。啊，我的家又在哪里呢？第二，所谓故乡，应当有许多儿时的伴侣、值得依恋的人儿。但是自从我十八岁的时候离开了故乡之后，其间回去的时间，很少很少，所以即使有几个儿时的友朋，疏远的疏远了，离散的离散了。那么我回去又去和谁叙欢话旧呢？所以，我近来对于怀乡的情绪一天一天地淡薄起来，我好像已经成为一个没有故乡的人了。

北风把马路两旁的街树都吹尽了，层层的密云停留在都市的上空，一年又到尽头了。人们都忙着预备过新年，而我每逢这时候总要感到极度的无聊。恰巧在这时候，父亲来信要我回去，他说他的年纪老了，希望能够多见我几面，还有许多家庭里的问题要待我去解决，今年冬天无论如何要我回去一次。家庭的问题，不是一时所能够解决的，也不是谈几句话所能解决的，但是，长久不见的老父，我是应当去看看他的了，我的可怜的病姊，也应当去探望探望她的了。

而且，近来我对于风景画正感着极大的兴味，时常想得到一个机会来试试我理想中新领悟到的表现法，但自从秋暮虞山归来以后，还没有作过一幅。现在正好趁这残冬无事的时候，去试练试练我的技巧。湖山的冬景，定有一种静寂冷落的情调，那南北高峰上也许还剩有皑皑的白雪吧。

由这样的一种兴趣，更增加了还乡的勇气，这次，我决定要回去走一遭了。但是我所怕的是寂寞，尤其在这灰色的残冬，回到故乡去，感到更深的寂寞是可想而知的。但正当我整理行装预备动身的时候，一位健谈而好作豪语的朋友L君来看我了。

"你要到什么地方去啊？"他惊奇似的问我。

"我是回杭州去，你不知道么？"

"杭州，我也很想去玩几天呢，可惜一点也没有准备，否则今天可以和你同去了。"

"我看你不必迟疑，和我同去吧，一切都由我来负责好了。"

本来不过是对他说着玩的，但他想了一想，就认真地对我说：

"好，去吧，但是你带的钱够不够呢？"

"你真的去吗？钱，大约还够，你放心好了。时间不早了，我们就得动身。"

　　L的这样的痛快的性格，实在是可爱的。他的滔滔的雄辩也常常使我的精神兴奋起来。这一次有他同去，大可以减少我旅途的寂寞了。

　　车窗外，天空老是沉沉的灰色，北风呼呼地吹着，一幅一幅枯黄了的田野的冬景，接连着向后飞奔过去。我们雄踞在三等列车的一角，L总是那一副精神抖擞的英雄姿态，我的心境也暂时充满了旅行的轻快。

　　"L，你真是一个痛快的人，你的处境也真自由啊。"

　　"前几天我和某某去游无锡，想不到今天又会到杭州去了，哈哈。"L得意地笑着。

　　"但是，你不告而行，明天你的许多朋友，怕要因你的失踪而惊惶起来吧？"

　　"管他，失踪也好。一个人是常要做些出人意料之外的事情，否则是太平凡了。"

　　"但这也是因为你现在没有牵累的缘故。我们的许多以前很有趣味的友朋，现在有了家室，不是多很拘束了么？"

　　"所以，我说还是像我们这样的好，你现在不是也很自由了么？"

　　"你的×呢？她近来还有信给你吗？"

　　提起了×，L的面色立刻有些不自然起来，苦笑着说：

　　"她的信，也许快来了吧。"

　　"对不起，我觉得×对你实在并不忠实，你又何必对她那样痴心呢？"

　　"但是不知道什么缘故，我真的给她迷住了。"说到这里，L忽而感慨似的说："不必再提起她了。恋爱，我现在也冷淡了，我们重要的是干事业。"

这样，他就和我谈了许多将来的计划，谈到文艺界的近况，谈到政治的现象，更谈到许多朋友们的故事，把这四五个钟点的长长的旅途，很快地消磨过去了。

　　到杭州车站已经是将晚的薄暮。本来回到了故乡应当住到自己家里去，但我已是一个无家可归的人，所以就要预备寄宿逆旅。我的寄宿逆旅的另一种解释是为了要作画。既然为要作画，那么就应当住到接近风景区的地方去。所以我和L就选择了湖滨的一家某某旅馆。

　　这家旅馆，虽比不上里湖一带的西泠饭店和新新旅馆，但在杭州也可以算是第二流的了。从那建筑设计的尚不庸俗，规模的宏大和房间里布置的精雅，可以知道在春光明媚的时候，是门庭如市的。但现在正值残年暮冬，游人绝迹，实在觉得萧条冷落，但房价也特别减低了，这样，我们倒可以在这里享乐几天了。

　　从我们所住的房间外面的长廊中斜望出去，在冬天的星空下，可以隐约看得见湖山的一角，静静地瑟伏在寒冷的冬天的黑夜下。湖边的那一块空地，大约是公共体育场的场址吧。马路两旁的列树中，间以一盏两盏的蛋壳形的街灯，在发着微白的光芒，显出风景区这所特有的情调。

　　和L到旗下的马路上去走了一转，冬的杭州市面，是这样的萧条，不到九点钟，各家店铺都已上起了排门，行人也很稀少了，所以感不到怎样的兴趣，而且身体也都有点感到疲倦，就回到旅馆里去安息了。L，他毫无一点挂虑似的，倒在床上就呼呼地睡着了。我虽然身体觉得十分疲倦，而神经却是兴奋得很。一个人，初回到了多久不见的故乡，无论如何不能不起一些感情的变化吧。童年时代的往事，因为时间隔得远了，倒不容易回忆起来，只是最近几年来的许多遭遇的断片，在这静寂的深夜里，交乱错杂地盘旋在我的脑际，而最使我感到痛心的便是母亲的病逝。

——啊，母亲，你离开我们也有五六年了。现在，你的倦游的儿子已经回到了故乡，你也知道么？

——母亲在未老的中年而突然早死，大部分的原因还在于我吧。要是我没有一点野心，就不会飘流到远方去，你也不至于因了思子情切而神经上受了极度的刺激吧。听说你的病是从神经衰弱而起的。

——当我回国的日子，你的病已经到了不可救药的地步，等到我得到惊耗，赶回家来，已经不能见你最后的一面了。啊，母亲，你竟把你五十多年痛苦的生涯结束了。

——自从母亲亡故之后，我又开始走上远游的征途，南国的行脚，长江上游的亡命，我是没有一天安定过，我自己以为尽了我最大的努力了，但是所得到的是什么？母亲所希望于我的又有一点什么实现了呢？

——啊，我忏悔了，母亲，我今后要怎样才能报答你呢？

接着我又想起了我的父亲，明天就要见面的年老的父亲。

想起父亲，我实在有点怨恨他。他从小时候长大在优裕的家庭里，养成了懦弱无能的性格，他没有特殊的优越的才能，他更没有和周围的人群斗争的力量，他在社会上可说完全是一个好好先生，然而他对于家庭却是一位严厉的暴君。他虐待着母亲，虐待着儿女，甚至朋友们资助我的求学，他也要反对阻止。现在，他年老了，谋生的力量更薄弱了，每天只知道写信向儿子要钱。啊，父亲，我实在有点怨恨他。

接着我又转而想到那流徙到西蜀去的大姊，那永居在穷乡僻壤间的四妹，那可怜病弱的二姊。她们的愁苦的面容，都一个一个浮到我的眼前来。最后我又想起了在这故乡的城市里，还有一个因了我的婚变而终身不嫁的老处女，啊，我真对她不起，实在我是无颜再回到故乡来了……

为这样的思虑苦了大半夜，不知道在什么时候竟朦胧地睡着了，第二天醒来，当然是颓唐得很，但是我只得振作起精神去看父亲了。还带有一点孩子气的L，定要跟了我同去，我却婉言拒绝了他，一个人走上街去。本来对于故乡的街道不很熟悉的我，现在更荒疏了，而且我父亲新近又搬了地方，经过了许多时候才把那地方找到。父亲好像已经等待了我很久了，微笑地迎了出来。出乎我意料之外的，我因了昨晚的失眠，深怕父亲又要说我消瘦多了，但他却说我近来比较以前丰满了一点，这很使我感到自慰。但他的面容，却衰老得多了，本来是生得很矮的身体，现在似乎更缩短了。而且他的看了我回去的那种欣慰的表情，他对于我的那种客气的态度，使我一向对他的怨恨之情完全消除，而变为一种怜恤的同情了。

啊，父亲近来的确太可怜了。他已经到了衰老的暮年，自从母亲去世之后，我们又都离散在四方，他的生活是如何的孤独而寂寞，陪伴他的只有病弱的二姊，又如何有能力照顾他呢？他对我说：现在是不同了，什么事情都是自己做了，但这样也可以藉此把身体活动活动，所以近来精神倒还好，但再过几年，恐怕连这一点也不能做了。他惟一的希望就是把一个离散了的家庭再重新组织起来。

二姊，近来却健康了一点，但是她的眼睛更近于盲目了，拿什么东西总像在摸索似的。她虽然已到了中年，但她的心情却仍是充满着纯朴的天真。她看见我回去，更有说不出的欢愉，一刻儿忙着这样，一刻儿忙着那样，又告诉了我许多别人待她的委屈。父亲，他特地为我烧了几样小菜来接待我，就像接待一个远方的客人一般。但我想起了父亲往日的优裕的生活，而现在住在这两间低矮的平房内自己操作的情形，我又哪能吃得下去呢？

　　回到故乡以后只能增加我的伤感的情绪。我惟有藉描写风景来忘情于一切吧。果然，提起了笔来，又恢复我平时的傲然自得的态度了。我所描写的，就是从旅馆的走廊中所望出去的那幅风景。西湖的风景，前前后后来画过不知道多少次，哪里有一株树，哪里有一座桥，我都可以闭了眼睛想象得出来。这里湖上的景色，因为画的人太多，已成为平凡而庸俗，而且在暮冬时节，一个人背了画具出去，未免太冷清孤寂了。所以这次我并不想作湖上之游，而只想画些这旅馆附近的市街风景而已。从走廊的栏杆旁俯视下去，恰恰是一条有透视线的街道，两旁的家屋，渐渐地消灭过去。一带连山远远地作成很有变化的背景。近的地方，一间警察的站岗所以极有趣味的样式建在马路旁的步道上，几株街树都只剩了枯了的枝干。马路上，疏疏落落地有几个行人和车辆，他们都像是回到乡间去的样子，在寒风里瑟缩地走着。淡的薄阳光，无力地照在大地上。

　　描写冬景，在技法上略有一点特殊的地方。因为冬天的景色，既没有春天的新鲜，也没有秋季的娇艳，却是带了一种黄赭、茶绿、青灰的色调。这种色彩，很容易现出枯燥而死灭的感觉，但如能巧妙地使用，却有朴素优雅的美。枯了的枝干，那种弯曲而苍劲的线条，也很不容易画得好。这如果取法一点现代法国的风景画家于德里罗（Utlirro）的画法，倒是很好，而国画上的用笔，有时也可采取。至于街道上的点景人物，我以为最好是显出一点龙钟紧缩的表情。这样，冬天的情调，可以很充分地表现出来了。

　　从走廊的另一方面俯瞰下去，那街景是比较热闹了。路是交错而分歧的，这就显出富于曲线的变化。两旁的街屋，大约都是旅馆茶楼,规模比较地大,样式也比较地美。那时正是一个晴快的冬日的早晨,阳光可爱地照遍了一切。人们都在街道上熙来攘往,有早起卖报的青年,有赶往工厂里去的工人,有踱到茶馆里去的有闲阶级的人,警察威严地立在街心,船夫们闲散地曝在冬日的阳光下……所以在这幅画上,我是特别注重在点景人物上。许多人以为点景人物不过是画面上空处的补白,这是错误的。点景人物应当成为画面的必要的部分。譬如描写街景,若是没有点景人物,使人看了会起像遭过兵灾以后那样的荒凉感。而如能适当地加几个人物的速写,是能增加风景的生动活泼的。但所谓人物也不能随便乱点,在简单的描写中,要表现出人的姿态、动作来,还要和周围有密切的关系。

　　L到了杭州,就像一个毫无思虑的孩子一般,每天总是自由自在地到外面去游山玩水,但他几天之后似乎就感到厌倦而先回上海去了。

　　L去了之后,我更觉得寂寞,每天除了作画之外,就是回家去和父亲谈谈。但是一回到家里,总是使我唤起怀旧的情绪,这儿不论是一把茶壶,一只火炉,对于我都有一种历史的意义。而这种怀旧情绪,却能使我起一种凄切的快感。我和父亲谈话的主题,也常常偏重到这一方面去。有一天下午,我为了想尽情地尝一尝这样的滋味,就索性把堆在我父亲床边的几只破旧的箱子也都翻开来了。那里,我发现了几件用薄棉花包了的瓷的花瓶、古铜的香炉等的物件,我就像探得了宝山一般的欢欣地问父亲说:

　　"还剩了这许多啊?"

　　"就是这一点了,都是不值钱的。"父亲感慨似的说。

　　"好一点的呢?都卖完了吗?……"

"嗯嗯,真是可惜。你不记得了么?都陆陆续续地卖完了。"

这样,我又想起了可怜的母亲当年把我祖父留下来的仅有的遗产,一件一件地廉价卖给收旧货的商人,来维持一家生活的情形。我的脸几乎不敢再抬起来看父亲一眼了。

但是我再探寻下去,却又有了新的发现,那是一卷国画的立轴,原来就是祖父的遗作。

因为我生得太晚,竟没有看见过祖父的一面。但是记得小的时候,常听见母亲说起,在我的想象里,大约是一个豪放不羁、风流倜傥的才子派人物。而他的书画也正具有潇洒飘逸的文人画的作风,深得云林石谷的韵致。

"啊啊,这是祖父的遗墨哟!记得还有很多吧。"我又欣然问起父亲来了。

"恐怕也只剩有这一幅了。这几年来时常搬家,不知道散失到什么地方去了。"

然而只此一幅,就已经很可以看出祖父的书画的作风了。照画题上说,这画是抚石谷的层峦,而补以万竿丛竹。疏松轻逸的用笔,加上一层淡雅素朴的色彩,那种高古清旷之气,使人想起前代诗人的遗风来。在画面上部一个印章上刻着"云林家法"四个字,可以知道对于吾家远祖的倪高士是怎样崇拜敬慕,而从右面一个印章上所刻的"钱塘苏小乡亲"六个字上看来,又可以知道他当年是怎样的一个风流人物了。我不禁欣喜若狂地向父亲说:

"啊,这幅画真好极了,我要把它带到上海去。"

"你带去也好,放在这里横竖没有什么用。不过,你祖父的遗作只剩有这一幅了,你要好好地保存着。"父亲恳切地说。

过了几天，我也就回上海来了。在回沪的途上，我坐在车中独自想着：这一次的回乡，可说是非常满意了。父亲、二姊，他们给我的印象都很好，而且我对父亲多年来的隔膜，从此也都完全谅解了。除了我自己作了几幅油画风景之外，还带回一幅祖父的遗作。这幅画，我将视为珍贵的家宝而悬挂在我的小小的卧室里。

一九三四年一月

选自《画人行脚》，上海良友图书印刷公司1934年版

一个追忆

夏丏尊

这是四五年前的事。

钱塘江江心忽然涨起了一条长长的土埂,有三四里路阔,把江面划分为二。杭州西兴之间,往来的人要摆两次渡,先渡到土埂,再走三四里路,或坐三四里路的黄包车,到土埂尽头,再上渡船到彼岸去。这情形继续了大半年,据说是百年来从未有过的奇观。

不会忘记:那是废历九月十八的一天。我从白马湖到上海来,因为杭州方面有点事情,就不走宁波,打杭州转。在曹娥到西兴的长途中,有许多人谈起钱塘江中的土埂;什么"世界两样了,西湖搬进了城里,钱塘江有了两条了"咧,"据说长毛以前,江里也起过块,不过没有这样长久,怪不得现在世界又不太平"咧,我已有许久不渡钱塘江了,只是有趣味地听着。

到西兴江边已下午四时光景,果然望见江心有土埂突出在那里,还有许多行人和黄包车在跑动。下渡船后,忽然记得今天是九月十八,依照从前八月十八看潮的经验,下午四五时之间是有潮的。"如果不凑巧,在土埂上行走着的当儿碰见潮来,将怎样呢?"不觉暗自担心起来。旅客之中,也有几个人提起潮的,大家相约:"看情形再说,如果潮要来了,就不上土埂,停在渡船里。待潮过了再走。"

渡船到土埝时，几十部黄包车夫来兜生意，说："潮快来了，快坐车子去！"大部分的旅客都跳上了岸。我方才相约慢走的几位，也一个个地管自乘车去了。渡船中除我以外，只剩了二三个人。四五部黄包车向我们总攻击，他们打着萧山话，有的说"拉到渡船头尚来得及"，有的说"这几天即使有潮也是小小的。我们日日在这里，难道不晓得？"我和留着的几位结果也都身不由主地上了黄包车。

坐在黄包车上担心着遇见潮，恨不得快到前方的渡头。哪里知道拉到一半路程的时候，前方的渡船已把跳板抽起，要开行了。江心的设渡是临时的，只有渡船没有趸船。前方已没有船可乘，四边有人喊"潮要到了！"不坐人的黄包车都在远远地向浅滩逃奔，土埝上只剩了我们三四部有人的车子。结果只有向后转，回到方才来的原渡船去。幸而那只渡船载着从杭州到西兴去的旅客还未开行。

四围寂无人声，隆隆的潮声已听到了。车夫一面飞奔，一面喊"救命！"我们也喊"救命！""放下跳板来！"

逃上跳板的时候，潮头已望得见。船上的旅客们把跳板再放下一块，拼得阔阔的，协力将黄包车也拉了上来。潮头就到船下了，潮意外得大，船一高一低颠簸得很凶，可是我在这瞬间却忘了波涛的险恶，深深地感到生命的欢喜和人间的同情。

潮过以后，船开到西兴去，我们这几个人好像学校落第生似的再从西兴重新渡到杭州。天已快晚，隐约中望得见隔江的灯火；潮水把土埝涨没，钱塘江已化零为整；船可直驶杭州渡头，不必再在江心坐黄包车了。船行到江心土埝的时候，我们困难之交中有一位，走到船头，把篙子插到水里去看有多少深，居然一篙子还不到底。

"险啊！如果浸在潮里，我们现在不知怎样了？"他放好篙子说，把舌头伸出得长长的。

"想不得了，还是不去想它好。"一个患难之交说。

我觉得他们的话都有道理。

选自《平屋杂文》，开明书店1936年版

弘一法师之出家

夏丏尊

今年旧历九月二十日，是弘一法师满六十岁诞辰。佛学书局因为我是他的老友，嘱写些文字以为记念，我就把他出家的经过加以追叙。他是三十九岁那年夏间披剃的，到现在已整整作了二十一年的僧侣生涯。我这里所述的，也都是二十一年前的旧事。

说起来也许会教大家不相信，弘一法师的出家可以说和我有关，没有我，也许不至于出家。关于这层，弘一法师自己也承认。有一次，记得是他出家二三年后的事，他要到新城掩关去了，杭州知友们在银洞巷虎跑寺下院替他饯行，有白衣，有僧人。斋后，他在座间指了我向大家道：

"我的出家，大半由于这位夏居士的助缘。此恩永不能忘！"

我听了不禁面红耳赤，惭悚无以自容。因为一，我当时自己尚无信仰，以为出家是不幸的事情，至少是受苦的事情。弘一法师出家以后即修种种苦行，我见了常不忍。二，他因我之助缘而出家修行去了，我却竖不起肩膀，仍浮沉在醉生梦死的凡俗之中。所以深深地感到对于他的责任，很是难过。

我和弘一法师（俗姓李，名字屡易，为世熟知者名曰息，字曰叔同。）相识，是在杭州浙江两级师范学校（后改名浙江第一师范学校）任教的时候。这个学校有一个特别的地方，不轻易更换教职员。我前后担任了十三年，他担任了七年。在这七年中，我们晨夕一堂，相处得很好，他比我长六岁。当时我们已是三十左右的人了，少年名士气息忏除将尽，想在教育上做些实际工夫。我担任舍监职务，兼教修身课，时时感觉对于学生感化力不足。他教的是图画音乐二科，这两种科目，在他未来以前是学生所忽视的，自他任教以后就忽然被重视起来，几乎把全校学生的注意力都牵引过去了。课余但闻琴声歌声，假日常见学生出外写生，这原因一半当然是他对于这二科实力充足，一半也由于他的感化力大。只要提起他的名字，全校师生以及工役没有人不起敬的。他的力量全由诚敬中发出，我只好佩服他，不能学他。举一个实例来说，有一次，寄宿舍里有学生失少了财物了，大家猜测是某一个学生偷的，检查起来却没有得到证据。我身为舍监，深觉惭愧苦闷，向他求教。他所指教我的方法说也怕人，教我自杀！说：

"你肯自杀吗？你若出一张布告，说作贼者速来自首。如三日内无自首者，足见舍监诚信未孚，誓一死以殉教育。果能这样，一定可以感动人，一定会有人来自首。——这话须说得诚实，三日后如没有人自首，真非自杀不可。否则便无效力。"

这话在一般人看来是过分之辞，他提出来的时候却是真心的流露，并无虚伪之意。我自愧不能照行，向他笑谢，他当然也不责备我。我们那时颇有些道学气，俨然以教育者自任，一方面又痛感到自己力量的不够。可是所想努力的，还是儒家式的修养，至于宗教方面简直毫不关心的。

有一次，我从一本日本的杂志上见到一篇关于断食的文章，说断食是身心"更新"的修养方法，自古宗教上的伟人，如释迦，如耶稣，都曾断过食。断食能使人除旧换新，改去恶德，生出伟大的精神力量。并且还列举实行的方法及应注意的事项，又介绍了一本专讲断食的参考书。我对于这篇文章很有兴味，便和他谈及，他就好奇地向我要了杂志去看。以后我们也常谈到这事，彼此都有"有机会时最好把断食来试试"的话，可是并没有作过具体的决定，至少在我自己是说过就算了的。约莫经过了一年，他竟独自去实行断食了。这是他出家前一年阳历年假的事。他有家眷在上海，平日每月回上海二次，年假暑假当然都回上海的。阳历年假只十天，放假以后我也就回家去了，总以为他仍照例回到上海了。假满返校，不见到他，过了两个星期他才回来，据说假期中没有回上海，在虎跑寺断食。我问他："为什么不告诉我？"他笑说："你是能说不能行的。并且这事预先教别人知道也不好，旁人大惊小怪起来，容易发生波折。"他的断食共三星期：第一星期逐渐减食至尽，第二星期除水以外完全不食，第三星期起由粥汤逐渐增加至常量。据说经过很顺利，不但并无苦痛，而且身心反觉轻快，有飘飘欲仙之象。他平日是每日早晨写字的，在断食期间仍以写字为常课，三星期所写的字有魏碑，有篆文，有隶书，笔力比平日并不减弱。他说断食时心比平时灵敏，颇有文思，恐出毛病，终于不敢作文。他断食以后食量大增，且能吃整块的肉（平日虽不茹素，不多食肥腻肉类）。自己觉得脱胎换骨过了，用老子"能婴儿乎"之意改名李婴，依然教课，依然替人写字，并没有什么和前不同的情形。据我知道，这时他还只看些宋元人的理学书和道家的书类，佛学尚未谈到。

转瞬阴历年假到了，大家又离校。哪知他不回上海，又到虎跑寺去了。因为他在那里住过三星期，喜其地方清静，所以又到那里去过年。他的归依三宝，可以说由这时候开始的。据说，他自虎跑寺断食回来，曾去访过马一浮先生，说虎跑寺如何清静，僧人招待如何殷勤。阴历新年，马先生有一个朋友彭先生求马先生介绍一个幽静的寓处，马先生忆起弘一法师前几天曾提起虎跑寺，就把这位彭先生陪送到虎跑寺去住。恰好弘一法师正在那里，经马先生之介绍就认识了这位彭先生。同住了不多几天，到正月初八日，彭先生忽然发心出家了，由虎跑寺当家为他剃度。弘一法师目击当时的一切，大大感动，可是还不就想出家，仅归依三宝，拜老和尚了悟法师为归依师。演音的名，弘一的号，就是那时取定的。假期满后仍回到学校里来。

从此以后，他茹素了，有念珠了，看佛经了，室中供佛像了。宋元理学书偶然仍看，道家书似已疏远。他对我说明一切经过及未来志愿，说出家有种种难处，以后打算暂以居士资格修行，在虎跑寺寄住，暑假后不再担任教师职务。我当时非常难堪，平素所敬爱的这样的好友将弃我遁入空门去了，不胜寂寞之感。在这七年之中，他想离开杭州一师有三四次之多，有时是因为对于学校当局有不快，有时是因为别处来请他，他几次要走，都是经我苦劝而作罢的。甚至于有个一时期，南京高师苦苦求他任课，他已接受聘书了，因我恳留他，他不忍拂我之意，于是杭州南京两处跑，一个月中要坐夜车奔波好几次。他的爱我，可谓已超出寻常友谊之外，眼看这样的好友因信仰的变化要离我而去，而且信仰上的事不比寻常名利关系，可以迁就。料想这次恐已无法留得他住，深悔从前不该留他。他若早离开杭州，也许不会遇到这样复杂的因缘的。暑假渐近，我的苦闷也愈加甚。他虽常用佛法好言安慰我，我总熬不住苦闷。有一次，我对他说过这样的一番狂言：

"这样做居士究竟不彻底。索性做了和尚，倒爽快！"

我这话原是愤激之谈，因为心里难过得熬不住了，不觉脱口而出。说出以后，自己也就后悔。他却是仍是笑颜对我，毫不介意。

暑假到了，他把一切书籍字画衣服等等分赠朋友学生及校工们——我所得到的是他历年所写的字，他所有折扇及金表等——自己带到虎跑寺去的只是些布衣及几件日常用品。我送他出校门，他不许再送了，约期后会，黯然而别。暑假后，我就想去看他，忽然我父亲病了，到半个月以后才到虎跑寺去。相见时我吃了一惊，他已剃去短须，头皮光光，着起海青，赫然是个和尚了！他笑说：

"昨天受剃度的。日子很好，恰巧是大势至菩萨生日。"

"不是说暂时做居士，在这里住住修行，不出家的吗？"我问。

"这也是你的意思，你说索性做了和尚……"

我无话可说，心中真是感慨万分。他问过我父亲的病况，留我小坐，说要写一幅字叫我带回去，作他出家的纪念。他回进房去写字，半小时后才出来，写的是楞严大势至念佛圆通章，且加跋语，详记当时因缘，末有"愿他年同生安养共圆种智"的话。临别时我和他作约，尽力护法，吃素一年。他含笑点头，念一句"阿弥陀佛"。

自从他出家以后，我已不敢再谤毁佛法，可是对于佛法见闻不多，对于他的出家，最初总由俗人的见地，感到一种责任：以为如果我不苦留他在杭州，如果我不提出断食的话头，也许不会有虎跑寺马先生彭先生等因缘，他不会出家。如果最后我不因惜别而发狂言，他即使要出家，也许不会那么快速。我一向为这责任之感所苦，尤其在见到他作苦修行或听到他有疾病的时候。近几年以来，我因他的督励，也常亲近佛典，略识因缘之不可思议，知道像他那样的人，是于过去无量数劫种了善根的。他的出家，他的弘法度生，都是夙愿使然，而且都是希有的福德，正应代他欢喜，代众生欢喜，觉得以前的对他不安，对他负责任，不但是自寻烦恼，而且是一种僭妄了。

作于一九三九年

选自《夏丏尊文集》，浙江人民出版社1983年版

我在西湖出家的经过

李叔同

杭州这个地方实堪称为佛地；因为寺庙之多约有两千余所，可想见杭州佛法之盛了！

最近越风社要出关于《西湖》的增刊，由黄居士来函，要我作一篇《西湖与佛教之因缘》。我觉得这个题目的范围太广泛了，而且又无参考书在手，于短期间内是不能作成的；所以，现在就将我从前在西湖居住时，把那些值得追味的几件零碎的事情来说一说，也算是纪念我出家的经过。

一

我第一次到杭州是光绪二十八年（1902）七月（按：本篇所记的年月皆依旧历）。在杭州住了约一个月光景，但是并没有到寺院里去过。只记得有一次到涌金门外去吃过一回茶而已，同时也就把西湖的风景稍微看了一下子。

第二次到杭州是民国元年的七月里。这回到杭州倒住得很久，一直住了近十年，可以说是很久的了。我的住处在钱塘门内，离西湖很近，只两里路光景。在钱塘门外，靠西湖边有一所小茶馆名景春园。我常常一个人出门，独自到景春园的楼上去吃茶。

民国初年，西湖的情形完全与现在两样：那时候还有城墙及很多柳树，都是很好看的。除了春秋两季的香会之外，西湖边的人总是很少，而钱塘门外更是冷静了。

在景春园楼下，有许多茶客，都是那些摇船抬轿的劳动者居多，而在楼上吃茶的就只有我一个人了。所以，我常常一个人在上面吃茶，同时还凭栏看看西湖的风景。

在茶馆的附近，就是那有名的大寺院——昭庆寺了。

我吃茶之后，也常常顺便地到那里去看一看。

民国二年夏天，我曾在西湖的广化寺里住了好几天。但是住的地方却不在出家人的范围之内，是在该寺的旁边，有一所叫作痘神祠的楼上。

痘神祠是广化寺专门为着要给那些在家的客人住的。当我住在里面的时候，有时也曾到出家人所住的地方去看看，心里却感觉很有意思呢！

记得那时我亦常常坐船到湖心亭去吃茶。

曾有一次，学校里有一位名人来演讲，那时，我和夏丏尊居士两人，却出门躲避，而到湖心亭上去吃茶呢！当时夏丏尊对我说："像我们这种人，出家做和尚倒是很好的。"我听到这句话，就觉得很有意思，这可以说是我后来出家的一个远因了。

二

到了民国五年的夏天，我因为看到日本杂志中，有说及关于断食方法的，谓断食可以治疗各种疾病，当时我就起了一种好奇心，想来断食一下。因为我那时患有神经衰弱症，若实行断食后，或者可以痊愈亦未可知。要行断食时，须于寒冷的季候方宜。所以，我便预定十一月来作断食的时间。

至于断食的地点呢，总须先想一想及考虑一下，似觉总要有个很幽静的地方才好。当时我就和西泠印社的叶品三君来商量，结果他说在西湖附近的地方，有一所虎跑寺，可作为断食的地点。

那么我就问他："既要到虎跑寺去，总要有人来介绍才对。究竟要请谁呢？"他说："有一位丁辅之，是虎跑的大护法，可以请他去说一说。"于是他便写信请丁辅之代为介绍了。

因为从前那个时候的虎跑寺，不是像现在这样热闹的，而是游客很少，且十分冷静的地方啊。若用来作为我断食的地点，可以说是最相宜的了。

到了十一月的时候，我还不曾亲自到过。于是我便托人到虎跑寺那边去走一趟，看看在哪一间房里住好。回来后，他说在方丈楼下的地方，倒很幽静的。因为那边的房子很多，且平常的时候都是关着，客人是不能走进去的；而在方丈楼上，则只有一位出家人住着，此外并没有什么人居住。

等到十一月底，我到了虎跑寺，就住在方丈楼下的那间屋子里。我住进去以后，常常看到一位出家人在我的窗前经过，即是住在楼上的那一位。我看到他却十分的欢喜呢！因此，就时常和他谈话；同时，他也拿佛经来给我看。

我以前虽然从五岁时，即时常和出家人见面，时常看见出家人到我的家里念经及拜忏，而于十二三岁时，也曾学了放焰口。可是并没有和有道德的出家人住在一起，同时，也不知道寺院中的内容是怎样，以及出家人的生活又是如何。

这回到虎跑去住，看到他们那种生活，却很欢喜而且羡慕起来了！我虽然只住了半个多月，但心里却十分的愉快，而且对于他们所吃的菜蔬，更是欢喜吃。及回到了学校以后，我就请佣人依照他们那样的菜煮来吃。

这一次，我之到虎跑寺去断食，可以说是我出家的近因了。

三

及到了民国六年的下半年，我就发心吃素了。

在冬天的时候，即请了许多的经，如《普贤行愿品》、《楞严经》及《大乘起信论》等很多的佛经。而于自己的房里，也供起佛像来，如地藏菩萨、观世音菩萨等的像。于是亦天天烧香了。

到了这一年放年假的时候，我并没有回家去，而到虎跑寺里面去过年。我仍住在方丈楼下。那个时候，则更感觉得有兴味了，于是就发心出家。同时就想拜那位住在方丈楼上的出家人做师父。

他的名字是弘详师。可是他不肯我去拜他，而介绍我拜他的师父。他的师父是在松木场护国寺里居住的。于是他就请他的师父回到虎跑寺来，而我也就于民国七年正月十五日受三皈依了。

我打算于此年的暑假来入山。预先在寺里住了一年再实行出家的。当这个时候，我就做了一件海青，及学习两堂功课。

二月初五日那天，是我的母亲的忌日，于是我就先于两天以前到虎跑寺去，在那边诵了三天的《地藏经》，为我的母亲回向。

到了五月底的时候，我就提前先考试，而于考试之后，即到虎跑寺入山了。到了寺中一日以后，即穿出家人的衣裳，而预备转年再剃度的。

及至七月初的时候，夏丏尊居士来。他看到我穿出家人的衣裳但还未出家，他就对我说："既住在寺里面，并且穿了出家人的衣裳，而不即出家，那是没有什么意思的，所以还是赶紧剃度好！"

我本来是想转年再出家的，但是承他的劝，于是就赶紧出家了。于七月十三日那一天，相传是大势至菩萨的圣诞，所以就在那天落发。

落发以后仍须受戒的，于是由林同庄君介绍，到灵隐寺去受戒了。

灵隐寺是杭州规模最大的寺院，我一向是对它很欢喜的。我出家了以后，曾到各处的大寺院看过，但是总没有像灵隐寺那么得好！

八月底，我就到灵隐寺去，寺中的方丈和尚却很客气，叫我住在客堂后面芸香阁的楼上。当时是由慧明法师做大师父的。有一天，我在客堂里遇到这位法师了。他看到我时，就说起："既系来受戒的，为什么不进戒堂呢？虽然你在家的时候是读书人，但是读书人就能这样地随便吗？就是在家时是一个皇帝，我也是一样看待的！"那时方丈和尚仍是要我住在客堂楼上，而于戒堂里有了紧要的佛事时，方去参加一两回的。

那时候，我虽然不能和慧明法师时常见面，但是看到他那种的忠厚笃实，却是令我佩服不已的。

受戒以后，我就住在虎跑寺内。到了十二月，即搬到玉泉寺去住。此后即常常到别处去，没有久住在西湖了。

四

曾记得在民国十二年夏天的时候，我曾到杭州去过一回。

那时正是慧明法师在灵隐寺讲《楞严经》的时候。开讲的那一天，我去听他说法，因为好几年没有看到他，觉得他已苍老了不少，头发且已斑白，牙齿也大半脱落。我当时大为感动，于拜他的时候，不由泪落不止！听说以后没有经过几年工夫，慧明法师就圆寂了。

关于慧明法师一生的事迹，出家人中晓得的很多，现在我且举几样事情，来说一说。

慧明法师是福建的汀州人。他穿的衣服却不考究，看起来很不像法师的样子。但他待人是很平等的，无论你是大好佬或是苦恼子，他都是一样地看待。所以凡是出家在家的上中下各色各样的人物，对于慧明法师是没有一个不佩服的。

他老人家一生所做的事情固然很多，但是最奇特的，就是能教化"马溜子"（马溜子是出家流氓的称呼）了。

寺院里是不准这班"马溜子"居住的，他们总是住在凉亭里的时候为多。听到各处的寺院有人打斋的时候，他们就会集了赶斋去——吃白饭。

在杭州这一带地方，"马溜子"是特别来得多。一般人总不把他们当人看待，而他们亦自暴自弃，无所不为的。但是慧明法师却能够教化"马溜子"呢！

那些"马溜子"常到灵隐寺去看慧明法师，而他老人家却待他们很客气，并且布施他们种种好饮食好衣服等。他们要什么就给什么，而慧明法师也有时对他们说几句佛法。

慧明法师的腿是有毛病的。出来入去的时候，总是坐轿子居多。有一次，他从外面坐轿回灵隐时，下了轿后，旁人看到慧明法师是没有穿裤子的，他们都觉得很奇怪，于是就问他道："法师为什么不穿裤子呢？"他说他在外面碰到了"马溜子"，因为向他要裤子，所以他连忙把裤子脱给他了。

关于慧明法师教化"马溜子"的事，外面的传说很多很多，我不过略举了这几样而已。不单那些"马溜子"对于慧明法师有很深的钦佩和信仰，即其他一般出家人，亦无不佩服的。

因为多年没有到杭州去了。西湖边上的马路、洋房也渐渐修筑得很多，而汽车也一天比一天地增加。回想到我以前在西湖边上居住时，那种闲静幽雅的生活，真是如同隔世，现在只能托之于梦想了。

一九三六年春述于厦门南普陀寺

选自1937年《越风》增刊一集

五十年前之杭州府狱

周作人

一八九六年，即前清光绪二十二年九月，先君去世，我才十二岁。其时祖父以科场事系杭州府狱，原来有姨太太和小儿子随侍，那即是我的叔父，却比我只大得两三岁。这年他决定往南京进水师学堂去，祖父便叫我去补他的缺，我遂于次年的正月到了杭州。我跟了祖父的姨太太，住在花牌楼的寓里，这是墙门内一楼一底的房屋，楼上下都用板壁隔开，作为两间，后面有一间坡屋，用作厨房，一个小天井中间隔着竹笆，与东邻公分一半。姨太太住在楼上前间，靠窗东首有一张铺床，便是我的安歇处；后间楼梯口住着台州的老妈子。男仆阮元甫在楼下歇宿，他是专门伺候祖父的，一早出门去，给祖父预备早点，随即上市买菜，在狱中小厨房里做好了之后，送一份到寓里来（寓中只管煮饭）。等祖父吃过了午饭，他便又飘然出去上佑圣观坐茶馆，顺便买些杂物，直到傍晚才回去备晚饭，上灯回寓一径休息。这是他每日的刻板行事。他是一个很漂亮、能干而又很忠实的人，家在浙东海边，只可惜在祖父出狱以后，一直不曾再见到他，也没有得到他的消息。

我在杭州的职务，是每隔两三日去陪侍祖父一天之外，平日自己"用功"。楼下板桌固然放着些经书，也有笔砚，三六九还要送什么起讲之类去给祖父批改。但是实在究竟用了什么功，只有神仙知道。自己只记得看了些闲书，倒还有点意思，有石印《阅微草堂笔记》，小本《淞隐漫录》，一直到后来还是不曾忘记。我去看祖父，最初自然是阮元甫带领的，后来认得路径了，就独自前去。走出墙门后往西去，有一条十字街，名叫塔儿头，虽是小街却颇有些店铺，似乎由此往南，不久就是银元局；此后的道路有点模糊了，但走到杭州府前总之并不远，也不难走。府署当然是朝南的，司狱署在其右首，大概也是南向。我在杭州住了两年，到那里总去过有百余次，可是这署门和大堂的情形如何，却都说不清了，或者根本没有什么大堂也未可知。只记得监狱部分，入门是一重铁栅门，推门进去，门内坐着几个禁卒，因为是认识我的，所以什么也不问，我也一直没有打过招呼。拐过一个弯，又是一头普通的门，通常开着，里边是一个院子，上首朝南大概即是狱神祠，我却未曾去看过，只顾往东边的小门进去，这里面便是祖父所居住的小院落了。门内是一条长天井，南边是墙，北边是一排白木圆柱的栅栏，栅栏内有狭长的廊，廊下并排一列开着些木门，这都是一间间的监房。大概一排有四间吧，但那里只有西头的一间里祖父住着，隔壁住了一个禁卒，名叫邹玉，是个长厚的老头儿，其余的都空着没有人住。房间四壁都用白木圆柱做成，向南一面上半长短圆柱相间，留出空隙以通风日，用代窗户，房屋宽可一丈半，深约二丈半，下铺地板，左边三分之二的地面用厚板铺成炕状，很大的一片，以供坐卧之用。祖父的房间里的布置是对着门口放了一张板桌和椅子，板床上靠北安置棕棚，上挂蚊帐，旁边放着衣箱。中间板桌对过的地方是几叠书和零用什物，我的坐处便在这台上书堆与南窗之间。这几堆书中，我记得有广百宋斋的四史，木板《纲鉴易知录》，五种遗规，《明季南略》《北略》《明季稗史汇编》《徐灵胎》四种，其中只有一卷道情可以懂得。我在那里坐上一日，除了遇见廊下炭炉上炖着的水开了，拿来给祖父冲茶，或是因为临时加添了我一个人使用，便壶早满了，提出去往小天井的尽头倒在地上之外，总是坐着翻翻书看，颠来倒去地就是翻弄那些，只有四史不敢下手罢了。祖父有时也坐下看书，可是总是在室外走动的时候居多，我亦不知道是否在狱神祠闲坐，总之出去时间很久，大概是同禁卒们谈笑，或者还同强盗们谈谈。他平常很喜欢骂人，自呆皇帝、昏太君（即是光绪和西太后）起头一直骂到亲族中的后辈，但是我却不曾听见他骂过强盗或是牢头禁子。他常讲骂人的笑话，大半是他自己编造的，我还记得一则讲教书先生的苦况，云有人问西席，听说贵东家多有珍宝，先生谅必看到一二，答说我只知道有三件宝贝，是豆腐山一座，吐血鸡一只，能言牛一头。他并没有给富家坐过馆，所以不是自己的经验，这只是替别人不平而已。

  杭州府狱中强盗等人的生活如何，我没有看到，所以无可说，只是在室内时常可以听见脚镣声响，得以想象一二而已。有一回，听见很响亮的镣声，又有人高声念佛，向外边出去了。不一会听禁卒们传说，这是台州的大盗提出去处决；他们知道他的身世、个人性格，大概都了解他，刚才我所听得的这阵声响，似乎也使他们很感到一种感伤或是寂寞。这是一件事实，颇足以证明祖父骂旁人而不骂强盗或禁卒，虽然有点怪僻，却并不是没有道理的了。在这两三年之后，我在故乡一个夏天乘早凉时上大街去，走到古轩亭口，即是后来清政府杀秋瑾女士的地方，店铺未开门，行人也还很稀少，我见地上有两个覆卧的人，上面盖着破草席，只露出两只脚在外，——可以想见上边是没有头的，此乃是强盗的脚，是在清早处决的。我看这脚的后跟都是皴裂的，是一般老百姓的脚。我这时候就又记起台州大盗的事来。我有一个老友，是专攻伦理学，也就是所谓人生哲学的，他有一句诗云"盗贼渐可亲"，上句却已不记得，觉得他的这种心情我可以了解得几分，实在是很可悲的。这所说的盗贼与《水浒传》里的不同，水浒的英雄们原来都是有饭吃的，可是被逼上梁山，搞起一套事业来，小小的做可以占得一个山寨，大大的则可以弄到一座江山，刘季、朱温都是一例。至于小盗贼，只是饥寒交迫的老百姓，铤而走险，他们搞的不是事业而是生活，结果这条路也走不下去，却被领到"清波门头"（这是说在杭州的话），简单地解决了他的生活的困难。清末革命运动中，浙江曾经出了一个奇人，姓陶号焕卿，在民国初年为蒋介石所暗杀了。据说他家在乡下本来开着一片瓦铺，可是他专爱读书与革命运动，不曾经营店务，连石灰里的梗灰与市灰的区别，都不知道。他的父亲便问他说，你搞那什么革命，那么为的是啥呢？他答说，为的要使得个个人有饭吃。他父亲听了这话，便不再叫管店，由他去流浪做革命运动去了，曾对人家说明道，他要使得个个都有饭吃，这个我怎好去阻挡他？这真是一个革命佳话。我想我的老友一定也有此种感想，只是有点趋于消极，所以我说很可悲的，不过如不消极，那或者于他又可能是有点可危了吧。

选自《知堂回想录》，香港三音图书有限公司1980年版

湖上探春记

清　波[*]

　　西湖，是中国的名胜地方，也算是世界上有名的所在。这几年，交通便利，逛西湖的人，一年比一年多起来。我也是崇拜西湖的一个信徒，春秋佳日，我总要抽空去朝觐它几次，前天我又去逛了两天。人人逛西湖的，总有几篇游记，记山水之胜，风景之美，我想那是千篇一律的话，也用不着我来絮絮叨叨地说了。我如今只拣我所见所闻西湖上最近的事体，和我对于西湖上新鲜的感想，略写几段，也算是我一个游踪的纪念品，也算是我旅行的报告书。

　　西湖上最新鲜的事，要算重修岳庙，大功告成一件事了。说起这岳庙重修的缘起，很有一点神话趣味，不能不先述它一述。那年还是倪嗣冲做安徽督军的时候，不知怎么倪大帅忽得一梦，说是岳武穆住在一间破房子里面，露出很烦闷的样子。倪大帅走过去，岳武穆竟向他招手，指指破房子，一声也不响。倪大帅的脑筋中，本有岳武穆一种威严忠正的印象。如今见他一招手，不知是祸是福，不免大吃一惊，倪大帅便汗流浃背地醒了。醒了以后，将这梦说与众参谋参详，其中解释各异，吉凶异词。最后有一个伶俐的参谋道："这个梦丝毫没有

---

[*] 清波，生卒年不详。

什么研究的价值。老实说,西湖上岳武穆的坟墓庙宇,年久失修,破败不堪。岳武穆指指房子,大概是要打大帅一个抽丰,请大帅替他修庙修坟的意思罢了。"倪大帅听了,很以为然。便立刻派了一位干练的副官,携带了祭品,赶到西湖,先祭了一祭岳武穆。又将发起修岳庙的意见,和浙江的督军一商量,这种有利无弊的好事,当然赞成。后来算一算改造庙宇、修理坟墓,非几十万元不办。要浙皖两省督军拿出来,数目太巨,未免肉痛,便想出一个通力合作的办法来,请各省督军捐款,以期众擎易举。民国时代的督军,钱是不生问题的,这一声吆喝,顷刻之间,你一万,他二万。没有几天,预定的数目,已募集到了。听说总算一共有二十五六万,内中奉天督军张作霖出的最多。有人说,张大帅出了这笔款子,不上两年,做到东三省巡阅使、蒙疆经略使。升官发财,未尝不是岳武穆的暗中呵护呢!就是那发起修庙的倪大帅,虽解了军权,仍旧是平安无事,坐享余年,没一些儿风波,也未尝不是岳武穆维护之功,化险为夷呢!这是修岳墓的动机历史。

各省捐款集好以后,由浙江督军派人,特组了一所"重修岳陵事务所",专办工程事宜。款足权专,不上三年,一座巍峨轮奂的新岳庙,已告成功,那气象雄伟,油饰富丽,比到从前东倒西歪的岳庙,好像上海闸北河浜、江北茅棚,与福州路的新工部局比较,真有天渊之别!岳武穆在天之灵,也应含笑道:"人人说军阀不好,我们军阀自身,却不能昧良心说这句话呢!"岳庙的大门口以迄大殿,柱子上挂着许多金碧辉煌簇新的匾额和楹联,好像城里暴发户的绅士家大厅似的。再一看那题楹联和上匾额的人,全是浙江省赫赫现任的官长军阀。有人说:如果谁要查浙江的当道职名,不必去翻同官录、缙绅谱,到岳庙大殿上柱子上查一查,便一目了然,百无一漏。想不到岳庙的柱子倒是大人老爷们露脸子出风头的地方呢！我们平民只好立在柱子下面，背着两只手，仰起头来，一字一字地，恭读大作罢了。

岳坟的前面，跪着秦桧、王氏等四个奸人铁像。向来有一个习惯，男客走到铁像面前，总要向它小便一次，据说回去，可以发财的。其实发财这句话，是有人假托的。不过奖励人对秦桧小便，表示污辱奸人的愤怒意思罢了。秦桧的铁像，自经千万人的尿溺注射，铁像已冲得发黄。如今重修岳庙的人，连带的也将秦桧、王氏等四个铁像石栏杆外边，加上一重木棚，旁边又贴着一张揭示，是"不准小便"。有一个游客笑着说："奸臣秦桧也算修到今日，居然有人保护他，替他加一层岗卫，免得污秽淋头了。"这句话，虽然滑稽，倒还有点风趣呢！

岳坟前面的墙，做成了一种城墙的格式。有人见了不懂。难道岳老爷还怕金兀术来攻打他坟墓，坟前筑这一道很高的城墙，预备安设炮位，防御敌人吗？

广化寺旁边的俞楼，人人晓得是德清俞曲园先生的。俞楼占地虽是窄狭的一小条，可是地位很美，可以坐收里外湖之胜。俞楼从前的建筑，是假山石占了全园十分之八，假山石上几座小亭，一所危楼而已。论到构造的人意匠，大概是纯粹取一种"丘壑主义"，可是不甚适用，而且假山石年久失修，一块一块剥落下来，差不多和崩裂的火山相似，谁也不敢走过去，恐怕岩崖掉下来，打破头颅。所以"俞楼"这一处建筑物，人人心中的观念，将它比作俞曲园先生所著的《经学书》。文学却不能算坏，可是一点趣味没有，无人敢去问津。危楼一角，因此无代价地租给野狐山鸟栖息了约莫有二三十年。如今旧式的俞楼忽然改造了，所有内中旧有的山石花木，粪除一清，推翻得干干净净，腾出地盘却造了一座方方正正四面开窗的洋楼。这改造的计划,和改造的经济,并不是曲园先生后裔的主张担任,却是曲园先生一位贤外孙许引之一手办理的。许引之又是谁呢?也是杭州人,从前做过多年山东和浙江的烟酒公卖局长,如今洗手不做,替他外祖改造园林,真是一件风雅的事。不过俞曲园先生想不到身后数十年,他那皱瘦透的俞楼,会变作西洋式的建筑物。不晓得俞先生魂兮归来,是否发生一种"用夷变夏"的感慨没有?

清波门外,净慈寺前,那几块湖中的淤滩,从前远远望过去,仿佛是几座荒岛,今年已全没有了。全给工程局的挖泥机器挖去,湖面因此阔了好些。游船向西湖的西北角上去,没有胶滞的障碍,也便当许多。这一件事,我们游客,和爱西湖的人,不能不向官厅表示一种感谢的态度。

里湖里面,背着公园,朝北的一片山地,如今忽然添出了几座簇新高大的私家坟墓。在孝子顺孙,埋他先人的遗骸,在山水名胜、风景优美的地方,他那意思,却不能批评他一个不是。可是西湖有限,湖滨的好地方更有限。仗着金钱势力,竟一块一块割据起来筑坟墓,夺生人的山水窟,做朽骨的贮藏所,未免可惜。这样巧取豪夺起来,西湖简直要变作"鬼湖"了!苏小小墓,在西泠桥堍。去年警察厅修筑沿堤马路,规划路线的时候,觉得这座坟亭,在桥下转角,很为交通的障碍,要想将它拆去,那时候苏小小的西湖上的位置,真岌岌可危。后来有许多人不答应,据理和官厅去抗辩,叫它妥为保存。我去年游湖的时候,亲眼看见苏小小的坟,已动工拆毁。我特为去凭吊一番,我心里想着明年再来时,香冢一定要夷为平地了。此番我舟过西泠桥,看见苏小小坟,仍旧巍然存在,不过因桥工路线的关系,将地位略移动些。孤亭照水,抔土埋香,不减年时胜概。我因此发生了一种感想,西湖上有许多赫赫大名人物的栗主坟墓，被人一占再占，一迁再迁，忽而发还，忽而充公（如刘果敏及盛宣怀祠之类），不知凡几。中间还要经多少的诉讼争执，人情关说，不如这苏小小一个妓女的孤坟，至今存在。她也并没有什么后裔子孙，出头保管，可是阅尽兴亡，几经鼎革，竟推翻它不了，可想一个人的传与不传，起后人的爱惜与否，原不必靠着政治上的权威。靠着政治威权所占下的势力，难免要有失败的时候，所以大官之墓，不及妓女之坟！

杭州有一种手杖，以细竹为之，两头包着白铜，轻灵便捷。游山逛湖的客人，不论男女，都喜欢买一根。它第一受买主的欢迎，就是价值便宜，每根只售两角小洋（至贵者三角）。所以它的销路很畅旺。有人说，这司狄克的竹子，从前就是旱烟管的材料。近年纸烟盛行，旱烟淘汰，旱烟管当然也无人过问，不想一变而为司狄克。于是美人名士、娇娃政客，都喜欢和它亲近，认它做一个游山的隽侣，这也算是"竹"的幸运。倘若它仍旧做旱烟管，终身不过伴着乡下老农，尝那田园的风味罢了。

西湖上装摩托的游艇，渐渐地多了。新新旅馆已备了四艘，专预备游客雇用。可是价值很贵，每天要七八元。遇着外国人，还要敲一竹杠，加倍索取。比较人力的游艇，要贵到十分之八，可是比较上海租汽车兜风，五块洋钱一点钟，似乎价廉物美了。

湖心亭就在水中央，论到风景，可算不恶，可惜它地位太小，一览无余，加之西湖上好山好水的地方太多，湖心亭便不算什么胜境，从前很坍塌的不成样子。民国六年的时候，有一位两浙运使胡思义，捐廉了几百块钱，将湖心亭大大修理，四周围起木栅，门首又竖起一座木牌楼，上题着"湖心平眺"四个字，边上题着胡运使的职名，也算他游宦浙中，小小地留个纪念。谁知我昨天舟过湖心亭，那四周的木栅，已拉杂摧烧了，那座木牌楼，已拆掉不知去向，那湖心亭仍渐渐地恢复它坍败的地位，我诧问怎样变得如此！摇船的道："胡运使早已交卸走了，他建的牌楼，自然也没人保护照管了。"我听了这句话，又不免起了些感想，这是一件风雅的事，没一些政治臭味，为什么也有"人亡政息"的那种恶劣的现象呢！

选自《星期》第7号，大东书局1929年版

杭州的风俗

徐宝山[*]

杭州为钱塘江下流的天然良港，也是浙江省沿海的三大商港——就是杭州宁波温州——之一。从前秦汉的时候，已经设有县治；三国以来，历代都看做一个财赋的渊薮；隋代开始筑造城垣，周围共长三十六里；五代时候，吴越两国，以杭州做都会，便再加扩充，把个杭州城造得周围七十多里长；从汉朝到唐朝，一千多年以来，钱塘江里面的泥沙，慢慢地堆积在武林山下，便造成一个膏腴沃野的杭州。照这样看起来，可以晓得秦汉时代的杭州。它的位置是在山里；一到唐宋时候，便迁移在平原之地了。

杭州在唐代贞观的时候，已经有十一万多的居民。它的形势，南有大江，北有运河，鱼米的出产很多，商贾的往来也极盛；而且湖山的美丽，风物的繁华，简直比苏州要胜过好几倍。等到南宋建都，改为临安府，风帆出没在钱塘江上，百姓又是财富的居多，那时候的杭州，要算是极盛的时代。因为自从南渡以后，杭州是个京都，一百几十年来，户口一天一天增多，做买卖的也一天一天的发达，街坊桥道，横的直的都是一所一所的院落，京城内外几十万的户口，处处都有茶坊、酒

---

[*] 徐宝山，生卒年不详。

肆、果子、绒线和香烛等等的店铺。当时通用的货币，是以铜钱为单位，还有印造的"会子""关子"，好像现在的钞票一样，市面上也极流通的。

杭州左有钱塘江，右有西子湖，形势极其优美。西湖的风景，一年四季都没有尽穷。南渡以后，衣冠人物，纷纷聚会，它的盛况更非从前可比。水堤一带，尽排着贵宦人家的宅第，湖山上面，也都是梵刹琳宫点缀着；黄昏时候，只看见湖里的画楫轻舫，如穿梭也似的来来去去；大大小小的船只，只只是精巧绝伦，至于豪富的人家，更多自造采莲船，船顶上用青色的或是白色的布篷撑着，装饰得格外精致。湖上四时的风景，各不相同，因此游湖的人们，也都觉得西湖的可爱，益发没有尽期了。

杭州的风俗，向来是趋重于奢侈的一方面：住的房子是华好高大，穿的衣服也色色入时。南宋时候，天下太平日久，其时的君主，都抱着"与民同乐"的主义，所以满城的士女，也渐渐地偷于安逸的习惯；如果遇到佳节良辰，往往灯火迎赛，举市若狂。现在一一叙述在下面：

旧历正月元旦日，男男女女，老的幼的，美的丑的，总都要换着一身新鲜的衣服，于是你到我家来恭喜，我到你家去拜年，熙熙攘攘，络绎于途，一家们团坐饮宴，或者是游嬉笑语，或者是游玩风景，整整的一天，没有片刻的休息。

正月十五日，是元宵节，路上罗绮如云，只听见一片笙箫鼓笛的热闹，家家点着红亮亮的烛火，照耀得如同白昼一般。街坊上一处一处管弦的声音，夹杂着新奇巧制的灯采，连亘到十余里之长，真是耳不暇听，目不暇接！这时节满城的仕女们，穿着华丽的新装，彼此互相夸赛，好像是山阴道上，令人来不及应接的一般！

三月初三日，恰好是暮春之初，晋时已经有曲水流觞，唐时更有踏青的故事；杜甫《丽人行》说得好："三月三日天气清，长安水边多丽人。"真是描写得淋漓尽致呢！

清明节前一天叫做寒食节，一家家的门首，都遍插着一条条的柳枝，青翠得令人可爱；有的到郊外去祭扫坟墓，但见百花怒放，车马塞途，杭城的人士，这时候正在春风鼓舞中呢！

四月初八是我佛如来的诞日，凡是寺院里面，都要举行一个浴佛会，铙钹钟鼓的声音，敲得镇天价响；这一日西湖里面，也要举行一个放生会，慈善的男女们，都尽量地把龟鱼螺蚌一类的水栖动物买来，划着小小的船，悉数地把它们放在湖里。

五月初五日为端午节，正是"葵榴斗艳，栀艾争香"的时候；富贵的人家，角黍包金，菖蒲切玉，一家家庆赏佳节；就是贫苦的人家，也都快快活活地及时行乐呢！

七月初七日为七巧节，夕阳下山的时候，小儿女们都换穿新衣，往来嬉戏，极其快乐；中人以上的人家，便在高楼危榭的里面，安排着丰盛的筵会，陈列着各色各样的瓜果，欢天喜地地庆赏这一个良宵。

七月十五日为中元节，杭俗称做鬼节，人们或者在家里，祭享祖先，或者到郊外拜扫坟墓，这一天杭城的男女，茹素的居多，屠户也因此罢市一天。

八月十五中秋节，这一夜的月色，格外光明，叫做"月夕"；街头做买卖的小贩，直做到五鼓天明，方才罢歇；赏月的游人们，踯躅在街头巷口，有的到天晓都还不肯归休。

八月十八日是钱塘江潮水最盛的时期，潮水快要来的时候，有几百个会泅水的小孩，披着头发，手里拿着一面大彩旗，争先鼓勇，迎着潮水赶将上去，出没在鲸波万仞的里面，令人看了咋舌！有钱的看客们，便把钱财赏给他们，鼓励他们的勇敢，这时候江干上下，十几里路以内，但见车如流水马如龙，没有一些些空隙的余地。

冬季的时候，如果碰着天降瑞雪，便都开筵饮宴，塑雪狮哟，装雪山哟，极其兴高采烈；比较高尚些的，也都蜡屐出游，或者玩游湖山胜景，啸傲于山水之间，或者咏曲吟诗，清兴尤为不浅。

除夕那一天，家家户户，把门墙粉饰得清清净净，钉起桃符，贴上春联，预备过着新年；一到上灯时分，便把香花供佛，祭祀祖先，爆竹的声音，接二连三地劈拍不绝！

杭州的居民，据最近的调查统计，约有七十五万人口；性和平，从来没有执兵器自卫，或是和别人无端寻衅的事情；做工的，做商的，和生客往来，也都诚实无欺，丝毫没有假诈的举动；他们的性格，向来是看重信用，即使看见路人，也好像自家们一般，没有半点猜忌的观念的。

杭州从古以来，便多火灾为患，它的原因，大约有五：第一因为居民稠密，房屋的构造太连紧；第二因为板壁居多，用砖瓦造的房子很少；第三杭州人迷信极深，差不多家家奉佛，户户烧香，堂前点设灯烛，容易引火；第四如遇佳节良宵，便多夜饮无禁，仆婢们辛劳酣倦，以致烛烬乱抛；第五当家的主妇，娇懒的居多，炉灶间有时失于检点。有了以上的五个原因，所以杭州的居家，祝融氏（火神）往往容易逞虐。从前南宋建都，城中大火，竟有二十一次之多，有一次在宁宗嘉泰元年三月二十八日，失火延烧五万二千四百多家，三十多里长的地面，竟变成一片焦土！后来防御渐渐周密，火患也比较减少，现在的杭州市政府成立，对于火患一层，尤其是格外注意呢！

杭州做生意最出名的，有"五杭四昌"。怎样叫五杭呢？就是杭扇、杭线、杭粉、杭烟、杭剪便是。扇店现在要推舒莲记为第一，其次是张子元；线店要推张允升；粉店要推孔凤春；烟店要推宓大昌；剪刀店要推张小泉；此外也就不大闻名了。怎样叫做四昌呢？那就是素负盛名的四大南货店了：一曰顾德昌；二曰胡宏昌；三曰冯仁昌；四曰胡日昌。现在仅有一家胡宏昌，还巍然独存；其余的三家，可惜都先后停闭了！

杭州的地位，恰好扼住钱塘江的咽喉，前清光绪二十一年订立《马关条约》的时候，和江苏省的苏州，同时开做商港。可惜杭州湾离海太远，稍为大些的汽船，不能够进得口来，所以商埠便在城北十里的拱宸桥，跨住大运河的两岸。杭州在南运河的终点，小汽船可以往来于嘉兴、吴兴和江苏的苏州、镇江等处，沪杭铁路直达上海，杭江铁路可达浙西江山。附近一带，物产富饶，可称中国的宝库。城内分做南北中三区：南是上城，中是中城，北是下城。最热闹的要算上城，至于下城，因为曾经洪杨的变难，到如今元气未复，人烟也还极少。每年西湖香泛期内，商情最佳，杭垣一次春香贸易，约有二百万元的收入。省城大半工商，都靠这个时期为一岁的生活。出口货有丝、茶、绸缎为大宗；进口货以火油、白糖、纸烟、肥皂、海味等居多数。

选自《中国游记选》，上海亚细亚书局1934年版

西湖风光

徐宝山

西湖在杭州以西,居钱塘江的下游。最初的时候,不过是钱塘江口一个小湾罢了,后来钱塘江的沉淀积厚,日积月累,慢慢地把湾口塞住,这才变做一个礁湖。在六朝以前,史籍上都无从查考。唐代李泌和白居易,先后做过杭州的刺史,他们把湖水蓄波起来,灌溉田野,农民都称便利。宋朝初年,湖里渐渐淤塞,及到苏轼来守杭州,便取葑泥积湖中,筑长堤以便通行,复又雇工,种菱生息,拿来预备修湖的费用,从此西湖便大大地发展。后来南宋建都,户口一天繁盛一天,于是湖山表里,梵宇仙居,把个偌大的西湖,点缀得天仙一般,益增妩媚了。

出武林门向西走,看见保俶塔突兀在层崖上面。这时候小小的一颗心,早已飞往湖上。在湖边唤了一只小船,荡漾到湖的中央,只见山色如笑!湖光如镜!温风如酒!水纹如鳞!才一举头,便不知不觉地眼也醉了,神也醉了。湖山景色最奇的有十,现在一一分述在下面:

(一)苏堤春晓。堤的两边,尽种着桃树柳树,二三月里的时候,青青的柳丝、红红的桃花,夹杂得如霞如锦,游客们车马填塞,也以这时候为最多。宋苏轼开浚西湖,才筑为长堤,时人命名苏堤,想见是表彰他的盛德。这一条长堤,从南山到北山,横截在湖面,绵亘数里,颇觉蜿蜒可爱呢!

苏堤春晓

（二）曲院风荷。原来南宋时代，有个"曲院"，在九里松行春桥的南首，是引用金沙涧里的水，造曲以酿官酒的。其地多种荷花，风声起处，荷香扑面而来，一股清凉的香味，一直透到丹田，真有一种说不出的愉快！

曲院风荷

（三）平湖秋月。平湖是指整个的湖说，湖心亭上，三面临水，全湖的千态万化，四周一览无遗，如在秋高气爽、皓魄高悬的夜里，看一镜平湖，简直分不出月色呢，还是水色？这时候的游客，宛如置身在广寒宫里，哪里还晓得有人间世呢！

平湖秋月

（四）断桥残雪。断桥是白堤的第一桥，界在前后两湖的中间。严冬天气，山巅的积雪还没有融化的时候，凡是到孤山去探梅的，都要从这桥上过。满眼的琼林瑶树，明晃晃、亮晶晶，好像是在玉山上走的一般。

（五）柳浪闻莺。清波门和涌金门的中间，有一条柳浪桥，桥旁种柳极多。暮春三月的光景，绿柳随风飘拂，犹如水浪起伏一般！枝头黄莺儿婉转的歌声，极其清脆可听。

西湖风光 | 171

断桥残雪

柳浪闻莺

（六）花港观鱼。花港是在苏堤望仙桥下的水便是。港里的水，悉从湖中引得来，清澈可以见底，港里面养着几十种异样的鱼，凭栏细数，历历不爽。

花港观鱼

（七）雷峰夕照。雷峰塔是在净慈寺以北、南屏山以西。塔影横空，层峦纵翠，每当夕阳西照的时候，光辉灿烂，恍如一座火城！可惜于民国十四年九月廿五那一日，此塔竟全部塌倒。如今湖上十景，少了一个，后来的游者，未免要唏嘘凭吊吧！

雷峰夕照

（八）南屏晚钟。南屏山的峰峦挺奇，石壁横披，好像屏障模样！山脚便是净慈寺，傍晚的时候，寺里的钟声一动，满山满谷同时响应起来，历时久久不息，煞是可听。

南屏晚钟

（九）双峰插云。南高山和北高山的两座山峰，便叫做双峰。从湖上看起来，南北互相对峙，相隔约十余里的样子。两山的山势很高，上面又多奇怪的彩云，尤其是两个山峰，高出云表，所以有"双峰插云"的一景。

双峰插云

（十）三潭印月。是湖中的一个小洲，树木扶疏，栏杆曲折，风景极好。前面还有三个石塔，浮在湖水的上面，如果月明的夜里，月光从塔窦穿出，便分做三个影子，空明朗映，好像湖里面别有一湖，实在可叹为奇观呢！

三潭印月

以上所述的西湖十景而外，还有冷泉亭、飞来峰、灵隐寺、天竺山、莲花洞、法相寺、烟霞寺、龙井、孤山等等胜迹，索性再一一地略说一下：

冷泉亭。是宋太上内禅以后散居的地方。闲来没事，散步冷泉亭上，俯槛看游鱼，真是潇洒欲绝！时人有"泉是几时冷起？峰从何处飞来？"之句，颇觉兀突可喜。

飞来峰。湖上山峰很多，要推飞来第一。峰石高至几十丈，石的上面，生着奇异的树木，树根不着泥土，完全生出石外，真是奇极怪绝！前后大大小小的洞，有四五个，都是玲珑剔透；峰的上下，刻着许多佛像，相传是胡髡杨琏真珈所创，并且把自己的像，也刻杂在里面，后来某刺史断其头，投诸江中，真是一大快事！

灵隐寺。北高峰的下面，有个灵隐寺，寺极奇胜，寺门外的风景尤佳。晋朝和尚名慧理的，创建山门，题上"绝胜觉场"四个字的匾额。历代不少的名儒贤者，住在寺里，所以杭州山寺，莫过于灵隐寺的宏敞。每年西湖香泛期内，烧香的男女们，真是弥山被谷而来的呢！

天竺山。天竺因为两山相夹，回旋得好像迷谷一般！山石骨立，石的上面，松竹尤多。下天竺寺已经荒落不堪，中天竺寺也相仿佛，惟有上天竺寺，是在天竺山顶，四面的山峦环抱，风景极其古雅。寺里的小朵轩，周围都是峻峭的石壁，松萝的垂荫从上面掩映下来；天香室远对乳窦白云诸峰，如同屏障一般地拱在前面！极尽幽邃净绝的神致。三寺相去都各一里多路，晨昏钟鼓的声音，此响彼歇，所以有"曲径通幽处，禅房花木深"的诗句。寺里道德高尚的僧徒，也颇不少，他们唪经念佛，相聚焚修，如同生在佛国一样！

莲花洞。莲花洞的前面，有座居然亭，亭上极其开豁，登临一览，西湖的水光，透出一层层的光辉，整个湖的形影，犹如落在镜里一般！六桥的杨柳，一路上牵风引浪，疏疏落落地极其可爱！洞里的石块，玲珑如活，它的细巧，胜过雕刻，真是奇奥不可言状。

法相寺。法相寺的庙貌，并不奇丽，可是香火极盛。寺里有个定光禅师的长耳遗蜕，相传妇人见了，可以多养儿子，所以她们都去争摩顶腹，光可鉴人。从寺右几十步，度过小石桥，再折向上去，便是锡杖泉，看去好像点点滴滴的细流，其实旱天也不会涸竭。寺僧们在泉水流过的所在，摆下一口砂缸，把泉水挹注起来，以供饮用。这口砂缸，看来年代好久，青绿的蒲苔生在上面，足足有几寸多厚，连缸质都看不出来，所以就叫做"蒲缸"。如果把它铲来，制造砚池和炉足，古董家一定要说秦汉以上的东西了。

烟霞寺。烟霞寺在烟霞山的上面,土人们在寺后开岩取土,石骨尽可看得出来。从寺的右首上去,三两个转弯,经过象鼻峰,再向东走几十步,就是烟霞洞。洞里极其幽古,洞顶石钟乳的乳汁,从上面涔涔地滴了下来。石块天然的屋,又开阔,又光亮,好像一片云霞,斜侧地立在那里;又像一个院落,可以安摆几筵。洞外面有一小亭,踞望钱塘江,宛如一条雪白的带练。

龙井。走过风篁岭,就可以看见龙井,便是从前苏端明、米南宫和辨才和尚往来的地方。山寺朝北向,寺门外种着许许多多的修竹,龙井就在殿的左侧,有泉水从石罅里流了出来,旁边凿成一个小小的圆池,下首更有一个方池承着。池里都养着很大的鱼,可是池水一些也没有腥臭的气味。池水淙淙地向下面泻来,绕过寺的前门出走。山泉的色味俱清,以烹"井龙茶",甘冽爽口;龙井的山岭,叫做风篁;山峰叫做狮子;山石如一片云神运石,都是奇伟可观。

孤山。孤山横绝在湖西,它的东首山脚下有座放鹤亭,便是宋朝处士林和靖的故址。林处士以梅为妻,以鹤为子,心怀淡泊,常常做得几首绝妙的梅花诗:如"疏影横斜水清浅,暗香浮动月黄昏"等句,都是高雅绝伦。他住在西湖二十年,从来足迹未曾到过城市一步。放鹤亭的旁边,有个巢居阁,阁之后面便是先生的坟墓。孤山之阳,有文澜阁,建筑得非常高敞,阁里藏着《四库全书》,洪杨的时候曾经损失几册,如今也都搜补完整了。阁的西首,有座俞楼,就是俞曲园先生读书的地方。

选自《中国游记选》,上海亚细亚书局1934年版

文澜阁牌坊和圣因寺

文澜阁

访康有为故宅

张天畴[*]

在一个春寒料峭的下午,我从金沙港金氏修养堂用过午膳出来,折而向南,走过了那条跨在港上的小桥,一直向郭庄(就是从前的宋庄)那面走去,行行重行行,约莫有两里左右的路程,经过卧龙桥,绕过几处湖田,抬头一看,康庄在望,终于到了丁家山的山脚下。

丁家山在西湖的山川志里是一座不大有名的小山,其所以不出名的原因是因为没有以往的名胜古迹,若是和里湖的孤山比较起来,自然免不了有上下床之别。我以为湖上的山川林泉也和人一样地要讲命运,假使里湖的孤山没有宋隐士林和靖诛茅于此,有过以梅为妻将鹤作子的韵事,和亡清乾隆皇帝在山之南麓起造着巍峨的行宫,以及冯小青的艳冢,薄命诗僧苏曼殊的骸骨也埋葬在那儿,则其名之湮没无闻,恐怕也和现今的丁家山差不了多少哩!

然而这是废话,与本文无关宏旨。

丁家山兀立在南湖西南隅的尽头,她的形势与体态并不怎样高大,论面积,恐怕还不及孤山的三分之一。在我看来,与其说她是座山,还不如称她作坟起的高岗来得适当些。她

---

[*] 张天畴,生卒年不详。

在《钱塘县志》里所记载着的是："濒湖水影山光，上下相接。"只不过如是而已。

上这座小山的路径倒有两处，一是由东北角上的"蕉石鸣琴"，一是由北面的山背，前者是大道，后者是小径。我因为贪省脚力，就在这山背间的小径上爬了上去。

很费了一点气力，终于爬到了小山顶。所谓康庄，三间朝着南向的洋式平屋，就整个地呈露在我眼前了，可是从侧门间走了进去，四面一望，空洞得一无所有，连字画都不剩半幅，想不到这一代名人的故宅，竟衰废到这等模样，说一句头巾气的话，未免有点"人琴俱亡"之叹！但是据说这位圣人（？）在世时的康庄（又名人天庐），文酒高会，几无虚日，不但杭州的文士如孙康和宋翰卿、杨见心等都作过他的好友，就是那时浙江的当道卢子嘉、夏定侯、孙馨远辈也和他通过声气，莫不以为他文章经世，以天南的遗老目之。且也，当每次内战酝酿之先，卢子嘉、孙馨远为巩固割据形势计，常暗中央他到洛阳吴秀才那儿去说情，以保全浙江的地盘；这样一来，大有"翩然一只林间鹤，飞去飞来宰相衙"的神气。可是过不了几年，这位戊戌政变的有名人物，晚节末路，为了生活，竟附丽军阀而长逝了。他的这所别墅，也因为他生前有着反动的嫌疑，革命以后，推人及屋，便收归市府管理了。

虽然康庄里面的摆设一无所有，像是空着的马厩，但阶前的园林倒并不见得怎样荒芜，还有一些往日的气概，当我来时，几株梅树和山茶花正吐着红艳的花朵，冷香可爱，倒不以她宅主的变迁而自损其颜色。下了阶坡，去看那阶前的"康山"和"潜岩"，在岩石的上面，犹存他镌刻在那里的字迹，书法之佳妙，笔力之遒劲，论他的渊源，在六朝以上，而洒脱过之。若无临池数十年，读碑帖数千种的功夫，决不能写到如此的古拙。间常与友人论康有为的书法，他的写字，犹如老树着花，别饶风韵。惜乎他的书法和海藏楼主郑孝胥那样的为生平出处所累，不无"字以人轻"之憾！

康庄有两块天生的山石是认为名迹的：一块叫做蝙蝠石，形似蝙蝠，偃卧地上；另外离蝙蝠石不远的一块叫做鲤鱼石，有头有尾，跃出地面，颇觉形似。但这块鲤鱼石因为年久风化的缘故，已经中断了！我想：如果此老还活在世上，还作着康庄的主人翁，坐拥湖山，看到鲤鱼石的天殇，不知又要感慨系之似的赋诗若干首了。

在丁家山上面匆匆地游览了一转，便改道由"蕉石鸣琴"（此四字亦为康南海所书。）的那条石级上下山。在半途中，看到路旁一块大的地坪砖（现在是改作游人们憩息的石凳了），这无疑的，当此老在日，定在那块石上做过不少临池的功夫，然而现在是把它弃置在路旁，煮鹤焚琴这类事，看来今古如此！

照康庄建筑物的价值估计起来，虽则并不十分的富丽，但是在一座荒山顶上，诛茅垦地，莳花植树，铺砌石级，建造房屋，少说似乎非四五万金莫办，一个失了势的政客，哪有这笔闲钱来起造这所别墅，故在人天庐起造的当时，有人说这笔建筑费的大部分是吴子玉与卢子嘉馈送的。至于是否实在，那只有起圣人（？）于地下而问之，笔者不便代他肯定。可是这所人天庐的基地，确为前浙江省长夏定侯（超）所赠予。关于这块基地的赠予，中间还发生过一桩有趣的纠纷。

基地纠纷的事实是如此的。本来丁家山是块无主的公产，在人天庐未造之前，有一位刘庄的管门人徐永泉，不知怎的，去认从前内河水警厅厅长徐则恂为族兄，把这块丁家山冒认为自己的私产，送给徐则恂，作为投认官亲的礼物，而徐则恂也不问来历，便提粮过户地收下了。及至夏定侯把这块山地送给康有为之后，刚要动手开山，徐则恂便出来阻挠，说他侵占人家的地产，几乎要以法律解决，幸而这块山地是夏定侯所送的，康有为便把这事的曲折始终原原本本去告诉了夏定侯。那时夏定侯的政治势力固然比徐则恂来得强，但也不好意思为了这桩小事情破脸，遂暗中转托孙康和去斡旋，向徐说明这块地是公地，如果徐则恂要告康有为侵占人家的地产，恐怕日后水落石出，徐则恂也免不了担负盗占公地的罪名。况当时的康有为和卢子嘉颇臭味相投，纵不卖夏定侯的面子，难道连卢大帅的友谊都不顾。经过这番说词，徐则恂就软化了，不但把粮串户折去转送康有为，而且还亲自坐了轿到丁家山去道过歉，彼此解释误会，自认晦气而已。

因为康有为给杭州人士的印象太恶劣了，当康氏在筑人天庐的时候，舆论纷纭，群起责难，碍于夏定侯之势，虽不敢明言其侵占公地，但说他侵占"蕉石鸣琴"的古迹，众口啾啾，几有鸣鼓而攻的样子。后来幸亏圣人（？）的靠山有力，公事公办，一查了事，而康圣人（？）的人天庐便安然出现于丁家山顶了。

中国的文人不论今古，总免不了要带几分名士的习气，自然咱们的康圣人（？）也没有例外，他在人天庐颐养天年的时候，大概不耐鳏居的寂寞，竟闹出了一段桃色的佳话。一位年近古稀的老古董，居然垂青了一位妙龄的榜人女，就是近年来寄居在郭庄的所谓七姨太太。这位七姨太太的娘家是姓张，榜人张毛头之妹也。据熟稔七姨太的人云，其貌并不娟秀，粗花大叶，不过那时有几分稚气的美罢了。与康结缡以后，迎居别墅，梨花海棠，相映成趣，间亦白发红袖，徜徉于湖中山水间，不知者疑为一祖父携一孙女以共游也。及至圣人（？）归道山后，女亦矢志守节，以报此老之情爱于泉壤。古井无波，颇称难得；闻此女之年龄，今已四十矣，回想前情，能不如梦。

也许因为康庄收归市府管理的关系，这位七姨太太便寄居在郭庄，据说郭庄的主人是康有为的朋友，所以念及亡友来照顾他的孤嫠。至于她的生活费用，是靠茅山的几十亩租田来过活的，旁的并没有出息。笔者在游了康庄回来的辰光，路过郭庄，很想去见见那位七姨太太，可是事不凑巧，她在去年腊尾到上海去了，迄今未返；而我的这篇小文，也只好止于此矣。

选自1937年《越风》增刊一集

忆龙井

胡同光[*]

龙井在西湖的东部,背山面湖,是著名的产茶胜地,久已闻名于世界,风景的清丽幽静,凡到过山上游览的,料想一定有这些满意的回味吧!

"八一三"序幕初展,杭州首先受到铁鸟的威胁,为了避免无谓的牺牲,全市市民大都向四郊乡村回避了,尤以里外湖和南北山一带为最多。那边屋宇既多,交通也便,一般中上阶级,都纷纷地来做临时寓公了。

龙井地处山区,但有公路可通到山脚,汽车也有直达,出入很便,笔者在全市紧张的空气中,也和家人们,避居龙井;所以虽在战乱中,反安居山间享受一些值得留恋的清福,扪心自问,深为不安啊!

龙井多山,起伏连绵,山上已开辟的尽是茶地,其他农作物较少,土质多沙,最宜种茶;山间的空气和泉水,都是不可缺少的天然养料。龙井的茶叶,能为中国名产而行销世界的原因在此。

茶既是著名产物,一般居民也什九是茶农茶商,世袭的经

---

[*] 胡同光,生卒年不详。

营茶业，生活都很安定。但保守成法是最大缺点；所以偶有虫灾旱灾，便毫无办法解决，如果以科学方法改进，那么龙井的茶叶，一定可以大大发展的。

狮子峰是最高的山，形如雄狮，山峰也遍植茶树，上有一座胡公庙，殿屋轩畅，庙里有山洞和小池，泉水终年不绝，水由岩壁中石刻狮头的口里流出，那淙淙的泉声，苍苍的怪石，的是胜境。

翁家山和棋盘山分列在龙井的左右，山径都有石级可登，满山杂树丛生，怪石棋布，秋深时节，山间五色的树叶，远看很美丽，别有一种幽静的趣味，可惜大好湖山，暂时离开祖国的怀抱了！

龙井寺在山的中部，有曲折的石级、庄严的殿宇，是游山最好的休憩之所。寺里有活泉水池，那龙井便在池旁，有历史的佳话和精美的石刻。泉水虽在旱天也源源不绝清澈见底，所以到寺中品茗的很多。四方人士，到了龙井，少不了吃几杯茶，买几两茶叶回去，做个纪念。

九溪十八涧横贯龙井诸山，直达江干的虎跑，溪水是山居人民饮料的来源，水质清鲜而带矿物质，终年在尘俗中的都市中人，对此活水，尤觉别有风味，很适宜于疗养疾病。笔者身体素弱，但山居三月却天天跑山，反觉顽健啊！

翁家山旁，地名满觉陇，也是一个名胜，出产桂花和产桂花栗子。每年的八九月间，赏桂花尝栗子的游客云集。两种土产，补助于山农们为数也不小。山巅可望到西湖和钱江，滨湖背江，的是壮观，不下于立马吴山。但是现在环境如此，所谓"江山依旧，人物已非"，回首前尘，使人百感交集了。

笔者山居凡三阅月，到了全局转变后，不得不别了故乡和龙井，而移居浙东了。可是山间的一块石一条沟，经过这百余日的光阴，是永远在记忆中的，尤其是那山麓的"凤"的长眠之地，时时挂怀，但愿早日能重见光明，重返故里祭扫于"凤"之墓前，这是我朝夕所祝祷的。

原载《乐观》第2期，乐观杂志社1941年版

钓台的春昼

郁达夫

　　因为近在咫尺，以为什么时候要去就可以去，我们对于本乡本土的名区胜景，反而往往没有机会去玩，或不容易下一个决心去玩的。正唯其是如此，我对于富春江上的严陵，二十年来，心里虽每在记着，但脚却从没有向这一方面走过。一九三一，岁在辛未，暮春三月，春服未成，而中央党帝，似乎又想玩一个秦始皇所玩过的把戏了，我接到了警告，就仓皇离去了寓居。先在江浙附近的穷乡里，游息了几天，偶尔看见了一家扫墓的行舟，乡愁一动，就定下了归计。绕了一个大弯，赶到故乡，却正好还在清明寒食的节前。和家人等去上了几处坟，与许久不曾见过面的亲戚朋友，来往热闹了几天，一种乡居的倦怠，忽而袭上心来了，于是乎我就决心上钓台去访一访严子陵的幽居。

　　钓台去桐庐县城二十余里，桐庐去富阳县治九十里不足，自富阳溯江而上，坐小火轮三小时可达桐庐，再上则须坐帆船了。

　　我去的那一天，记得是阴晴欲雨的养花天，并且系坐晚班轮去的，船到桐庐，已经是灯火微明的黄昏时候了，不得已就只得在码头近边的一家旅馆的高楼上借了一宵宿。

　　桐庐县城，大约有三里路长，三千多烟灶，一二万居民，地在富春江西北岸，从前是皖浙交通的要道，现在杭江铁路一开，似乎没有一二十年前的繁华热闹了。尤其要使旅客感到萧条的，却是桐君山脚下的那一队花船的失去了踪影。说起桐君山，原是桐庐县的一个接近城市的灵山胜地，山虽不高，但因有仙，自然是灵了。以形势来论，这桐君山，也的确是可以产生出许多口音生硬、别具风韵的桐严嫂来的生龙活脉；地处在桐溪东岸，正当桐溪和富春江合流之所，依依一水，西岸便瞰视着桐庐县市的人家烟村。南面对江，便是十里长洲；唐诗人方干的故居，就在这十里桐洲九里花的花田深处。向西越过桐庐县城，更遥遥对着一排高低不定的青峦，这就是富春山的山子山孙了。东北面山下，是一片桑麻沃地，有一条长蛇似的官道，隐而复现，出没盘曲在桃花杨柳洋槐榆树的中间；绕过一支小岭，便是富阳县的境界，大约去程明道的墓地程坟，总也不过一二十里地的间隔。我的去拜谒桐君，瞻仰道观，就在那一天到桐庐的晚上，是淡云微月，正在作雨的时候。

　　鱼梁渡头，因为夜渡无人，渡船停在东岸的桐君山下。我从旅馆蹀了出来，先在离轮埠不远的渡口停立了几分钟。后来向一位来渡口洗夜饭米的年轻少妇，弓身请问了一回，才得到了渡江的秘诀。她说："你只须高喊两三声，船自会来的。"先谢了她教我的好意，然后以两手围成了播音的喇叭，"喂，喂，船渡请摇过来！"地纵声一喊，果然在半江的黑影当中，船身摇动了。渐摇渐近，五分钟后，我在渡口，却终于听出了咿呀柔橹的声音。时间似乎已经入了酉时的下刻，小市里的群动，这时候都已经静息；自从渡口的那位少妇，在微茫的夜色里，藏去了她那张白团团的面影之后，我独立在江边，不知不觉心里头却兀自感到了一种他乡日暮的悲哀。渡船到岸，船头上起了几声微微的水浪清音，又铜东的一响，我早已跳上了船，渡船也已经掉过头来了。坐在黑影沉沉的舱里，我起先只在静听着柔橹划水的声音，然后却在黑影里看出了一星船家在吸着的长烟管头上的烟火，最后因为沉默压迫不过，我只好开口说话了："船家！你这样的渡我过去，该给你几个船钱？"我问。"随你先生把几个就是。"船家说话冗慢幽长，似乎已经带着些睡意了，我就向袋里摸出了两角钱来。"这两角钱，就算是我的渡船钱，请你候我一会，上去烧一次夜香，我是依旧要渡过江来的。"船家的回答，只是恩恩乌乌，幽幽同牛叫似的一种鼻音，然而从继这鼻音而起的两三声轻快的咳声听来，他却已经在感到满足了，因为我也知道，乡间的义渡，船钱最多也不过是两三枚铜子而已。

到了桐君山下，在山影和树影交掩着的崎岖道上，我上岸走不上几步，就被一块乱石绊倒，滑跌了一次。船家似乎也动了恻隐之心了，一句话也不发，跑将上来，他却突然交给了我一盒火柴。我于感谢了一番他的盛意之后，重整步武，再摸上山去，先是必须点一枝火柴走三五步路的，但到得半山，路既就了规律，而微云堆里的半规月色，也朦胧的现出一痕银线来了，所以手里还存着的半盒火柴，就被我藏入了袋里。路是从山的西北，盘曲而上；渐走渐高，半山一到，天也开朗了一点，桐庐县市上的灯火，也星星可数了。更纵目向江心望去，富春江两岸的船上和桐溪合流口停泊着的船尾船头，也看得出一点一点的火来。走过半山，桐君观里的晚祷钟鼓，似乎还没有息尽，耳朵里仿佛听见了几丝木鱼钲钹的残声。走上山顶，先在半途遇着了一道道观外围的女墙，这女墙的栅门，却已经掩上了。在栅门外徘徊了一刻，觉得已经到了此门而不进去，终于是不能满足我这一次暗夜冒险的好奇怪僻的。所以细想了几次，还是决心进去，非进去不可，轻轻用手往里面一推，栅门却呀的一声，早已退向了后方开开了，这门原来是虚掩在那里的。进了栅门,踏着为淡月所映照的石砌平路,向东向南的前走了五六十步,居然走到了道观的大门之外,这两扇朱红漆的大门,不消说是紧闭在那里的。到了此地,我却不想再破门进去了,因为这大门是朝南向着大江开的。门外头是一条一丈来宽的石砌步道,步道的一旁是道观的墙,一旁便是山坡,靠山坡的一面,并且还有一道二尺来高的石墙筑在那里,大约是代替栏杆,防人倾跌下山去的用意;石墙之上,铺的是二三尺宽的青石,在这似石栏又似石凳的墙上,尽可以坐卧游息,饱看桐江和对岸的风景,就是在这里坐它一晚,也很可以,我又何必去打开门来,惊起那些老道的恶梦呢?

  空旷的天空里,流涨着的只是些灰白的云,云层缺处,原也看得出半角的天,和一点两点的星,但看起来最饶风趣的,却仍是欲藏还露,将见仍无的那半规月影。这时候江面上似乎起了风,云脚的迁移,更来得迅速了,而低头向江心一看,几多散乱着的船里的灯光,也忽明忽灭的变换了一变换位置。

  这道观大门外的景色,真神奇极了。我当十几年前,在放浪的游程里,曾向瓜州京口一带,消磨过不少的时日;那时觉得果然名不虚传的,确是甘露寺外的江山,而现在到了桐庐,昏夜上这桐君山来一看,又觉得这江山之秀而且静,风景的整而不散,却非那天下第一江山的北固山所可与比拟的了。真也难怪得严子陵,难怪得戴徵士,倘使我若能在这样的地方结屋读书,以养天年,那还要什么的高官厚禄,还要什么的浮名虚誉哩?一个人在这桐君观前的石凳上,看看山,看看水,看看城中的灯火和天上的星云,更做做浩无边际的无聊的幻梦。我竟忘记了时刻,忘记了自身,直等到隔江的击柝声传来,向西一看,忽而觉得城中的灯影微茫的减了,才跑也似的走下了山来,渡江奔回了客舍。

第二日侵晨，觉得昨天在桐君观前做过的残梦正还没有续完的时候，窗外面忽而传来了一阵吹角的声音。好梦虽被打破，但因这同吹篳篥似的商音哀咽，却很含着些荒凉的古意，并且晓风残月，杨柳岸边，也正好候船待发，上严陵去；所以心里纵怀着了些儿怨恨，但脸上却只现出了一痕微笑，起来梳洗更衣，叫茶房去雇船去。雇好了一只双桨的渔舟，买就了些酒菜鱼米，就在旅馆前面的码头上上了船，轻轻向江心摇出去的时候，东方的云幕中间，已现出了几丝红韵，有八点多钟了；舟师急得厉害，只在埋怨旅馆的茶房，为什么昨晚上不预先告诉，好早一点出发。因为此去就是七里滩头，无风七里，有风七十里，上钓台去玩一趟回来，路程虽则有限，但这几日风雨无常，说不定要走夜路，才回来得了的。

过了桐庐，江心狭窄，浅滩果然多起来了。路上遇着的来往的行舟，数目也是很少，因为早晨吹的角，就是往建德去的快班船的信号，快班船一开，来往于两埠之间的船就不十分多了。两岸全是青青的山，中间是一条清浅的水，有时候过一个沙洲。洲上的桃花菜花，还有许多不晓得名字的白色的花，正在喧闹着春暮，吸引着蜂蝶。我在船头上一口一口的喝着严东关的药酒，指东话西的问着船家，这是甚么山？那是甚么港？惊叹了半天，称颂了半天，人也觉得倦了，不晓得什么时候，身子却走上了一家水边的酒楼，在和数年不见的几位已经做了党官的朋友高谈阔论。谈论之余，还背诵了一首两三年前曾在同一的情形之下做成的歪诗：

不是尊前爱惜身，伴狂难免假成真，
曾因酒醉鞭名马，生怕情多累美人。
劫数东南天作孽，鸡鸣风雨海扬尘，

悲歌痛哭终何补，义士纷纷说帝秦。

直到盛筵将散，我酒也不想再喝了，和几位朋友闹得心里各自难堪，连对旁边坐着的两位陪酒的名花都不愿意开口。正在这上下不得的苦闷关头，船家却大声的叫了起来说：

"先生，罗芷过了，钓台就在前面，你醒醒罢，好上山去烧饭吃去。"

擦擦眼睛，整了一整衣服，抬起头来一看，四面的水光山色又忽而变了样子了。清清的一条浅水，比前又窄了几分，四围的山包得格外的紧了，仿佛是前无去路的样子。并且山容峻削，看去觉得格外的瘦格外的高。向天上地下四围看看，只寂寂的看不见一个人类。双桨的摇响，到此似乎也不敢放肆了，钩的一声过后，要好半天才来一个幽幽的口响，静，静，静，身边水上，山下岩头，只沉浸着太古的静，死灭的静，山峡里连飞鸟的影子也看不见半只。前面的所谓钓台山上，只看得见两个大石垒，一间歪斜的亭子，许多纵横芜杂的草木。山腰里的那坐椅堂，也只露着些废垣残瓦，屋上面连炊烟都没有一丝半缕，像是好久好久没人住了的样子。并且天气又来得阴森，早晨曾经露一露脸过的太阳，这时候早已深藏在云堆里了，余下来的只是时有时无从侧面吹来的阴飕飕的半箭儿山风。船靠了山脚，跟着前面背着酒菜鱼米的船夫，走上严先生祠堂去的时候，我心里真有点害怕，怕在这荒山里要遇见一个干枯苍老得同丝瓜筋似的严先生的鬼魂。

在祠堂西院的客厅里坐定，和严先生的不知第几代的裔孙谈了几句关于年岁水旱的话后，我的心跳，也渐渐儿的镇静下去了，嘱托了他以煮饭烧菜的杂务，我和船家就从断碑乱石中间爬上了钓台。

东西两石垒，高各有二三百尺，离江面约两里来远，东西台相去只有一二百步，但其间却夹着一条深谷。立在东台，可以看得出罗芷的人家，回头展望来路，风景似乎散漫一点，而一上谢氏的西台，向西望去，则幽谷里的清景，却绝对的不像是在人间了。我虽则没有到过瑞士，但到了西台，朝西一看，立时就想起了曾在照片上看见过的威廉退儿的祠堂。这四山的幽静，这江水的青蓝，简直同在画片上的珂罗版色彩，一色也没有两样；所不同的，就是在这儿的变化更多一点，周围的环境更芜杂不整齐一点而已，但这却是好处，这正是足以代表东方民族性的颓废荒凉的美。

从钓台下来，回到严先生的祠堂——记得这是洪杨以后严州知府戴槃重建的祠堂——西院里饱啖了一顿酒肉，我觉得有点酩酊微醉了。手拿着以火柴柄制成的牙签，走到东面供着严先生神像的龛前，向四面的破壁上一看，翠墨淋漓，题在那里的，竟多是些俗而不雅的过路高官的手笔。最后到了南面的一块白墙头上，在离屋檐不远的一角高处，却看到了我们的一位新近去世的同乡夏灵峰先生的四句似邵尧夫而又略带感慨的诗句。夏灵峰先生虽则只知崇古，不善处今，但是五十年来，像他那样的顽固自尊的亡清遗老，也的确是没有第二个人。比较起现在的那些官迷财迷的南满尚书和东洋宦婢来，他的经术言行，姑且不必去论它，就是以骨头来称称，我想也要比什么罗三郎郑太郎辈，重到好几百倍。慕贤的心一动，醺人的臭技自然是难熬了，堆起了几张桌椅，借得了一支破笔，我也在高墙上在夏灵峰先生的脚后放上了一个陈屁，就是在船舱的梦里，也曾微吟过的那一首歪诗。

从墙头上跳将下来，又向龛前天井去走了一圈，觉得酒后的喉咙，有点渴痒了，所以就又走回到了西院，静坐着喝了两碗清茶。在这四大无声，只听见我自己的啾啾喝水的舌音冲击到那座破院的败壁上去的寂静中间，同惊雷似的一响，院后的竹园里却忽而飞出了一声闲长而又有节奏似的鸡啼的声来。同时在门外面歇着的船家，也走进了院门，高声的对我说：

"先生，我们回去罢，已经是吃点心的时候了，你不听见那只鸡在后山啼么？我们回去罢！"

一九三二年八月在上海写

原载1932年9月16日《论语》半月刊第1期

半日的游程

郁达夫

去年有一天秋晴的午后，我因为天气实在好不过，所以就搁下了当时正在赶着写的一篇短篇的笔，从湖上坐汽车驰上了江干。在儿时习熟的海月桥、花牌楼等处闲走了一阵，看看青天，看看江岸，觉得一个人有点寂寞起来了，索性就朝西的直上，一口气便走到了二十几年前曾在那里度过半年学生生活的之江大学的山中。二十年的时间的印迹，居然处处都显示了面形：从前的一片荒山，几条泥路，与夫乱石幽溪，草房藩溷，现在都看不见了。尤其要使人感觉到我老何堪的，是在山道两旁的那一排青青的不凋冬树；当时只同豆苗似的几根小小的树秧，现在竟长成了可以遮蔽风雨，可以掩障烈日的长林。不消说，山腰的平处，这里那里，一所所的轻巧而经济的住宅，也添造了许多；像在画里似的附近山川的大致，虽仍依旧，但校址的周围，变化却竟簇生了不少。第一，从前在大礼堂前的那一丝空地，本来是下临绝谷的半边山道，现在却已将面前的深谷填平，变成了一大球场。大礼堂西北的略高之处，本来是有几枝被朔风摧折得弯腰屈背的老树孤立在那里的，现在却建筑起了三层的图书文库了。二十年的岁月！三千六百日的两倍的七千二百日的日子！以这一短短的时节，来比起天地的悠长来，原不过是像白驹的过隙，但是时间的威力，究竟是绝对的暴君，曾日月之几何，我这一个本在这些荒山野径里驰骋过的毛头小子，现在也竟垂垂老了。

一路上走着看着，又微微地叹着，自山的脚下，走上中腰，我竟费去了三十来分钟的时刻。半山里是一排教员的住宅，我的此来，原因为在湖上在江干孤独得怕了，想来找一位既是同乡，又是同学，而自美国回来之后就在这母校里服务的胡君，和他来谈谈过去，赏赏清秋，并且也可以由他这里来探到一点故乡的消息的。

两个人本来是上下年纪的小学校的同学，虽然在这二十几年中见面的机会不多，但或当暑假，或在异乡，偶尔遇着的时候，却也有一段不能自已的柔情，油然会生起在各个的胸中。我的这一回的突然的袭击，原也不过是想使他惊骇一下，用以加增加增亲热的效力的企图；升堂一见，他果然是被我骇倒了。

"哦！真难得！你是几时上杭州来的？"他惊笑着问我。

"来了已经多日了，我因为想静静儿的写一点东西，所以朋友们都还没有去看过。今天实在天气太好了，在家里坐不住，因而一口气就跑到了这里。"

"好极！好极！我也正在打算出去走走，就同你一道上溪口去吃茶去罢，沿钱塘江到溪口去的一路的风景，实在是不错！"

沿溪入谷，在风和日暖，山近天高的田塍道上，二人慢慢地走着，谈着，走到九溪十八涧的口上的时候，太阳已经斜到了去山不过丈来高的地位了。在溪房的石条上坐落，等茶庄里的老翁去起茶煮水的中间，向青翠还像初春似的四山一看，我的心坎里不知怎么，竟充满了一股说不出的飒爽的清气。两人在路上，说话原已经说得很多了，所以一到茶庄，都不想再说下去，只瞪目坐着，在看四周的山和脚下的水，忽而嘘朔朔朔的一声,在半天里,晴空中一只飞鹰,像霹雳似的叫过了,两山的回音,更缭绕地震动了许多时。我们两人头也不仰起来,只竖起耳朵,在静听着这鹰声的响过。回响过后,两人不期而遇的将视线凑集了拢来,更同时破颜发了一脸微笑,也同时不谋而合的叫了出来说:

"真静啊!"

"真静啊!"

等老翁将一壶茶搬来,也在我们边上的石条上坐下,和我们攀谈了几句之后,我才开始问他说:

"久住在这样寂静的山中,山前山后,一个人也没有得看见,你们倒也不觉得怕的么?"

"怕啥东西?我们又没有龙连(钱),强盗绑匪,难道肯到孤老院里来讨饭吃的么?并且春三二月,外国清明,这里的游客,一天也有好几千。冷清的,就只不过这几个月。"

我们一面喝着清茶,一面只在贪味着这阴森得同太古似的山中的寂静,不知不觉,竟把摆在桌上的四碟糕点都吃完了,老翁看了我们的食欲的旺盛,就又推荐着他们自造的西湖藕粉和桂花糖说:

"我们的出品,非但在本省口碑载道,就是外省,也常有信来邮购的,两位先生冲一碗尝尝看如何?"

大约是山中的清气,和十几里路的步行的结果罢,那一碗看起来似鼻涕,吃起来似泥沙的藕粉,竟使我们嚼出了一种意外的鲜味。等那壶龙井芽茶,冲得已无茶味,而我身边带着的一封绞盘牌也只剩了两枝的时节,觉得今天是行得特别快的那轮秋日,早就在西面的峰旁躲去了。谷里虽掩下了一天阴影,而对面东首的山头,还映得金黄浅碧,似乎是山灵在预备去赴夜宴而铺陈着浓妆的样子。我昂起了头,正在赏玩着这一幅以青天为背景的夕照的秋山，忽听见耳旁的老翁以富有抑扬的杭州土音计算着账说：

"一茶，四碟，二粉，五千文！"

我真觉得这一串话是有诗意极了，就回头来叫了一声说：

"老先生！你是在对课呢，还是在做诗？"

他倒惊了起来，张圆了两眼呆视着问我：

"先生你说啥话语？"

"我说，你不是在对课么？三竺六桥，九溪十八涧，你不是对上了'一茶四碟，二粉五千文'了么？"

说到了这里，他才摇动着胡子，哈哈的大笑了起来，我们也一道笑了。付账起身，向右走上了去理安寺的那条石砌小路，我们俩在山嘴将转弯的时候，三人的呵呵呵呵的大笑的余音，似乎还在那寂静的山腰，寂静的溪口，作不绝如缕的回响。

一九三三年五月二十一日

杭州的八月

郁达夫

杭州的废历八月，也是一个极热闹的月份。自七月半起，就有桂花栗子上市了，一入八月，栗子更多，而满觉陇南高峰翁家山一带的桂花，更开得来香气醉人。八月之名桂月，要身入到满觉陇去过一次后，才领会得到这名字的相称。

除了这八月里的桂花，和中国一般的八月半的中秋佳节之外，在杭州还有一个八月十八的钱塘江的潮汛。

钱塘的秋潮，老早就有名了，传说就以为是吴王夫差杀伍子胥沉之于江，子胥不平，鬼在作怪之故。《论衡》里有一段文章，驳斥这事，说得很有理由："儒书言，'吴王夫差杀伍子胥，煮之于镬，盛于囊，投之于江，子胥恚恨，临水为涛，溺杀人。'夫言吴王杀伍子胥，投之于江，实也，言其恨恚，临水为涛者，虚也。且卫菹子路，而汉烹彭越，子胥勇猛，不过子路彭越，然二子不能发怒于鼎镬之中，子胥亦然，自先入鼎镬，后乃入江，在镬之时其神岂怯而勇于江水哉？何其怒气前后不相副也？"可是《论衡》的理由虽则充足，但传说的力量，究竟十分伟大，至今不但是钱塘江头，就是庐州城内淝河岸边，以及江苏福建等滨海傍湖之处，仍旧还看得见塑着白马素车的伍大夫庙。

钱塘江的潮，在古代一定比现时还要来得大。这从高僧传唐灵隐寺释宝达,诵咒咒之,江潮方不至激射湖上诸山的一点,以及南宋高宗看潮,只在江干候潮门外搭高台的一点看来,就可以明白。现在则非要东去海宁,或五堡八堡,才看得见银海潮头一线来了。这事情从阮元的《揅经室集·浙江图考》里,也可以看得到一些理由,而江身沙涨,总之是潮不远上的一个最大原因。

还有梁开平四年,钱武肃王为筑捍海塘,而命强弩数百射涛头,也只在候潮通江门外。至今海宁江边一带的铁牛镇铸,显然是师武肃王的遗意,后人造作的东西。(我记得铁牛铸成的年份,是在清顺治年间,牛身上印在那里的文字,还隐约辨得出来。)

沧桑的变革,实在厉害得很,可是杭州的住民,直到现在,在靠这一次秋潮而发点小财,做些买卖的,为数却还不少哩!

原载1933年9月27日《申报·自由谈》

二十二年的旅行

郁达夫

编者出的这一个题目,范围实在大得很。先自室内旅行起,以至世界旅行、星球、月球旅行等,在实际上,在空想上,二十二年中,大约总有许多人试过的无疑。编者把这题目来分给我,想来是因为我在二十二年秋天,上浙东去旅行过一次的缘故;但这一次旅行的结果,已经为杭江铁路局写了两篇旅行记——一名《杭江小历纪程》,一名《浙东景物纪略》——随时在各报上杂志上发表过一次,现在已被收入到该局发行的旅行指南里去了。迫不得已,我只好写点关于旅行一般的空话,以及还有许多在浙东得来的零星印象,来缴卷塞责。

旅行,实在是有闲有钱有健康的人的最好的娱乐。从前中国人视出门为畏途,离家百里,就先要祷告祖宗,辞别亲友,像煞是不容易回来的样子,现在则空有飞机,水有轮船,陆有火车汽车,千里万里,都可以转瞬而至了;所以从前的人所最怕的这旅行,现在的人却可以把它当作娱乐来看。有几个有钱好事的闲人,并且还把它当作了一种学问。

我想旅行的快乐,第一当然是在精神的解放;一个人生在世上,少不得总有种种纠纷和关系缠绕在身边的,富人有富人的忧虑,穷人有穷人的苦恼;一上征途,则同进了病院和监狱一样,什么事情都可以暂时搁起,不管她妈了;——以入病院和进监狱为譬喻，或者是有点语病，但我所注重的，是在对于人世的杂务一方面的话，入了病院，工总可以不做了，到了监狱，债总可以不还了，是这一个意思。

第二，旅行的快乐，大约是在好奇心的满足；有非常美丽的太太随侍在侧的男子，会同臃肿粗大的寝室女仆去亲嘴抱腰的心理，想起来大约也同这旅行者之心一样的在好奇思异。本来有高大的洋房作住宅的先生们，到了乡下，看见一所茅草盖顶、柳树当门的厕所，会得喜欢叫绝的，也就是这一个caprice在那里作怪。

还有些人，觉得平时的生活太舒适了，只想去不会丧命的冒些小险，不会损身的吃些小苦，以打破打破那一条生命之流的单条平滑，旅行却也是最适当的一针吗啡。

唯其是如此，所以中国也有了同Thos.Cook and Son一样的一个旅行社，萧伯纳也坐飞机飞过了长城，独身者的夺柯勃辣想在北平市里破一破独身之戒。但我的这一次的旅行浙东，原因可有点不同，虽在旅行，实际上却是在替路局办公，是一个行旅的灵魂叫卖者的身份。

浙东一带，所给予我的混合印象，是在山的秀里带雄，水的清能见底，与沿途处处，柏树红叶的美似春花。百姓都很勤俭，所以乡下人家，家家都整洁堂皇，比起杭嘉湖的乡村的坍败衰落来，实在相差得很远。地势极高，山峰绵亘，斜坡上、谷底里，竹树最多，间有几棵纤纤的枫树，经霜之后，叶尽红了，微风一动，更能显出万绿丛中红一点的迷人的诗意。中国铁路的两大干线，平汉与津浦，我跑得次数最多，其他的支线若广九，若北宁，若京绥等，也曾去过几次，但以景色的变化多奇，山水的淡浓相称来说，我觉得没有一处，能比得上这杭江铁路三百余里的一段风光；虽则正太铁路如何，我是没有去过，还不敢说。

说到人物，则金华附近的女人，皮色都是很白，相貌也都秀丽，有平湖苏州的女人的美处，而健康高大，则又像是条顿民族的乡间的农妇。

至于物产呢，浙东居民当然是以造纸种田为正业的，间有煤矿铁矿，汤溪也有温泉，但无人开发，富源还睡在地里。因为多山，所以木材也多，居民之从事于烧炭烧窑者，为数也着实不少。其余若畜牧的养猪、养鸭、养牛，种植的细蔗、荞麦、黍稷，以及柏子玉蜀黍之类，若能改良照科学的方法做去，则金衢一带的百姓，更可以增加富庶；可惜世乱纷纭，为政者现在还顾不到此。

我的这一次的旅行浙东，主要原因固然是因受了杭江路局之嘱托，但暗地里却也有一点去散散郁闷的下意识在的。上杭州来蛰居了半年，文章也不做，见客也少见，小心翼翼，默学金人，唯恐祸从口出，要惹是生非。但这半年的谨慎的结果，想不到竟引起了几位杭州的文学青年的怨恨，说我架子太大，说我思想落伍，在九月秋高的那一个月里，连接到了几篇痛骂的文章，一封匿名的私信。我虽则还没有自大狂到想比拟卢骚，但途穷日暮，到得前无去所、后无退路的时候，自家想想，却真有点儿和不得不发疯自杀的这位可怜的蒋·捷克相去无几了。当时我正在打算再上上海或北平去过放浪的生活，确好是杭江路局的这一回事情来了，心想不是落水遇救，天无绝人之路么？这一段却是不足为外人道的我侬的私语，附写在此，好做一个egotistic，megalomaniac的epilogue，以代牢骚。

一九三三年十二月

原载1934年1月1日《十日谈》旬刊"新年特辑"

临平登山记

郁达夫

　　曾坐沪杭甬的通车去过杭州的人，想来谁也看到过临平山的一道青嶂。车到了峡石，平地里就有起几堆小石山来了，然而近者太近，远者太小，不大会令人想起特异的关于山的概念。一到临平，向北窗看到了这眠牛般的一排山影，才仿佛是叫人预备着到杭州去看山看水似的，心里会突然的起一种变动；觉得杭州是不远了，四周的环境，确与沪宁路的南段，沪杭甬路的东段，一望平原，河流草舍很多的单调的景色不同了。这临平山的顶上，我一直到今年，才去攀涉，回想起来，倒也有一点浅淡的佳趣。

　　临平不过是杭州——大约是往日的仁和县管的罢？——的一个小镇，介在杭州海宁二县之间，自杭州东去，至多也不到六七十里地的路程。境内河流西绕，可以去湖州，可以去禾郡，也可以去松江上海，直到天边。因之沿河的两岸（是东西的）交河的官道（是南北的）之旁，就自然而然地成了一个部落。居民总有八九百家，柳叶菱塘，桑田鱼市，麻布袋，豆腐皮，酱鸭肥鸡，茧行藕店，算将起来，一年四季，农产商品，倒也不少。在一条丁字路的转弯角前，并且还有一家青帘摇漾的杏花村——是酒家的雅号，本名仿佛是聚贤楼。——乡民朴素，禁令森严，所以妓馆当然是没有的，旅馆也不曾看到，但暗娼有无，在这一个民不聊生民又不敢死的年头，我可不能够保。

我们去的那天，是从杭州坐了十点左右的一班慢车去的，一则因为左近的三位朋友，那一日正值着假期；二则因为有几位同乡，在那里处理乡村的行政，这几位同乡听说我近来侘傺无聊，篇文不写，所以请那三位住在我左近的朋友约我同去临平玩玩，或者可以散散心，或者也可以壮壮胆，不要以为中国的农村完全是破产了，中国人除几个活，大家死之外别无出路了。等因奉此地到了临平，更在那家聚贤楼上，背晒着太阳喝了两斤老酒，兴致果然起来了，把袍子一脱，我们就很勇猛地说："去，去爬山去！"

缓步西行（出镇往西），靠左手走过一个桥洞，在一条长蛇似的大道之旁，远远就看得见一座银匠店头的招牌那样的塔，和许多名目也不大晓得的疏疏落落的树。地理大约总可以不再过细地报告了罢，北面就是那支临平山，南面岂不又是一条小河么？我们的所以不从临平山的东首上山，而必定要走出镇市——临平市是在山的东麓的——走到临平山的西麓去者，原因是为了安隐寺里的一棵梅树。

安隐寺，据说，在唐宣宗时，名永兴院，吴越时名安平院。至宋治平二年，始赐今名。因为明末清初的那位西泠十子中的临平人沈去矜谦，好闲多事，做了一部《临平记》，所以后来的临平人，也做出了不少的文章，其中最好的一篇，便是安隐寺里的那棵所谓"唐梅"的梅树。

安隐寺，在临平山的西麓，寺外面有一口四方的小井，井栏上刻着"安平泉"的三个不大不小的字。诸君若要一识这安平泉的伟大过去，和沿临平山一带的许多寺院的兴废，以及鼎湖的何以得名，孙皓的怎么亡国（我所说的是天玺改元的那一回事情）等琐事的，请去翻一翻沈去矜的《临平记》，张大昌的《临平记补遗》，或田汝成的《西湖志余》等就得，我在这里，只能老实地说，那天我们所看到的安隐寺，实在是坍败得可以，寺里面的那一棵出名的"唐梅"，树身原也不小，但我却怎么也不想承认它是一千几百年前头的刁钻古怪鬼灵精。你且想想看，南宋亡国，伯颜丞相岂不是由临平而入驻皋亭的么？那些羊膻气满身满面的元朝鞑子，哪里肯为中国人保留着这一株枯树？此后还有清朝，还有洪杨的打来打去，庙之不存，树将焉附，这唐梅若果是真，那它可真是不怕水火，不怕刀兵的活宝贝了，我们中国还要造什么飞机高射炮呢？同外国人打起仗来，岂不只教擎着这一棵梅树出去就对？

在冷气逼人的安隐寺客厅上吃了一碗茶，向四壁挂在那里的霉烂的字画致了一致敬，付了他们四角小洋的茶钱之后，我们就从不知何时被毁去的西面正殿基的门外，走上了山。沿山脚的一带，太阳光里，有许多工人，只穿了一件小衫，在那里劈柴砍树。我看得有点气起来了，所以就停住了脚，问他们："这些树木，是谁教你们来砍的？""除了这些山的主人之外还有谁呢？"这回话倒也真不错，我呆张着目，看看地上纵横睡着的拳头样粗的松杉树干，想想每年植树节目的各机关和要人等贴出来的红绿的标语传单，喉咙头好像冲起来了一块面包。呆立了一会，看看同来的几位同伴，已经上山去得远了，就只好屁也不放一个，旋转身子，狠狠地踏上了山腰，仿佛是山上的泥沙碎石，得罪了我的样子。

这一口看了工人砍树伐山而得的气闷，直到爬上山顶快的时候，才兹吐出。临平山虽则不高，但走走究竟也有点吃力，喘气喘得多了，肚子里自然会感到一种清空，更何况在山顶上坐下的一瞬间，远远地又看得出钱塘江一线的空明缭绕，越山隔岸的无数青峰，以及脚下头临平一带的烟树人家来了呢！至于在沪杭甬路轨上跑的那几辆同小孩子玩具似的客车，与火车头上在乱吐的一圈一圈的白烟，那不过是将死风景点一点活的手笔，像麦克白夫妇当行凶的当儿，忽听到了醉汉的叩门声一样，有了原是更好，即使没有，也不会使人感到缺恨的。

从临平山顶上看下来的风景，的确还有点儿可取。从前我曾经到过兰溪，从兰溪市上，隔江西眺横山，每感到这座小小的兰阴山真太平淡，真是造物的浪费，但第二日身入了此山，到山顶去向南向东向西向北的一看，反觉得游兰溪者这横山决不可不到了。临平山的风景，就同这山有点相像；你远看过去，觉得临平山不过是一支光秃的小山而已，另外也没有什么奇特，但到山顶去俯瞰下来，则又觉得杭城的东面，幸亏有了它才可以说是完满。我说这话，并不是因受了临平人的贿赂，也不是想夺风水先生——所谓堪舆家也——们的生意，实在是杭州的东面太空旷了，有了临平山，有了皋亭，黄鹤一带的山，才补了一补缺。这是从风景上来说的话，与什么临平湖塞则天下治，湖开则天下乱等倒果为因的妄揣臆说，却不一样。

临平山顶，自西徂东，曲折高低的山脊线，若把它拉将直来，大约总也有里把路长的样子。在这里把路的半腰偏东，从山下望去，有一围黄色的墙头露出，像煞是巨象身上的一只木斗似的地方，就是临平人最爱夸说的龙洞的道观了。这龙洞，临平的乡下人，谁也晓得，说是小康王曾在洞里避过难。其实呢，这又是以讹传讹的一篇乡下文章而已。你猜怎么着？这临平山顶，半腰里原是有一个大洞的。洞的石壁上贴地之处，有"翼拱之凌晨游此，时康定元年四月八日"的两行字刻在那里。小康王也是一个康，康定元年也是一个康，两康一混，就混成了小康王的避难。大约因此也就成全了那个道观，龙洞道观的所以得至今庙貌重新，游人争集者，想来小康王的功劳，一定要居其大半。可是沈谦的《临平记》里，所说就不同了，现在我且抄一段在这里，聊以当做这一篇《临平登山记》的尾巴，因为自龙山出来，天也差不多快晚了，我们也就跑下了山，赶上了车站，当日重复坐四等车回到了杭州的缘故：

仁宗皇帝康定元年夏四月，翼拱之来游临平山细砺洞。

谦曰：吾乡有细砺洞，在临平山巅，深十余丈，阔二丈五尺，高一丈五尺，多出砺石，本草所称"砺石出临平"者，即其地也；至是者无不一游，自宋至今，题名者数人而已，然多漶漫不可读，而攀跻洗剔，得此一人，亦如空谷之足音，跫然而喜矣。

又曰：谦闻洞中题名旧矣，向未见。甲申四月八日，里人例有祈年之举，谦同友人往探，因得见其真迹。字在洞中东北壁，惟翼字最大，下两行分书之，微有丹漆，乃里人郭伯邑所润色，今则剥落殆尽，其笔势，道劲如颜真卿格，真奇迹也。洞西南，又凿有"窦缄"二字，无年月可考，亦不解其义，意者，游人有窦姓者邪？至于满洞镂刻佛像，或是杨髡灵鹫之余波也。

（《临平记》卷一·十九页）

一九三四年三月

杭 州

郁达夫

杭州的出名，一大半是为了西湖。而人工的建设，都会的形成，初则是由于唐末五代，武肃王钱镠（西历十世纪初期）的割据东南，——"隋朝特创立此郡城，仅三十六里九十步；后武肃钱王，发民丁与十三寨军卒，增筑罗城，周围七十里许。……"（吴自牧《梦粱录》卷七）——再则是由于南宋建炎三年（一一二九），高宗的临安驻跸，奠定国都。至若唐白乐天与宋苏东坡的筑堤导水，原也有功于杭郡人民，可是仅仅一位醉酒吟诗携妓的郡守的力量，无论如何，也是不能和帝王匹敌的。

据说，杭州的杭字，是因"禹末年，巡会稽至此，舍航登陆，乃名杭，始见于文字。"（柴虎臣著《杭州沿革大事考》）因之，我们可以猜想，禹以前，杭州总还是一个泽国。而这一个四千余年前的泽国，后来为越为吴，也为吴越的战场，为东汉的浙江，为三国吴的富春，为晋的吴郡，为隋唐的杭州，两为偏安国都，迭为省治，现在并且成了东南五省交通的孔道，歌舞喧天，别庄满地，简直又要恢复南宋当时的首都旧观了。

我的来住杭州，本不是想上西湖来寻梦，更不是想弯强弩来射潮；不过妻杭人也，雅擅杭音，父祖富春产也，歌哭于斯，叶落归根，人穷返里，故乡鱼米较廉，借债亦易，——今年可不敢说，——屋租尤其便宜，铩羽归来，正好在此地偷安苟活，坐以待亡。搬来住后，岁月匆匆，一眨眼间，也已经住了一年有半了。朋友中间晓得我的杭州住址者，于春秋佳日，旅游西湖之余，往往肯命高轩来枉顾。我也因独处穷乡，孤寂得可怜，我朋自远方来，自然喜欢和他们谈谈旧事，说说杭州。这么一来，不几何时，大家似乎已经把我看成了杭州的管钥，山水的东家；《中学生》杂志编者的特地写信来要我写点关于杭州的文章，大约原因总也在于此。关于杭州一般的兴废沿革，有《浙江通志》《杭州府志》《仁钱县志》诸大部的书在；关于杭州的掌故，湖山的史迹等等，也早有了光绪年间钱塘丁申、丁丙两氏编刻的《武林掌故丛编》《西湖集览》与新旧《西湖志》《湖山便览》以及诸大书局大文豪的西湖游记或西湖游览指南诸书，可作参考；所以在这里，对这些，我不想再来饶舌，以虚费纸面和读者的光阴。第一，我觉得还值得一写，而对于读者，或者也不至于全然没趣的，是杭州人的性格；所以，我打算先从"杭州人"讲起。

湖山魁星阁

第一个杭州人，究竟是哪里来的？这杭州人种的起源问题，怕同先有鸡蛋呢还是先有鸡一样，就是叫达尔文从阴司里复活转来，也很不容易解决。好在这些并非是我们的主题，故而假定当杭州这一块陆土出水不久，就有些野蛮的，好渔猎的人来住了，这些蛮人，我们就姑且当他们是杭州人的祖宗。吴越国人，一向是好战，坚忍，刻苦，猜忌，而富于巧智的。自从用了美人计，征服了姑苏以来，兵事上虽则占了胜利，但民俗上却吃了大亏；喜斗，坚忍，刻苦之风，渐渐地消灭了。倒是猜忌，使计诸官能，逐步发达了起来。其后经楚威王，秦始皇，汉高帝等的挞伐，杭州人就永远处于了被征服者的地位，隶属在北方人的胯下。三国纷纷，孙家父子崛起，国号曰吴，杭州人总算又吐了一口气，这一口气，隐忍过隋唐两世，至钱武肃王而吐尽；不久南宋迁都，固有的杭州人的骨里，混入了汴京都的人士的文弱血球，于是现在的杭州人的性格，就此决定了。

意志的薄弱，议论的纷纭；外强中干，喜撑场面；小事机警，大事糊涂；以文雅自夸，以清高自命；只解欢娱，不知振作等等，就是现在的杭州人的特性；这些，虽然是中国一般人的通病，但是看来看去，我总觉得以杭州人为尤甚。所以由外乡人说来，每以为杭州人是最狡猾的人，狡猾得比上海滩上的滑头还要厉害。但其实呢，杭州人只晓得占一点眼前的小利小名，暗中在吃大亏，可是不顾到的。等到大亏吃了，杭州人还要自以为是，自命为直，无以名之，名之曰"杭铁头"以自慰自欺。生性本是勤而且俭的杭州人，反以为勤俭是倒霉的事情，是贫困的暴露，是与面子有关的，所以父母教子弟的第一个原则，就是教他们游惰过日，摆大少爷的架子。等空壳大少爷的架子学成，父母年老，财产荡尽的时候，这些大少爷们在白天，还要上西湖去逛逛，弄件把长衫来穿穿，饿着肚皮而高使着牙签；到了晚上上黑暗的地方去跪着讨饭，或者扒点东西，倒满不在乎，因为在黑暗里人家看不见，与面子还是无关，而大少爷的架子却不可不摆。至于做匪做强盗呢，却不会，决不会，杭州人并不是没有这个胆量，但杀头的时候要反绑着手去游街示众，与面子有关；最勇敢的杭州人，亦不过做做小窃而已。

惟其是如此，所以现在的杭州人，就永远是保有着被征服的资格的人；风雅倒很风雅，浅薄的知识也未始没有，小名小利，一着也不肯放松，最厉害的尤其是一张嘴巴。外来的征服者，征服了杭州人后，过不上三代，就也成了杭州人了，于是剃头者人亦剃其头，几十年后，仍复要被新的征服者来征服。照例类推，一年一年的下去。现在残存在杭州的固有杭州老百姓，计算起来，怕已经不上十个指头了。

人家说这是因为杭州的山水太秀丽了的缘故。西湖就像是一位"二八佳人体似酥"的狐狸精，所以杭州决出不出好子弟来。这话哩，当然也含有着几分真理。可是日本的山水，秀丽处远在杭州之上；瑞士我不晓得，意大利的风景画片我们总也时常看见的罢，何以外国人都可以不受着地理的限制，独有杭州人会陷入这一个绝境去的呢？想来想去，我想总还是教育得不好。杭州的家庭教育，社会教育，学校教育，总非要彻底的改革一下不可。

其次是该讲杭州的风俗了；岁时习俗，显露在外表的年中行事，大致是与江南各省相通的；不过在杭州像婚丧喜庆等事，更加要铺张一点而已。关于这一方面，同治年间有一位钱塘的范月桥氏，曾做过一册《杭俗遗风》，写得比较详细，不过现在的杭州风俗，细看起来，还是同南宋吴自牧在《梦粱录》里所说的差仿不多，因为杭州人根本还是由那个时候传下来，在那个时候改组过的人。都会文化的影响，实在真大不过。

一年四季，杭州人所忙的，除了生死两件大事之外，差不多全是为了空的仪式；就是婚丧生死，一大半也重在仪式。丧事人家可以出钱去雇人来哭。喜事人家也有专门说好话的人雇在那里借讨彩头。祭天地，祀祖宗，拜鬼神等等，无非是为了一个架子；甚至于四时的游逛，都列在仪式之内，到了时候，若不去一定的地方走一遭，仿佛是犯了什么大罪，生怕被人家看不起似的。所以明朝的高濂，做了一部《四时幽赏录》，把杭州人在四季中所应做的闲事，详细列叙了出来。现在我只教把这四时幽赏的简目，略抄一下，大家就可以晓得吴自牧所说的"临安风俗，四时奢侈，赏观殆无虚日"的话的不错了。

一、春时幽赏：孤山月下看梅花，八卦田看菜花，虎跑泉试新茶，西溪楼啖煨笋，保俶塔看晓山，苏堤看桃花，等等。

二、夏时幽赏：苏堤看新绿，三生石谈月，飞来洞避暑，湖心亭采莼，等等。

三、秋时幽赏：满家巷赏桂花，胜果寺望月，水乐洞雨后听泉，六和塔夜玩风潮，等等。

四、冬时幽赏：三茅山顶望江天雪霁，西溪道中玩雪，雪后镇海楼观晚炊，除夕登吴山看松盆，等等。

将杭州人的坏处，约略在上面说了之后，我却终觉不得不对杭州的山水，再来一两句简单的批评。西湖的山水，若当盆景来看，好处也未始没有，就是在它的比盆景稍大一点的地方。若要在西湖近处看山的话，那你非要上留下向西向南再走

六和塔

二三十里路不行。从余杭的小和山走到了午潮山顶,你向四面一看,就有点可以看出浙西山脉的大势来了。天晴的时候,西北你能够看得见天目,南面脚下的横流一线,东下海门,就是钱塘江的出口,龛赭二山,小得来像天文镜里的游星。若嫌时间太费,脚力不继的话,那至少你也该坐车下江干,过范村,上五云山头去看看隔岸的越山,与钱塘江上游的不断的峰峦。况且五云山足,西下是云栖,竹木清幽;地方实在还可以。从五云山向北若沿郎当岭而下天竺,在岭脊你就可以看到西岭下梅家坞的别有天地,与东岭下西湖全面的镜样的湖光。

若要再近一点,来玩西湖,我觉得南山终胜于北山,凤凰山胜果寺的荒凉远大,比起灵隐、葛岭来,终觉回味要浓厚一点。

还有北面秦亭山法华山下的西溪一带呢,如花坞秋雪庵,茭芦庵等处，散疏雅逸之致，原是有的，可是不懂得南画，不懂得王维、韦应物的诗意的人，即使去看了，也是毫无所得的。

离西湖十余里，在拱宸桥的东首，地当杭州的东北，也有一簇山脉汇聚在那里。俗称"半山"的皋亭山，不过因近城市而最出名，讲到景致，则断不及稍东的黄鹤峰，与偏北的超山。况且超山下的居民，以植果木为业，旧历二月初，正月底边的大明堂外（吴仓硕的坟旁）的梅花，真是一个奇观，俗称"香雪海"的这个名字，觉得一点儿也不错。

此外还有关于杭州的饮食起居的话，我不是做西湖旅行指南的人，在此地只好不说了。

一九三四年三月

游临安县玲珑山及钱王墓

郁达夫

三月二十九日，星期四，晴。

昨晚雨中夹雪，喝得醉醺醺回来的路上，心里颇有点儿犹豫；私下在打算，若明天雨雪不止者，则一定临发脱逃，做一次旅行队里的Renegade，好在不是被招募去的新兵，罪名总没有的。今天五六点钟，探头向窗帷缺处一望，天色竟青苍苍的晴了，不得已只好打着呵欠，连忙起来梳洗更衣，料理行箧，赶到湖滨，正及八点，一群奉宪游山者，早已手忙脚乱，立在马路边上候车子来被搬去了。我们的车子，出武林门，过保俶塔，向秦亭山脚朝西驶去的时候，太阳还刚才射到了老和山的那一座黄色的墙头。

宿雨初晴，公路明洁，两旁人行道上，头戴着银花，手提着香篮的许多乡下的善男信女，一个个都笑嘻嘻的在尘灰里对我们呆看，于是乎就有了我们这一批游山老爷的议论。

"中国的老百姓真可爱呀！"是语堂的感叹。

"春秋二季是香市，是她们的惟一的娱乐。也可以借此去游山玩水，也可以借此去散发性欲，Pilgrimage之为用，真大矣者！"是精神分析学者光旦的解释。

"她们一次烧香，实在也真不容易。恐怕现在在实行的这计划，说不定是去年年底下就定下了，私私地在积些钱下来。

直到如今，几个月中间果然也没有什么特别事故发生，她们一面感谢着菩萨的灵佑，一面就这么的不远千里而步行着来烧香了。"这又是语堂的Dichtung。

增嘏、秋原大约是坐在前面的头等座位里，故而没有参加入车中的讨论。一路上的谈话，若要这样的笔录下来，起码有两三部Canterbury Tales的分量，然而时非中世，我亦非英文文学之祖，姑从割爱，等到另有机会时再写也还不迟。

车到临安之先，在一处山腰水畔，看见了几家竹篱茅舍的人家，山前山后，茶叶一段段的在太阳光里吐气。门前桃树一株，开得热闹如云，比之所罗门的荣华，当然只有过之。骚——这字音虽不雅，但义却含两面——兴一动，我就在日记簿上写下了两行曲蟺似的字：

泥壁茅蓬四五家，山茶初茁两三芽。
天晴男女忙农去，闲杀门前一树花。

这一种乡村春日的自在风光，一路上不知见了多少。可惜没有史梧冈那么的散记笔法，能替他们传神写照，点画出来，以飨终年不出都市的许多大布尔先生。

临安县在余杭之西，去杭州约百余里，是钱武肃王的故里；至今武肃王墓对面的那座大功山上，还有一座纪念钱氏的功臣塔建立在那里。依路局规定的路线，则西来第一处登山，当在临安县西十里地的玲珑山。午前十点左右，车到了临安站，先教站中预备午饭，我们就又开车，到玲珑站下来步行。在田塍路上，溪水边头，约莫走了两三里地的软泥松路，才到了玲珑山口。

玲珑山的得名，依县志所载，则因它"两峰屹峙，盘空而上，故曰玲珑。"实在则这山的妙处，是在有石有泉，而又有苏、黄、佛印的游踪，与夫禅妓琴操的一墓。你试想想，既有山，复有水，又有美人，又有名士，在这里中国的胜景的条件，岂不是样样齐备了么？玲珑山的所以比径山、九仙山更出名，更有人来玩的原因，我想总也不外乎此。还有一件，此山离县治不远，登山亦无不便，而历代的临安仕宦乡绅，又乐为此经营点缀，所以临安虽只一瘦瘠的小县，而此山的规模气概，也可以与通都大邑的名山相并。地之传与不传，原也有幸不幸的气数存在其间。

　　入山行一二里，地势渐高。山径曲折，系沿着两峰之间的一条溪泉而上。一边是清溪，一边是绝壁。壁岩峻处，半山间有"玲珑胜境"的四大字刻在那里。再上是东坡的"醉眠石"，"九折岩"。三休亭的遗址，大约也在这半山之中。壁上的摩崖石刻，不计其数。可惜这山都是沙石岩，风化得厉害，石刻的大半，都已经辨认不清了。最妙的是苏东坡的那块"醉眠石"，在山溪的西旁，石壁下的路东，长长的一块方石，横躺下去，也尽可以容得一人的身长，真像是一张石做的沙发。东坡的究竟有没有在此石上醉眠过，且不去管它，但石上的三字，与离此石不远的岩壁上的"九折岩"三字，以及"何年僵立两苍龙"的那一首律诗，相传都是东坡的手笔；我非考古金石家，私自想想这些古迹还是貌虎认它作真的好，假冒风雅比之烧琴煮鹤，究竟要有趣一点。还有"醉眠石"的东首，也有一块山石，横立溪旁，上镌"琴声"两篆字，想系因流水淙淙有琴韵，与"琴操墓"就在上面的双关佳作，因为不忍埋没这作者的苦心，故而在此提起一句。

　　沿溪摸壁，再上五六十步，过合涧泉，至山顶下平坦处，有一路南绕出西面一枝峰下。顺道南去，到一处突出平坦之区，大约是收春亭的旧址。坐此处而南望，远近的山峰田野，尽在指顾之间，平地一方，可容三四百人。平地北面，当山峰削落处，还留剩一石龛，下复古石刻像三尊，相传为东坡、佛印、山谷三人遗像，明褚栋所说的因梦得像，因像建碑的处所，大约也就在这里，而明黄鼎象所记的剩借亭的遗址，总也是在这一块地方了，俗以此地为三休亭，更讹为三贤祠，皆系误会者无疑。

在石龛下眺望了半天，仍遵原路向北向东，过一处菜地里的碑亭，就到了玲珑山寺里去休息。小坐一会，喝了一碗茶，更随老僧出至东面峰头，过钟楼后，便到了琴操的墓下。一抔荒土，一块粗碑，上面只刻着"琴操墓"的三个大字，翻阅新旧《临安县志》，都不见琴操的事迹，但云墓在寺东而已，只有冯梦祯的《琴操墓》诗一首：

弦索无声湿露华，白云深处冷袈裟。
三泉金骨知何地，一夜西风扫落花。

抄在这里，聊以遮遮《临安县志》编者之羞。

同游者潘光旦氏，是冯小青的研求者，林语堂氏是《桃花扇》里的李香君的热爱狂者，大家到了琴操墓下，就齐动公愤，说《临安县志》编者的毫无见识。语堂且更捏了一本《野叟曝言》，慷慨陈词地说："光旦，你去修冯小青的墓罢，我立意要去修李香君的坟，这琴操的墓，只好让你们来修了。"

说到后来，眼睛就盯住了我们，所谓你们者，是在指我们的意思。因这一段废话，我倒又写下了四句狗屁：

山既玲珑水亦清，东坡曾此访云英。

如何八卷《临安志》，不记琴操一段情。

东坡到临安来访琴操事，曾见于菜地里的那一块碑文之上，而毛子晋编的《东坡笔记》里（梁廷楠编之《东坡事类》中所记亦同），也有一段记琴操的事情说：

苏子瞻守杭日，有妓名琴操，颇通佛书，解言辞，子瞻喜之。一日游西湖，戏语琴操曰："我作长老，汝试参禅！"琴操敬诺。子瞻问曰："何谓湖中景？"对曰："落霞与孤鹜齐飞，秋水共长天一色。""何谓景中人？"对曰："裙拖六幅湘江水，髻挽巫山一段云。""何谓人中意？"对曰："随他杨学士，鳖杀鲍参军。""如此究竟何如？"琴操不答，子瞻拍案曰："门前冷落车马稀，老大嫁作商人妇。"琴操言下大悟，遂削发为尼。

这一段有名的东坡轶事，若不是当时好奇者之伪造，则关于琴操，合之前录的冯诗，当有两个假设好定，即一，琴操或系临安人，二，琴操为尼，或在临安的这玲珑山附近的庵中。

我们这一群色情狂者还在琴操墓前争论得好久，才下山来。再在玲珑站上车，东驶回去，上临安去吃完午饭，已经将近二点钟了；饭后并且还上县城东首的安国山（俗称太庙山）下，去瞻仰了一回钱武肃王的陵墓。

武肃王的丰功伟烈，载在史册；除《吴越备史》之外，就是新旧《临安县志》《杭州府志》等，记钱氏功业因缘的文字，也要占去大半；我在此地本可以不必再写，但有二三琐事，系出自我之猜度者，顺便记它一记，或者也可以供一般研究史实者的考订。

　　钱武肃王出身市井，性格严刻，自不待言，故唐僧贯休呈诗，有"一剑霜寒十四州"之句。及其衣锦还乡，大宴父老时，却又高歌着"斗牛无孛兮民无欺"等语；酒酣耳热，王又自唱吴歌娱父老曰："汝辈见侬的欢喜，吴人与我别是一般滋味，子长在我心子里。"则他的横征暴敛，专制刻毒，大旨也还为的是百姓，并无将公帑存入私囊去的倾向。到了他的末代忠懿王钱弘俶，还能薄取于民，使民垦荒田，勿收其税，或请科赋者，杖之国门，也难怪得浙江民众要怀念及他，造保俶塔

保俶塔

以资纪念了。还有一件事实，武肃王妃，每岁春必归临安，王遗妃书曰："陌上花开，可缓缓归矣。"吴人至用其语为歌。我意此书，必系王之书记新城罗隐秀才的手笔，因为语气温文，的是诗人出口语也。

自钱王墓下回来，又坐车至藻溪。换坐轿子，向北行四十里而至西天目。因天已晚了，就在西天目山下的禅源寺内宿。

桐君山的再到

郁达夫

杭州建德的公共汽车路开后，自富阳至桐庐的一段，我还没有坐过。每听人说，钓台在修理了，报上也登着说，某某等名公已经发出募捐启事，预备为严先生重建祠宇了；但问问自桐庐来的朋友，却大家都说，严先生祠宇的倾颓，钓台山路的芜窄，还是同从前一样。祠宇的修不修，倒也没有多大的问题，回头把严先生的神像供入了红墙铁骨的洋楼，使烧香者多添些摩登的红绿士女，倒也许不是严先生的本意。但那一条路，那一条停船上山去的路，我想总还得略为开辟一下才好；虽不必使着高跟鞋者，亦得拾级而登，不过至少至少总也该使谢皋羽的泪眼，也辨得出路径来。这是当我没有重到桐庐去之先的个人的愿望，大约在三年以前去过一次钓台的人，总都是这么在那里想的无疑。

大热的暑期过后，浙江内地的旱苗，虽则依旧不能够复活，但神经衰弱，长年像在患肺病似的我们这些小都会的寄生虫，一交秋节，居然也恢复了些元气，如得了再生的中暑病者。秋潮看了，满家巷的桂花盛时也过了，无风无雨，连晴直到了重阳。秋高蟹壮，气候虽略嫌不定，但出去旅行，倒也还合适，正在打算背起包裹雨伞，上那里去走走，恰巧来了一位一年多不见的老友，于是乎就定下了半月间闲游过去的计划。

头两天，不消说是在湖上消磨了的，尤其是以从云栖穿竹径上五云山，过郎当岭而出灵隐的那一天，内容最为充实。若要在杭州附近，而看些重岚垒嶂，想像想像浙西的山水者，这一条路不可不走。现成的证据，我就可以举出这位老友来。他的交游满天下，欧美日本，历国四十余，身产在白山黑水间，中国本部，十八省经过十三四，五岳匡庐，或登或望，早收在胸臆之中；可是一上了这一条路，朝西看看夕照下的群山，朝南朝东看看明镜似的大江与西湖，也忘记了疲倦，忘记了世界，唱出了一句"谁说杭州没有山！"的打油腔。

好书不厌百回读，好山好水，自然是难得仔细看的。在五云山上，初尝了一点点富春江的散文味的这位老友，更定了再溯上去，去寻出黄子久的粉本来的雄图。

天气依然还是晴着，脚力亦尚可以对付，汽车也居然借到了，十月二十的早晨九点多钟，我们就从万松岭下驶过，经梵村，历转塘，从两岸的青山巷里，飞驰而到了富阳县的西门。富阳本来是我的故里，一县的山光水色，早在我的许多短篇里描写过了；我自然并不觉得怎么，可是我的那位老友，饭后上了我们的那间松筠别墅的厅房，开窗南望，竟对了定山，对了江帆，对了融化在阳光里的远山簇簇，发了十五六分钟的呆。

从杭州到富阳，四十二公里，以旧制的驿里来计算，约一九内外；汽车走走，一个钟头就可以到，一顿饭倒费去了我们百余分钟，我问老友，黄子久看到了这一块中段，也已经够了罢？他说："也还够，也还不够。"我的意思，是好花看到半开时，预备劝他回杭州去了，但我们的那位年轻气锐的汽车夫，却屈着指头算给我们听说："此去再行百里，两点半可到桐庐，在桐庐玩一个钟头，三点半开车，直驶杭州，六点准可以到。"本来是同野鹤一样的我们，多看点山水，当然也不会得患食丧之病；汽车只教能行，自然是去的，去的，去去也有何妨。

一出富阳，向西偏南，六十里地的旱程中间，山色又不同了。峰岭并不成重，而包围在汽车四周的一带，却呈露着千层万层的波浪。小小的新登县，本名新城，烟户不满千家，城墙像是土堡，而县城外的小山，小山上的小塔，却来得特别的多，一条松溪，本来也是很小的，但在这小人国似的山川城廓之中流过，看起来倒觉得很大了。像这样的一个小县里，居然也出了许远，出了杜建徽，出了罗隐那么的大人物，可见得山水人物，是不能以比例来算的。文弱的浙西，出个把罗隐，倒也算不得什么，但那堂堂的两位武将，自唐历宋以至吴越，仅隔百年，居然出了这两位武将，可真有点儿厉害。

车过新登，沿鼍江的一段，风景又变了一变；因路线折向了南，钱塘江隔岸的青山，万笏朝天，渐渐露起头角来了。鼍江就是江上常有二气，因杜建徽、罗隐生而不见的传说的产地；隔岸的高山，就是孙伯符的祖墓所在，地属富阳、浦江交界处的天子岗头。

从此经岘口，过窄溪，沿桐溪大江，曲折回旋，凡二三十里，直到桐君山的脚下。三面是山，一面是水，风景的清幽，林木的茂盛，石岩的奇妙，自然要比仙霞关、山阳坑更增数倍；不过曲折不如，雄大稍逊，这一点或者不好向由公路到过安徽到过福建的人夸一句大口。

桐君山上的清景，我已于三四年前来过之后速写过一篇《钓台的春昼》，由爱山爱水的人看来，或者对此真山真水会百看也不至生厌恶之情，但由我这支破笔写来，怕重写不上两句，就要使人讨厌了，因为我决没有这样的本领，这样的富于变化而生动的笔力。不过有一件事，却得声明，前次是月夜来看，这次是夕阳下来看的；我想风雨的中宵，或晴明的早午，来登此处，总也有一番异景，与前次这次我所看见的，完全不同。

桐君山下，桐溪与富春江合流之处，是渡头了。汽车渡江，更向西南直上，可以抄过富春山的背后，从西面而登钓台。我这次虽则不曾渡江，但在桐君山的殿阁的窗里，向西望去，只看见有一线的黄蛇，曲折缭绕在夕阳山翠之中；有了这条公路，钓台前面的那个泊船之处以及上山的道路，自然是可以不必修了，因为从富春山后面攀登上去，居高临下，远望望钓台，远望望钓台上下的山峡清溪，这飞鹰的下瞰，可以使严陵来得更加幽美，更加卓越。这一天晚上，六点多钟，车回到杭州的时候，我还在痴想，想几时去弄一笔整款来，把我的全家，我的破书和酒壶等都搬上这桐庐县的东西乡，或是桐君山，或是钓台山的附近去。

一九三四年十月二十二日去雁荡之前夜

超山的梅花

郁达夫

凡到杭州来游的人,因为交通的便利,和时间的经济的关系,总只在西湖一带,登山望水,漫游两三日,便买些土产,如竹篮纸伞之类,匆匆回去;以为雅兴已尽,尘土已经涤去,杭州的山水佳处,都曾享受过了。所以古往今来,一般人只知道三竺六桥,九溪十八涧,或西湖十景,苏小岳王;而离杭城三五十里稍东偏北的一带山水,现在简直是很少有人去玩,并且也不大有人提起的样子。

在古代可不同;至少至少,在清朝的乾嘉道光,去今百余年前,杭州人的好游的,总没有一个不留恋西溪,也没有一个不披蓑戴笠去看半山(即皋亭山)的桃花,超山的香雪的。原因是因为那时候杭州和外埠的交通,所取的路径都是水道;从嘉兴上海等处来往杭州,运河是必经之路。舟入塘栖,两岸就看得到山影;到这里,自杭州去他处的人,渐有离乡去国之感,自外埠到杭州来的人,方看得到山明水秀的一个外廓;因而塘栖镇,和超山、独山等处,便成了一般旅游之人对杭州的记忆的中心。

超山是在塘栖镇南,旧日仁和县(现在并入杭县了)东北六十里的永和乡的,据说高有五十余丈,周二十里(咸淳《临安志》作三十七丈),因其山超然出于皋亭、黄鹤之外,故名。

从前去游超山，是要从湖墅或拱宸桥下船，向东向北向西向南，曲折回环，冲破菱荇水藻而去的；现在汽车路已经开通，自清泰门向东直驶，至乔司站落北更向西，抄过临平镇，由临平山西北，再驰十余里，就可以到了；"小红唱曲我吹箫"的船行雅处，现在虽则要被汽车的机器油破坏得丝缕无余，但坐船和坐汽车的时间的比例，却有五与一的大差。

汽车走过的临平镇，是以释道潜的一首"风蒲猎猎弄轻柔，欲立蜻蜓不自由。五月临平山下路，藕花无数满汀洲"的绝句出名；而超山北面的塘栖镇，又以南宋的隐士，明末清初的田园别墅出名；介于塘栖与超山之间的丁山湖，更以水光山色，鱼虾果木出名；也无怪乎从前的文人骚客，都要向杭州的东面跑，而超山皋亭山的名字每散见于诸名士的歌咏里了。

超山脚下，塘栖附近的居民，因为住近水乡，阡陌不广之故，所靠以谋生的完全是果木的栽培。自春历夏，以及秋冬，梅子，樱桃，枇杷，杏子，甘蔗之类的出产，一年总有百万元内外。所以超山一带的梅林，成千成万；由我们过路的外乡人看来，只以为是乡民趣味的高尚，个个都在学林和靖的终身不娶，殊不知实际上他们却是正在靠此而养活妻孥的哩！

超山的梅花，向来是开在立春前后的；梅干极粗极大，枝杈离披四散，五步一丛，十步一坂，每个梅林，总有千株内外，一株的花朵，又有万朵左右；故而开的时候，香气远传到十里之外的临平山麓，登高而远望下来，自然自成一个雪海；近年来虽说梅株减少了一点，但我想比到罗浮的仙境，总也只有过之，不会不及。

从杭州到超山去的汽车路上，过临平山后，两旁已经有一处一处的梅林在迎送了，而汇聚得最多，游人所必到的看梅胜地，大抵总在汽车站西南，超山东北麓，报慈寺大明堂（亦称大明寺）前头，梅花丛里有一个周梦坡筑的宋梅亭在那里的周围五六里地的一圈地方。

　　报慈寺里的大殿（大约就是大明堂了罢？），前几年被寺的仇人毁坏了，当时还烧死了一位当家和尚，在殿东一块石碑之下。但殿后的一块刻有吴道子画的大士像的石碑，还好好地镶在壁里，丝毫也没有动。去年我去的时候，寺僧刚在募化重修大殿；殿外面的东头，并且已经盖好了三间厢房在作客室。后面高一段的三间后殿，火烧时也不曾烧去，和尚手指着立在殿后壁里的那一块石刻大士像碑说，"这都是这位大慈大悲救苦救难广大灵感观世音菩萨的福佑！"

　　在何春渚删成的《塘栖志略》里，说大明寺前有一口井，井水甘洌！旁树石碣，刻有"一人堂堂，二曜重光，泉深尺一，点去冰旁；二人相连，不欠一边，三梁四柱烈火然，添却双钩两日全"之碑铭，不识何意等语。但我去大明堂（寺）的时候，却既不见井，也不见碑；而这条碑铭，我从前是曾在一部笔记叫作《桂苑丛谈》的书里看到过一次的。这书记载着："令狐相公出镇淮海日，支使班蒙，与从事诸人，俱游大明寺之西廊，忽睹前壁，题有此铭，诸宾皆莫能辨，独班支使曰：'得非大明寺水，天下无比八字乎？'众皆恍然。"从此看来，《塘栖志略》里所说的大明寺井碑，应是抄来的文章，而编者所谓不识何意者，还是他在故弄玄虚。当然，寺在山麓，地又近水，寺前寺后，井是当然有一口的；井里的泉，也当然是清洌的；不过此碑此铭，却总有点儿可疑。

　　大明寺前的所谓宋梅，是一棵曲屈苍老，根脚边只剩了两条树皮围拱，中间空心，上面枝干四叉的梅树。因为怕有人折，树外面全部是用一铁丝网罩住的。树当然是一株老树，起码也要比我的年纪大一两倍，但究竟是不是宋梅，我却不敢断定。去年秋天，曾在天台山国清寺的伽蓝殿前，看见过一株所谓隋梅；前年冬天，也曾在临平山下安隐寺里看见过一株所谓唐梅；但所谓隋，所谓唐，所谓宋等等，我想也不过"所谓"而已，究竟如何，还得去问问植物考古的专家才行。

出大明堂，从梅花林里穿过，西面从吴昌硕的坟旁一条石砌路上攀登上去，是上超山顶去的大路了。一路上有许多同梦也似的疏林，一株两株如被遗忘了似的红白梅花，不少的坟园，在招你上山，到了半山的竹林边的真武殿（俗称中圣殿）外，超山之所以为超，就有点感觉得到了；从这里向东西北的三面望去，是汪洋的湖水，曲折的河身，无数的果树，不断的低岗，还有塘的两面的点点的人家；这便算是塘栖一带的水乡全景的鸟瞰。

从中圣殿再沿石级上去，走过黑龙潭，更走二里，就可以到山顶，第一要使你骇一跳的，是没有到上圣殿之先的那一座天然石筑的天门。到了这里，你才晓得超山的奇特，才晓得志上所说的"山有石鱼石笋等，他石多异形，如人兽状。"诸记载的不虚。实实在在，超山的好处，是在山头一堆石，山下万梅花，至若东瞻大海，南眺钱江，田畴如井，河道如肠，桑麻遍地，云树连天等形容词，则凡在杭州东面的高处，如临平山黄鹤峰上都用得着的，并非是超山独一无二的绝景。

你若到了超山之后，则北去超山七里地外的塘栖镇上，不可不去一趟。在那些河流里坐坐船，果树下跑跑路，趣味实在是好不过。两岸人家，中夹一水；走过丁山湖时，向西面看看独山，向东首看看马鞍龟背，想像想像南宋垂亡，福王在庄（至今其地还叫做福王庄）上所过的醉生梦死脂香粉腻的生涯，以及明清之际，诸大老的园亭别墅，台榭楼堂，或康熙乾隆等数度的临幸，包管你会起一种像读《芜城赋》似的感慨。

又说到了南宋，关于塘栖，还有好几宗故事，值得一提。第一，卓氏家乘《唐栖考》里说："唐栖者，唐隐士所栖也；隐士名珏，字玉潜，宋末会稽人。少孤，以明经教授乡里子弟而养其母，至元戊寅，浮图总统杨连真伽，利宋攒宫金玉，故为妖言惑主听，发掘之。珏怀愤，乃货家具，召诸恶少，收他骨易遗骸，瘗兰亭山后，而树冬青树识焉。珏后隐居唐栖，人义之，遂名其地为唐栖。"这镇名的来历说，原是人各不同的，但这也岂不是一件极有趣的故实么？还有塘栖西龙河圩，相传有宋宫人墓；昔有士子，秋夜凭栏对月，忽闻有环佩之声，不寐听之，歌一绝云："淡淡春山抹未浓，偶然还记旧行踪，自从一入朱门去，便隔人间几万重。"闻之酸鼻。这当然也是一篇绝哀艳的鬼国文章。

塘栖镇跨在一条水的两岸，水南属杭州，水北属德清；商市的繁盛，酒家的众多，虽说只是一个小小的镇集，但比起有些县城来，怕还要闹热几分。所以游过超山，不愿在山上吃冷豆腐黄米饭的人，尽可以上塘栖镇上去痛饮大嚼；从山脚下走回汽车路去坐汽车上塘栖，原也很便，但这一段路，总以走走路坐坐船更为合适。

一九三五年一月九日

寂寞的春朝

郁达夫

大约是年龄大了一点的缘故罢？近来简直不想行动，只爱在南窗下坐着晒晒太阳，看看旧籍，吃点容易消化的点心。

今年春暖，不到废历的正月，梅花早已开谢，盆里的水仙花，也已经香到了十分之八了。因为自家想避静，连元旦应该去拜年的几家亲戚人家都懒得去。饭后瞌睡一醒，自然只好翻翻书架，检出几本正当一点的书来阅读。顺手一抽，却抽着了一部退补斋刻的陈龙川的文集。一册一册的翻阅下去，觉得中国的现状，同南宋当时，实在还是一样。外患的迭来、朝廷的蒙昧、百姓的无智、志士的悲哽，在这中华民国的二十四年，和孝宗的乾道淳熙，的确也没有什么绝大的差别，从前有人吊岳飞说："怜他绝代英雄将，争不迟生付孝宗！"但是陈同甫的《中兴五论》，上孝宗皇帝的《三书》，毕竟又有点什么影响？

读读古书，比比现代，在我原是消磨春昼的最上法门。但是且读且想，想到了后来，自家对自家，也觉得起了反感。在这样好的春日，又当这样有为的壮年，我难道也只能同陈龙川一样，做点悲歌慷慨的空文，就算了结了么？但是一上书不报，再上，三上书也不报的时候，究竟一条独木，也支不起大厦来的。为免去精神的浪费，为避掉亲友的来扰，我还是拖着双脚，走上城隍山去看热闹去。

自从迁到杭州来后，这城隍山真对我发生了绝大的威力。心中不快的时候，闲散无聊的时候，大家热闹的时候，风雨晦冥的时候，我的唯一的逃避之所就是这一堆看去也并不高大的石山。去年旧历的元旦，我是上此地来过的；今年虽则年岁很荒，国事更坏，但山上的香烟热闹，绿女红男，还是同去年一样。对花溅泪，怕要惹得旁人说煞风景，不得已我只好于背着手走下山来的途中，哼它两句旧诗：

> 大地春风十万家，偏安原不损繁华。
> 输降表已传关外，册帝文应出海涯。
> 北阙三书终失策，暮年一第亦微瑕。
> 千秋论定陈同甫，气壮词雄节较差。

走到了寓所，连题目都想好了，是《乙亥元日，读陈龙川集，有感时事》。

一九三五年二月四日

原载1935年2月6日杭州《东南日报·沙发》第2229期

春　愁

郁达夫

说秋月不如春月的，毕竟是"只解欢娱不解愁"的女孩子们的感觉，像我们男子，尤其是到了中年的我们这些男子，恐怕到得春来，总不免有许多懊恼与愁思。

第一，生理上就有许多不舒服的变化；腰骨会感到酸痛，全体筋络，会觉得疏懒。做起事情来，容易厌倦，容易颠倒。由生理的反射，心理上自然也不得不大受影响。譬如无缘无故会感到不安、恐怖，以及其他的种种心状，若焦躁、烦闷之类。

而感觉得最切最普遍的一种春愁，却是"生也有涯"的我们这些人类和周围大自然界的对比。

年去年来，花月风云的现象，是一度一番，会重新过去，从前是常常如此，将来也决不会改变的。可是人呢？号为万物之灵的人呢？却一年比一年的老了。由浑噩无知的童年，一进就进入了满贮着性的苦闷，智的苦闷的青春。再不几年，就得渐渐的衰，渐渐的老下去。

从前住在上海，春天看不见花草，听不到鸟声，每以为无四季变换的洋场十里，是劳动者们的永久的狱。对于春，非但感到了恐怖，并且也感到了敌意，这当然是春愁。现在住上了杭州，到处可以看湖山，到处可以听黄鸟，但春浓反显得人老，对于春又新起了一番妒意，春愁可更加厚了。

在我个人，并且还有一种每年来复的神经性失眠的症状，是从春暮开始，入夏剧烈，到秋方能痊治的老病。对这死症的恐怖，比病上了身，实际上所受的肉体的苦痛还要厉害。所以春对我，绝对不能融洽，不能忍受。年纪轻一点的时候，每思到一个终年没有春到的地方去做人；在当时单凭这一种幻想，也可以把我的春愁减杀一点，过几刻快活的时间。现在中年了，理智发达，头脑固定，幻想没有了。一遇到春，就只有愁虑，只有恐惧。

去年因为新搬上杭州来过春天，近郊的有许多地方，还不曾去跑过，所以二三四的几个月，就完全花去在闲行跋涉的筋肉劳动之上，觉得身体还勉强对付了过去。今年可不对了，曾经去过的地方，不想再去，而新的可以娱春的方法，又还没有发现。去旅行么？既无同伴，又缺少旅费。读书么？写文章么？未拿起书本，未捏着笔，心里就烦躁得要命。喝酒也岂能长醉，恋爱是尤其没有资格了。

想到了最后，我只好希望着一种不意的大事件的发生，譬如"一·二八"那么的飞机炸弹的来临，或大地震大革命的勃发之类，或者可以把我的春愁驱散，或者简直可以把我的躯体毁去；但结果，这当然也不过是一种无望之望的同少年时代一样的一种幻想而已。

一九三五年二月十五日

原载1935年3月5日《文饭小品》半月刊第2期

花　坞

郁达夫

"花坞"这一个名字，大约是到过杭州，或在杭州住上几年的人，没有一个不晓得的；尤其是游西溪的人，平常总要一到花坞。二三十年前，汽车不通，公路未筑，要去游一次，真不容易；所以明明知道这花坞的幽深清绝，但脚力不健，非好游如好色的诗人，不大会去。现在可不同了，从湖滨向北向西的坐汽车去，不消半个钟头，就能到花坞口外。而花坞的住民，每到了春秋佳日的放假日期，也会成群结队，在花坞口的那座凉亭里鹄候，预备来做一个临时导游的角色，好轻轻快快的赚取游客的两毛小洋；现在的花坞，可真成了第二云栖，或第三九溪十八涧了。

花坞的好处，是在它的三面环山，一谷直下的地理位置，石人坞不及它的深，龙归坞没有它的秀。而竹木萧疏，清溪蜿绕，庵堂错落，尼媪翩翩，更是花坞独有的迷人风韵。将人来比花坞，就像浔阳商妇，老抱琵琶；将花来比花坞，更像碧桃开谢，未死春心；将菜来比花坞，只好说冬菇烧豆腐，汤清而味隽了。

我的第一次去花坞，是在松木场放马山背后养病的时候，记得是一天日和风定的清秋的下午，坐了黄包车，过古荡，过东岳，看了伴凤居，访过风木庵（是钱塘丁氏的别业），感到了口渴，就问车夫，这附近可有清静的乞茶之处？他就把我拉到了花坞的中间。

伴凤居虽则结构堂皇，可是里面却也坍败得可以；至于杨家牌楼附近的风木庵哩，丁氏的手迹尚新，茅庵的木架也在，但不晓怎么，一走进去，就感到了一种扑人的霉灰冷气。当时大厅上停在那里的两口丁氏的棺材，想是这一种冷气的发源之处，但泥墙倾圮，蛛网绕梁，与壁上挂在那里的字画屏条一对比，极自然的令人生出了"俯仰之间，已成陈迹"的感想。因为刚刚在看了这两处衰落的别墅之后，所以一到花坞，就觉得清新安逸，像世外桃源的样子了。

自北高峰后，向北直下的这一条坞里，没有洋楼，也没有伟大的建筑，而从竹叶杂树中间透露出来的屋檐半角，女墙一围，看将过去却又显得异常的整洁，异常的清丽。英文字典里有cottage的这一个名字；而形容这些茅屋田庄的安闲小洁的字眼，又有着许多像tiny、dainty、snug的绝妙佳词，我虽则还没有到过英国的乡间，但到了花坞，看了这些小庵却不能自已的便想起了这种只在小说里读过的英文字母。我手指着那些在林间散点着的小小的茅庵，回头来就问车夫："我们可能进去？"车夫说："自然是可以的。"于是就在一曲溪旁，走上了山路高一段的地方，到了静掩在那里的，双黑板的墙门之外。

车夫使劲敲了几下，庵里的木鱼声停了，接着门里头就有一位女人的声音，问外面谁在敲门。车夫说明了来意，铁门闩一响，半边的门开了，出来迎接我们的，却是一位白发盈头、皱纹很少的老婆婆。

庵里面的洁净，一间一间小房间的布置的清华，以及庭前屋后树木的参差掩映，和厅上佛座下经卷的纵横，你若看了之后，仍不起皈依弃世之心的，我敢断定你就是没有感觉的木石。

那位带发修行的老比丘尼去为我们烧茶煮水的中间，我远远听见了几声从谷底传来的鹊噪的声音；大约天时向暮，乌鹊来归巢了，谷里的静，反因这几声的急噪，而加深了一层。

我们静坐着，喝干了两壶极清极酽的茶后，该回去了，迟疑了一会，我就拿出了一张纸币，当作茶钱，那一位老比丘尼却笑起来了，并且婉慢的说："先生！这可以不必；我们是清修的庵，茶水是不用钱买的。"

推让了半天，她不得已就将这一元纸币交给了车夫，说："这给你做个外快罢！"

这老尼的风度，和这一次逛花坞的情趣，我在十余年后的现在，还在津津的感到回味。所以前一礼拜的星期日，和新来杭州住的几位朋友遇见之后，他们问我"上那里去玩？"我就立时提出了花坞，他们是有一乘自备汽车的，经松木场，过古荡东岳而去花坞，只须二十分钟，就可以到。

十余年来的变革，在花坞里也留下了痕迹。竹木的清幽，山溪的静妙，虽则还同太古时一样，但房屋加多了，地价当然也增高了几百倍；而最令人感到不快的，却是这花坞的住民的变作了狡猾的商人。庵里的尼媪，和退院的老僧，也不像从前的恬淡了，建筑物和器具之类，并且处处还受着了欧洲的下劣趣味的恶化。

同去的几位，因为没有见到十余年前花坞的处女时期，所以仍旧感觉得非常满意，以为九溪十八涧、云栖决没有这样的清幽深邃；但在我的内心，却想起了一位素朴天真，沉静幽娴的少女，忽被有钱有势的人奸了以后又被弃的状态。

一九三五年三月二十四日

据1936年3月上海文学创造社初版《达夫游记》

皋亭山

郁达夫

皋亭山俗称半山,以"半山娘娘庙"出名。地在杭城东北角,与城市相去大约有十五六里路之遥。上半山进香或试春游的人,可以从万安桥头下船,一直的遵水路向东北摇去。或从湖墅,拱宸桥以及城里其他各埠下船去都行。若从陆路去,最好是坐火车到笕桥下车,向北走去,到半山只有七里,倘由拱宸桥走去,怕要走十多里路了,而路又曲折容易走错。汽车路,不知通到了什么地方,因为航空学校在皋亭山下笕桥之南三五里,大约汽车路总一定是有的。

先说明了这一条路径,其次要说我去游皋亭的经验了,这中间,还可以插叙些历史上的传说进去。

自前年搬到了杭州来住后,去年今年总算已经过了两个春天。我所最爱的季节,在江南是秋是冬,以及春初的一二个月。以后天气一热,从春晚到夏末,我简直是一个病夫;晚上睡不着觉,日里头昏脑涨,不吃酒也像是个醉狂的人。去年春天,为防止这一种疰夏——其实也可以说是疰春——病的袭来,老早我就在防卫,想把身体炼得好些,可以敌得过浓春的压迫,盛夏的熏蒸。故而到了春初,我就日日的游山玩水,跑路爬高,书也不读,文章也不写。有一天正在打算找出一处不曾去过的地方来,去游它一天,消磨那一日长闲的春昼,恰巧有一位多年不见的诗人何君来了，他是住在临平附近的人，对于那一边的地理，是很熟悉的。我问说："临平山，超山，唐栖镇，都已经去过了，东面还有更可以玩的地方没有？"他垂头想了一想，就说："半山你到过没有？"我说："没有！"于是就决定了一道去游半山。

半山本名皋亭山，在清朝各诗人的集子里，记游皋亭看桃花的诗词杂文很多很多；我们去的那一天，桃花虽还没有开，但那一年春天来得较迟，梅花也许是还有的。皋亭虽不是出梅子的地方，可是野人篱落，一树半枝的古梅，倒也许比梅林更为有趣；何君从故乡来，说迟梅还正在盛开，而这一天的天气，也正适合于探梅野步。

我们去时，本打算上笕桥去下车，以后就走到皋亭山上庙里去吃午餐的；但一到车站，听说四等车已经开了，于是不得已只能坐火车到了拱宸桥。

在拱宸桥下车，遥望着皋亭的山色，向北向东，穿桑林，过小桥，一路的走去，那一种萧疏的野景，实在也满含着牧歌式的情趣。到了离皋亭山不远，入沿堤一处村子里的时候，梅花已经看了不少，说话也说尽了两三个钟头，而肚里也有点像贪狼似的饿了。

我们在堤上的一家茶馆里，烘着太阳，脱下衣服，先喝了两大碗土烧酒，吃了十几个茶叶蛋，和一大包花生米豆腐干。村里的人，看见我们食量的宏大，行动的奇特，在这早春的农闲期里，居然也聚拢了许多农工织女，来和我们攀谈。中间有一位抱小孩子的二十二三的少妇，衣服穿得异常的整齐，相貌也生得非常之完满，默默微笑着坐在我们一丛人的边上，在听我们谈海天，说笑话，而时时还要加以一句两句的羞缩的问语。何诗人得意之至，酒喝完后，诗兴发了，即席就吟成了一首七言长句,后来就题上了"半山娘娘庙"的墙壁;他要我和,我只做成了一半,后一半却是在回来的路上做的,当然是出韵了,原诗已经记不出来,我现在先把我的和诗抄在下面:

春愁如水刀难断,村酿偏醇醉易狂。
笑指朱颜称白也,乱抛青眼到红妆。
上方钟定夫人庙,东阁诗成水部郎。
看遍野梅三百树,皋亭山色暮苍苍。

因为我们在茶馆里所谈的,就是这一首诗里的故实。

他们说:"半山娘娘最有灵感,看蚕的人家,每年来这里烧香的,从二月到四月,总有几千几万。"

他们又说:"半山娘娘,是小康王封的。金人追小康王到了这山的半腰,小康王无处躲了,幸亏这娘娘一把沙泥,撒瞎了追来的金人的眼睛。"

又有一个老农夫订正这一个传说:"小康王逃入了半山的山洞,金人赶到了,幸亏娘娘把一篓细丝倒向了洞口,因而结成了蛛网。金人看见蛛网满洞,晓得小康王决不躲在洞里,所以又远追了开去。"

凡此种种,以及香灰疗病,娘娘托梦等最近的奇迹,他们都说得活灵活现,我们仿佛是身到了西方的佛国。故而何诗人做了诗,而不是诗人的我也放出了那么的一"臭"。其实呢,半山庙所祀的为倪夫人;据说,金人来侵,村民避难入山;向晚大家回村去宿,独倪夫人怕被奸污,留居山上,夜间为毒蛇咬死。人悯其贞,故立庙祀之。所谓撒沙,所谓倒丝筐,都是由这传说里滋生出来的枝节,而祠为宋敕,神为女神,却是实事。

我们饱吃了一顿,大笑了一场,就由这水边的村店里走出，沿堤又走了二三里路，就走上了皋亭脚下的一个有山门在的村子。这里人家更多，小店里的货色也比较得完备。但村民的新年习惯，到了阴历的二月还未除去，山门前的亭子里，茶店里，有许多人围着在赌牌九。何诗人与我，也挤了进去，押了几次，等四毛小洋输完后，只好转身入山门，上山去瞻仰半山娘娘的像了。

庙的确是在半山，庙里的匾额，签文，以及香烛之类，果然堆叠得很多。但正殿三间，已经倾颓灰黑了，若再不修理，怕将维持不下去。西面的厢房一排数间，是厨房，也是管庙管山的人的宿舍，后面更有一个观音堂，却是新近修理粉刷过的。

因为半山庙的前后左右，也没有什么好看，桃树也并没有看见，梅花更加少了，我们就由倪夫人庙西面的一条山路走上了山顶。登高而望远，风景是总不会坏的，我们在皋亭山顶，自然也看见了杭州城里的烟树人家与钱塘江南岸的青山。

从山顶下来，时间已经不早了，何诗人将诗题上了西厢的粉壁后，两人就跑也似的走到了笕桥。

一年的岁月，过去得很快；今年新春刚过，又是饲蚕的时节了，前几天在万安桥头闲步，并且还看见了桅杆上张着黄旗的万安集、半山、超山进香的香船，因而便想起了去年的游迹，因而又发出了一"臭"：

半堤桃柳半堤烟，急景清明谷雨前。
相约皋亭山下去，沿河好看进香船。

一九三五年三月二十七日

龙门山路

郁达夫

杭州近处一二十里路内外的风景，从前在路未筑好，交通不便的时候，跑跑原也很费力，很可以满足满足一般生长在城市中的骚人雅士的好奇冒险之心；但现在可不同了，汽车一坐，一个钟头至少至少可以跑上六七十里（三十余至四十公里）的路；像云栖，像花坞，像九溪十八涧，像超山等处，从前非得前一日预备糇粮，诘朝而往，信宿始返的地方，现在只消有三个钟头，就可以去逛得，往游的人一多，游者当然也不甚珍视了；所以最近，住在杭州的人，只想发现些一天可以来回，一半开化，一半还保存着原始面目，山水清幽，游人较少，去去不甚容易，但也不十分艰难的地点，来满足他们的好奇好胜的野心。故而富阳，桐庐，隔江的萧山，绍兴等处，在近两年来，就成了杭州人上流阶级的暇日游赏之地。可是这只以有自备汽车，或在放假日中，可以每人花五十块钱的最上阶级为限，一般中下或中上级的游人，能力还有点不及；因而小和山，龙门山，白龙潭，午潮山的一带，就成了今年游春期里最时髦的一个目标。

小和山在留下镇西南十余里地的地方，山上有一座庙叫金莲寺。这一带，直至余杭的闲林埠为止，本是属于西溪区域以内的。但因稍南有千丈岩，再西再南，又有一座临江的定山，以及许多高低连迭的午潮山，白龙山之类，所以钱塘张道所编的一部《定乡小识》（是《武林掌故丛编》里的一种，共十六卷）里，把这些山水都划归入了定乡的范围。所谓定乡者，当然是以定山而命名，有定南，定北，安吉，长寿四乡，又因它们据于县治的上游，所以又名上四乡，以示与县下的孝女，南北钦贤，调露的四乡境界的不同。大抵古时定乡的界线，东自江边六和塔算起，西至富阳为止，南望萧山，北接余杭，区域是很模糊辽阔的。现在我们要记小和山，龙门山，午潮山的一带，也只能马马虎虎，遵从古意，暂且以它们为定乡以内的水水山山；而《定乡小识》的第四卷内之所记，就是这一路的山容水貌，古迹诗词，我在下面，也有不少词句是抄这一卷的记述的。

先说小和山罢；小和山脚，就是杭徽支路达小和山的汽车路的终点。自杭州坐汽车去，不消一个钟头，就可以到了。从山脚走上山去，曲折盘旋，大约要走三十分钟的石级，才可以到得顶上的金莲寺里。这一段上山路的风景，可以借《定乡小识》的记载来描写，虽然是古人的文言文，但也没有"白发三千丈"么的夸过其实，是可以信用的："小和山在龙门山东，多竹树；游人登山，行翠雾中，山径盘曲，十步一折，南出龙门坑，抵转塘，以达于江；北下西溪。"

我们去的那天，同去者是一群中外杂凑的难民似的旅行团，时候又当春意阑珊香火最旺的清明谷雨之前，满途的翠雾，当然是可以不必说，而把这翠雾衬托得更加可爱更加生色的，却是万紫千红的映山红与紫藤花。你即使还不曾到过这一处地方，你且先闭上眼睛，想一想这一个混合的色彩！上面当然是青天，游人的衣服是白的，太阳光有时也红，有时也黑（在树阴下），有时也七色调和，而你的眼睛，却在这杂色丛中做乱舞乱跳的飞花蝴蝶，这大约也可以说是够风流了罢！但是更风流的事情，还在后面。

金莲寺里奉祀的菩萨，是玄天上帝的圣帝菩萨，据说，极有灵验。自二月至四月，香火之盛，可以抵得过老东岳的一半，而尤以"饭回（还）勿盛（曾）且（吃）哩！"的松江乡民为最多。因而在寺的门前，当这一个春香期里，有茶棚，有菜馆，还有专卖竹器的手工人。油条，烧酒，毛笋，油豆腐，却是这山上的异味。

关于圣帝菩萨，我早想做一点考证，但遍阅道书，却仍是茫无头绪。只从一部不能当做正传看的草本书里，知道他是一位太子，在武当出家修行；手执宝剑，头戴金圈，是一位伏魔大帝。所谓魔者，就是他蜕化时嫌有烟火气味，从自己肚里挖出的一个胃和一盘肠。这圣帝的肠和胃，也受了圣化，被挖出之后，就变了一个龟与一条蛇，在世上作恶害人。经圣帝菩萨收服之后，便变了他的龟蛇二将。还有一个经他收服的王灵官，是他最信任最得意的侍从武都头；一手捏钢鞭，一手作灵结，红脸赤发，正直聪明，是这一位圣帝手下最有灵感，最不顾私情的周仓，李逵，牛皋一类的人物。而圣帝的名姓，和在世时的籍贯时代，却言人人殊，终于没有一个定论。

以我的私意推测起来，大约这一位圣帝菩萨，受的一定是佛家的影响，系产生于唐以后的无疑。因为释迦是太子，是入山修道者，历尽了种种苦难魔折，才成正果，而他的经历出身，简直和圣帝菩萨是一样。大约道家见到了佛法的流行，这我们中国固有的正教竟见得要被外来的宗教征服了，所以才倡始了这一种传说。延至宋代，道教大盛，赵氏南迁，余杭大涤山下的洞霄宫，天台桐柏山上的桐柏宫，威势赫奕，压倒了禅宗。因而西溪一带，直至余杭，有的是灵官殿，圣武庙，而释家的寺院，都是清代重修的殿宇。明朝永乐，因燕贼篡位，难得民心，故而托言圣帝转世，大修武当的道院；而他的末子崇祯，也做了朱天大帝，在杭州附近，出尽了威风。由此类推起来，从可知道这一带的高山道观，在明朝也是香火很盛的，一路上去，可以直溯到安徽的白岳齐云。

野马一放，放得太远了，我们只好再回到一九三五年春季的小和山来。就再说金莲寺吧！金莲寺是有田产的寺观，每年收入的租谷，尽可以养得活十二三位寺内的僧侣，寺的组织继承，是和浙东的寺院一样，大有俗家的气味；他们奉祀的虽是圣帝菩萨，而穿的却是和尚的衣服；因为富有寺产，所以打官司，夺产业这类的事情，也是免不了的。我们当天在金莲寺外吃了一阵油条烧酒之后，因为去的目的地是白龙潭，所以只在寺外门前闹了一阵，便向南面的一条石级路走下，上龙门坑去了。这龙门坑的一个村子，真是外人不识，村人不知，武陵渔父，也不曾到过的一座世外的桃源，它的形势，和在郎当岭上，看下去的山村梅家坞，有点相仿佛。

龙门坑居民二百余家，十分之六是葛姓，村中一溪，断桥错落，居民小舍，就在溪水桥头，山坡岩下，排列分配得极匀极美。村的三面，尽是高山，山的四面就是万紫千红的映山红与紫藤花。自白龙潭下流出来的溪水，可以灌田，可以助势，所以水碓磨坊，随处都是。居民于种茶种稻之外，并且也利用水势，兼营纸业。这一种和平的景象，这一种村民乐业的神情，你若见了，必定想辞去你所有的委员教员×员的职务，来此地闲居课子，或卖剑买牛，不问世事。而这村中蛟龙庙（或作娇龙庙）里的一区小学儿童的歌声，更加要使你想到没有外国势力侵入，生活竞争不像现在那么激烈的羲皇以上的时代去。我忍不住了，就乘大家不注意的中间，偷偷在笔记簿上写下了这么的二十八字：

> 小和山下蛟龙庙，聚族安居二百家。
> 好是阳春三月暮，沿途开遍紫藤花。

从龙门坑西去的五六里路中间，两边尽是午潮山，龙门山，千丈岩，牛滑岭，倒吊岭，九曲岭，狮子岩等崇山峻岭拖下来的高峰；中有一溪，因成一谷。山上的花和石，溪里的水和天，三步一转，五步一折，到了谷底的时候，要上山了，这时候你就感得到一年不断的天风，和名叫龙门，从两峰夹峙的石壁之间流下来的瀑布声音的淙淙霍霍。

你要脱去了文明人的鞋袜，光赤着从母胎里带来的双足，有时候水大，也须还要撩上你本来不长的短裤，露着白腿，不惜臀部（因为要滑跌而坐在水中），才能到得那所谓的龙门山夹，从这山夹里流下来的白龙潭瀑布的身边。

上面说过的所谓更风流的事情，就在这一段了。小姐们太太们，到了此地，总算是已经历尽了千辛和万苦；从此回去么？瀑布声音，是听得见了；爱惜丝袜与高跟皮鞋么？那你就一步也移动不得。坐轿子么？你一个人走，尚且危险，那里有一乘轿子与两个轿夫的容身之地？所以你不来则已，你若一来，就得大家平等，一律的赤着足，撩着衣，坐臀庄，爬石隙，大家只好做一个原始时代的赤裸裸的亚当与夏娃；不必客气，毫无折扣，要爬过山的半腰，再顺溪流而上，直到两山壁峙的幽黯的山坳，才看得见那一条白龙飞舞似的珠帘的彩瀑。瀑身并不宽，瀑流也并不高（大约总只有五丈余高），可是在杭州附近，在这一个千岩万壑不知去路的山间，偶尔路一转折，就见到了这一条只在书的插画里见过似的飞瀑，岂不是已经可以算一件奇迹了么？风流不风流，且不必去管它，总之你费半日的心思和劳力，最后就可以得到这一点怡悦心身，满足好奇的酬报，岂不是比盼望了两三个月之久，而终于也许还不能得到一个末尾的航空奖券稳健有趣得多？

　　白龙潭的出名，及它的所以成为今年游春的时髦地点的原因，大约从上面的一段记述里，大家可以明白了；现在我还想参考《定乡小识》，以及这次去游的经验，再补叙几句进去。

　　原来这一带的地域，古时候似乎都叫做龙门山路的；而所谓龙门山者，究竟是那一支山，却很不容易辨清。白龙潭瀑布所在的地方，两峰夹峙，绝似龙门，按理当以此处为龙门山的中心，但厉鹗的《宿龙门山巢云上人房》的那一首五言律诗的小注里，又说山在钱塘之西，俗名小和山。厉鹗当然是不对，可是现在的村人，也只把白龙潭所在的一带，叫做白龙山而已，并无龙门山的这一个名称。在上白龙潭去的路旁，就在龙门坑村里一支山上，有一条新辟的山路，是上白龙庵去的。这白龙庵系在山的东南面，地势极南，下面可以俯瞰定乡北谷以及钱塘江的之字形的江流，游人大抵不到，可是地方却是最妙也没有的一处高地；而自白龙庵西下白龙潭，也须走两三里路，才可以看得到白龙潭瀑布的来源；若以这山为龙门山，那山的一面，龙门的西面半扇，又没有了名字了，所以也不大妥当。我想非地理学家的我们这些游人，最好是只能将错就错，以这一带的地域，为龙门山的辖地；将白龙潭与白龙山，统视作了龙门山的支脉，那才可以与古书不背了。在这里，我只希望去看白龙潭瀑布的人多一些，可以将那条山路踏平；更希望去游的人，能从龙门坑转向南去，出转塘去坐汽车，可以免去回来时小和山岭的一条山路的跋涉；最后还希望将回到龙门坑村里，再去午潮山的那一点气力省下，转向南面的山上叫做白龙庵的地方去看一看白龙潭瀑布的来源，与钱塘江江上的风帆，因为上午潮山去的一路景色，以及山上的眺望，是远不及现在有一所农场在那里的白龙庵上面的宽敞伟大的。

一九三五年四月五日

城里的吴山

郁达夫

　　不管是到过或没有到过杭州的人，只须是受过几年中等教育的，你倘若问他："杭州城里有什么大自然的好景？"他总会毫不思索地回复你一声"西湖"！其实西湖却是在从前的杭州城外的，以其在杭城之西而得名。真正在杭州城里的大观，第一要推吴山（俗名城隍山），可是现在来杭州的游客，大半总不加以注意；就是住在杭州的本地人，也一年之中去不得几次，这才是奇事。我这一回来称颂吴山，若说得僭一点，也可以说是"我的杭州城的发见"，以效My Discovery of London之颦；不过吴山在辛亥革命以前，久已经是杭州惟一的游赏之地，现在的发见，原也只是重翻旧账而已。

吴山（一）

吴山（二）

"吴山，春秋时为吴南界，以别于越，故曰吴山。或曰，以伍子胥故，讹伍为吴，故《郡志》亦称胥山，在镇海楼（即鼓楼）之右。盖天目为杭州诸山之宗，翔舞而东，结局于凤凰山；其支山左折，遂为吴山；派分西北，为宝月，为蛾眉，为竹园；稍南为石佛，为七宝，为金地，为瑞石，为宝莲，为清平，总曰吴山。……"

这是田叔禾《西湖游览志》卷十二记南山城内胜迹中之关于吴山的记载。二十余年前，杭州人说是出游，总以这吴山为目的；脚力不继的人，也要出吴山的脚下，上涌金门外三雅园等地方去喝茶；自辛亥革命以来，旗营全毁，城墙拆了，游人就集中在湖滨，不再有上城隍山去消磨半日光阴的事情了。

吴山的好处，第一在它的近，第二在它的并不高，元时平章答剌罕脱欢所甃的那数百级的石级，走走并不费力。可是一到顶上，掉头四顾，却可以看得见沧海的日出，钱塘江江上的帆行，西兴的烟树，城里的人家；西湖只像一面圆镜，到城隍山上去俯看下来，却不见得有趣，不见得娇美了。还有一件吴山特有的好处，是这山上的怪石的特多；你若从东面上山，一直的向南向西，沿岭脊走去，在路上有十几处可以看到这些神工鬼斧的奇岩怪石。假山垒不到这样的巧，真山也决没有这样的秀，而襟江带湖，碧天四匝，僧庐道院，画阁雕栏，茂林修竹，尘市炊烟等景物，还是不足道的余事。

还有一层，觉得现在的吴山，对于我，比从前更觉得有味的，是游人的稀少。大约上吴山去的，总以春秋二节的烧香客为限；一般的游人，尤其是老住在杭州的我所认识的许多朋友，平时决不会去的。乡下的烧香客，在香市里虽则拥挤不堪，可是因为我和他们并不相识，所以虽处在稠人广众之中，我还可以尽情地享受我的孤独。

自迁到杭州来后，这城隍山的一角，仿佛是变了我的野外的情人，凡遇到胸怀悒郁，工作倦颓，或风雨晦暝，气候不正的时候，只消上山去走它半天，喝一碗茶两杯酒，坐两三个钟头，就可以恢复元气，爽飒地回来，好像是洗了一个澡。去年元日，曾去登过，今年元日，也照例的去；此外凡遇节期，以及稍稍闲空的当儿，就是心里没有什么烦闷，也会独自一个踱上山去，痴坐它半天。

前次语堂来杭，我陪他走了半天城隍山后，他也看出了这山的好处来了，我们还谈到了集资买地，来造它一个俱乐部的事情。大约吴山卜筑，事亦非难，只教有五千元钱，以一千元买地，四千元造屋，就可以成功了；不过可惜的，是几处地点最好的地方，都已经被有钱有势，不懂山水的人侵占了去，我们若来，只能在南山之下，买几方地，筑数椽屋；处境不高，眺望也不能开畅，与山居的原意，小有不合而已。

不久之前，更有几位研究中国文学的外人来游；我也照例的陪他们游过吴山之后，他们问我说："金人所说的立马吴山第一峰，是什么意思？"他们以为吴山总是杭州最高的山，所以金人会有这样的诗语。我一时解答不出，就只指示了他们以一排南宋故宫的遗址。大约自凤山门以西，沿凤凰山而北的一段，一定是南宋的大门，穿过万松岭，可以直达湖滨的。他们才豁然大悟地说："原来是如此，立马吴山，就可以看得到宫城的全部，金人的用意也可算深了。"这一个对于第一峰三字的解释，不知究竟正确不正确。但南宋故宫的遗址，却的确可以由城隍山或紫阳山的极顶，看得一望无遗的。

一九三五年五月八日

玉皇山

郁达夫

杭州西湖的周围，第一多若是蚊子的话，那第二多当然可以说是寺院里的和尚尼姑等世外之人了。若五台、普陀各佛地灵场，本来为出家人所独占的共和国，情形自然又当别论；可是你若上湖滨去散一回步，注意着试数它一数，大约平均隔五分钟总可以见到一位缁衣秃顶的佛门子弟，漫然阔步在许多摩登士女的中间；这，说是湖山的点缀，当然也可以。

杭州的和尚尼姑，虽则多到了如此，但道士可并不见得比别处更加令人触目，换句话说，就是数目并不比别处特别的多。建炎南渡，推崇道教，甚至官位之中，也有宫观提举的一目；而上皇、太后、宫妃、藩王等退隐之所，大抵都是道观，一脉相沿，按理而讲，杭州是应该成为道教的中心区域的，但事实上却又不然。《西湖游览志》里所说的那些城内外的胜迹道院，现在大都只变了一个地名，院且不存，更那里来的道士？

西湖边上，住道士的大寺观，为一般人所知道而且有时也去去的，北山只有一个黄龙洞，南山当然要推玉皇山了。

玉皇山屹立在西湖与钱塘江之间，地势和南北高峰堪称鼎足；登高一望，西北看得尽西湖的烟波云影，与夫围绕在湖上的一带山峰；西南是之江，叶叶风帆，有招之即来，挥之便去之势；向东展望海门，一点巽峰，两派潮路，气象更加雄伟；

至于隔岸的越山，江边的巨塔，因为是据高临下的关系，俯视下去，倒觉得卑卑不足道了。像这样的一座玉皇山，而又近在城南尺五之间，阖城的人，全湖的眼，天天在看它，照常识来判断，当然应该成为湖上第一个名区的，可是香火却终于没有灵隐三竺那么的兴旺，我在私下，实在有点儿为它抱不平。

细想想，玉皇山的所以不能和灵隐三竺一样的兴盛，理由自然是有的，就是因为它的高，它的孤峰独立，不和其他的低峦浅阜联结在一道。特立独行之士，孤高傲物之辈，大抵不为世谅，终不免饮恨而终的事例，就可以以这玉皇山的冷落来做证明。

唯其太高，唯其太孤独了，所以玉皇山上自古迄今，终于只有一个冷落的道观；既没有名人雅士的题咏名篇，也没有豪绅富室的捐输施舍，致弄得千余年来，这一座襟长江而带西湖的玉柱高峰，志书也没有一部。光绪年间，听说曾经有一位监院的道士——不知是否月中子？——托人编撰过一册薄薄的《玉皇山志》的，但它的目的，只在搜集公文案牍而已，记兴革，述山川的文字是没有的，与其称它作志，倒还不如说它是契据的好。

我闲时上山去，于登眺之余，每想让出几个月的工夫来，为这一座山，为这一座山上的寺观，抄集些像志书材料的东西；可是蓄志多年，看书也看得不少，但所得的结果，也仅仅二三则而已。这山唐时为玉柱峰，建有玉龙道院；宋时为玉龙山，或单称龙山，以与东面的凤凰山相对，使符郭璞"龙飞凤舞到钱塘"之句；入明无为宗师，创建福星观，供奉玉皇上帝，始有玉皇山的这一个名字。清康熙年间，两浙总督李敏达公，信堪舆之说，以为离龙回首，所以城中火患频仍，就在山头开了日月两池，山腰造了七只铁缸，以像北斗七星之象，合之紫阳山上的坎卦石和北城的水星阁，作了一个大大的镇火灾的迷阵，于是玉皇山上的七星缸也就著名了。洪杨时毁后，又由杨昌濬总督重修了一次，现在的道观，却是最近的监院紫东李道士的中兴工业，听说已经花去了十余万金钱，还没有完工哩。这是玉皇山寺观兴废的大略，系道士向我述说的历史；而田汝成的《游览志》里之所记，却又有点不同，他说："龙山一名卧龙山，又名龙华山，与上下石龙相接。山北有鸿雁池，其东为白塔岭。上有天真禅寺，梁龙德中钱王建寺，今唯一庵存焉。山腰为登云台，又名拜郊台，盖钱王僭郊天地之所也。宋籍田在山麓天龙寺下，中阜规圆，环以沟塍，作八卦状，俗称九宫八卦田，至今不紊。山旁有宋郊坛。"

关于玉皇山的历史，大约尽于此了，至于八卦田外的九连塘（或作九莲塘），以及慈云（东面）丁婆（西面）两岭的建筑物古迹等，当然要另外去考；而俗传东面山头的百花公主点将台和海宁陈阁老的祖坟在八卦田下等神话，却又是无稽之谈了。

玉皇山的坏处，实在也就是它的好处。因为平常不大有人去，因为山高难以攀登，所以你若想去一游，不会遇到成千成万的下级游人，如吴山的五狼八豹之类。并且紫来洞新开，东面由长桥而去的一条登山大道新辟，你只教有兴致，有走三里山路的脚力，上去花它一整天的工夫，看看长江，看看湖面，便可以把一切的世俗烦恼，一例都消得干干净净。我平时爱上吴山，可以借登高的远望而消胸中的魄垒，可是魄垒大了，几杯薄酒和小小的吴山，还消它不得的时候，就只好上玉皇山去。去年秋天，记得曾和增嘏他们去过一次，大家都惊叹为杭州的新发现；今年也复去过两回，每次总能够发现一点新的好处，所以我说，玉皇山在杭州，倒像是我的一部秘藏之书；东坡食蚝，还有私意，我在这里倒真吐露了我的肺腑衷情。

廿四年十一月

原载1936年1月《文学时代》第1卷第3期

过富春江

郁达夫

前两天增嘏和他的妹妹,以及英国军官晏子少校(Major Edward Ainger)来杭州,我们于醉谈游步之余,还定下了一个上富春江去的计划。

这一位少校,实在有趣;在东方驻扎得久了。他非但生活习惯,都染了中国风,连他的容貌态度,也十足带着了中国气,他的身材本不十分高大,但背脊伛偻,同我们中国的中年人比较起来,向背后望去,简直是辨不出谁黄谁白;一般军人所特有的那一种挺胸突肚、傲岸的气象,在他身上,是丝毫也不具的。他的两脚又像日本人似的向外弓曲,立起正来,中间会露出一条小缝,这当然因为他是骑兵,在马背上过日子过得多的缘故。

他虽则会开飞机、开汽车、划船、骑马,但不会走路;所以他说,他不喜欢山,却喜欢水!在西湖里荡了两日舟,他问起近边更还有什么好的地方没有,我们就决定了再陪他上富春江去的计划;好在汽车是他自己会开,有半日的工夫,就可以往返的。

驶过六和塔下,走上江边一带波形的道上的时候,他果然喜欢极了,他说这地方有点像日本的濑户内海。江潮落了,江水绿得迷人;而那一天午后,又是淡云微日的暮秋天,在太阳底下走起路来，还要出一点潮汗。过了梵村，驰上四面是小山，满望是稻田的杭富交界的平原里，景象又变了一变，他说只有美国东部的乡村里，有这一种干草黄时的和平村景，他倒又想起在美国时候的事情来了。

由富阳站里，沿了新开的那条环城马路，把车开到了鹳山脚下，一步登天，爬上春江第一楼头眺望的时候，他才吃了一惊，说这山水真像是摩西的魔术。因为车由凌家桥转弯，跑在杭富道上，所见的只是些青山平谷，茅舍枫林；到得富阳，沿了那座弓也似的舒姑屏山脚，驶入站里，也只能看到些错落的人家，与一排人家南岸的高山；就是到了东城脚下，在很狭的新筑马路上走下车来的一刻，没有到过富阳的人，也决不会想到登山几步，就可以看见这一幅山重水复的黄子久的画图的。

我们在山头那株樟树下的石栏上坐了好久，增嘏并且还指着山下的一块汉高士严子陵先生垂钓处的石碑，将范文正公的祠堂记，以及上面七里泷边东台西台的故事，译给了这一位少校听。他听到了谢皋羽的西台恸哭的一幕，却兴奋起来了，说："为什么不拿这个故事来做一本戏剧？像雪勒的《威廉退儿》一样，这地方倒也很可以起一座谢氏的祠堂。"

回来的时候，天色已经晚了；他一面开着车，眼睛呆呆看着远处，一边却幽幽的告诉我和增嘏说："我若要选择第二国籍的话，那我情愿来做个中国人。"

车过分境岭后，他跳下车来，去看了一番建筑在近边山上的碉堡；我留在车里，陪伴着一位小姐，一位太太，从车窗里看见了他的那个向前微俯的背影，以及两脚蹒跚在斜阳衰草的山道上的缓步，我却突然间想起了一篇哈代的短篇，题名叫作"忧郁的骑兵"的小说。联想一活动，并且又想起刚才在鹳山上所谈的那一段话来了，皱鼻一哼，就哼出了这样的二十八字：

三分天下二分亡，四海何人吊国殇，

偶向西台台畔过，苔痕犹似泪淋浪。

双十节近在目前，我想讲这几句狗屁诗来应景，把它当作国庆日的哀词，倒也使得。

二十四年十月九日

原载1935年10月10日杭州《东南日报·沙发》第2472期

西溪的晴雨

郁达夫

西北风未起,蟹也不曾肥,我原晓得芦花总还没有白,前两星期,源宁来看了西湖,说他倒觉得有点失望,因为湖光山色,太整齐,太小巧,不够味儿,他开来的一张节目上,原有西溪的一项;恰巧第二天又下了微雨,秋原和我就主张微雨里下西溪,好教源宁去尝一尝这西湖近旁的野趣。

天色是阴阴漠漠的一层,湿风吹来,有点儿冷,也有点儿香,香的是野草花的气息。车过方井旁边,自然又下车来,去看了一下那座天主圣教修士们的古墓。从墓门望进去,只是黑沉沉、冷冰冰的一个大洞,什么也看不见,鼻子里却闻吸到了一种霉灰的阴气。

把鼻子掀了两掀,耸了一耸肩膀,大家都说,可惜忘记带了电筒,但在下意识里,自然也有一种恐怖、不安,和畏缩的心意,在那里作恶,直到了花坞的溪旁,走进窗明几净的静莲庵(?)堂去坐下,喝了两碗清茶,这一些鬼胎,方才洗涤了个空空脱脱。

游西溪,本来是以松木场下船,带了酒盒行厨,慢慢儿的向西摇去为正宗。像我们那么高坐了汽车,飞鸣而过古荡、东岳,一个钟头要走百来里路的旅客,终于是难度的俗物,但是俗物也有俗益,你若坐在汽车座里,引颈而向西向北一望,直到湖州，只见一派空明，遥盖在淡绿成阴的斜平海上；这中间不见水，不见山，当然也不见人，只是渺渺茫茫，青青绿绿，远无岸，近亦无田园村落的一个大斜坡，过秦亭山后，一直到留下为止的那一条沿山大道上的景色，好处就在这里，尤其是当微雨朦胧，江南草长的春或秋的半中间。

从留下下船，回环曲折，一路向西向北，只在芦花浅水里打圈圈；圆桥茅舍，桑树蓼花，是本地的风光，还不足道；最古怪的，是剩在背后的一带湖上的青山，不知不觉，忽而又会得移上你的面前来，和你点一点头，又匆匆的别了。

摇船的少女，也总好算是西溪的一景；一个站在船尾把摇橹，一个坐在船头上使桨，身体一伸一俯，一往一来，和橹声的咿呀、水波的起落，凑合成一大又圆又曲的进行软调；游人到此，自然会想起瘦西湖边，竹西歌吹的闲情，而源宁昨天在漪园月下老人祠里求得的那支灵签，仿佛是完全的应了，签诗的语文，是《鄘风·桑中》章末后的三句，叫作"期我乎桑中，要我乎上宫，送我乎淇之上矣"。

此后便到了交芦庵，上了弹指楼，因为是在雨里，带水拖泥，终于也感不到什么的大趣，但这一天向晚回来，在湖滨酒楼上放谈之下，源宁却一本正经的说："今天的西溪，却比昨日的西湖，要好三倍。"

前天星期假日，日暖风和，并且在报上也曾看到了芦花怒放的消息；午后日斜，老龙夫妇，又来约去西溪，去的时候，太晚了一点，所以只在秋雪庵的弹指楼上，消磨了半日之半。一片斜阳，反照在芦花浅渚的高头，花也并未怒放，树叶也不曾凋落，原不见秋，更不见雪，只是一味的晴明浩荡，飘飘然，浑浑然，洞贯了我们的肠腑。老僧无相，烧了面，泡了茶，更送来了酒，末后还拿出了纸和墨，我们看看日影下的北高峰，看看庵旁边的芦花荡，就问无相，花要几时才能全白？老僧操着缓慢的楚国口音，微笑着说："总要到阴历十月的中间；若有月亮，更为出色。"说后，还提出了一个交换的条件，要我们到那时候，再去一玩，他当预备些精馔相待，聊当作润笔，可是今天的字，却非写不可。老龙写了"一剑横飞破六合，万家憔悴哭三吴"的十四个字，我也附和着抄了一副不知在那里见过的联语："春梦有时来枕畔，夕阳依旧上帘钩。"

　　喝得酒醉醺醺，走下楼来，小河里起了晚烟，船中间满载了黑暗，龙妇又逸兴遄飞，不知上哪里去摸出了一支洞箫来吹着。"其声呜呜然，如怨如慕，如泣如诉，余音袅袅，不绝如缕"，倒真有点像是七月既望，和东坡在赤壁的夜游。

一九三五年十月二十二日

原载1935年10月24日杭州《东南日报·沙发》第2485期

记风雨茅庐

郁达夫

自家想有一所房子的心愿,已经起了好几年了;明明知道创造欲是好的,所有欲是坏的事情,但一轮到了自己的头上,总觉得衣食住行四件大事之中的最低限度的享有,是不可以不保住的。我衣并不要锦绣,食也自甘于藜藿,可是住的房子,代步的车子,或者至少也必须一双袜子与鞋子的限度,总得有了才能说话。况且从前曾有一位朋友劝过我说,一个人既生下了地,一块地却不可以没有,活着可以住住立立,或者睡睡坐坐,死了便可以挖一个洞,将己身来埋葬;当然这还是没有火葬,没有公墓以前的时代的话。

自搬到杭州来住后,于不意之中,承友人之情,居然弄到了一块地,从此葬的问题总算解决了;但是住呢,占据的还是别人家的房子。去年春季,写了一篇短短的应景而不希望有什么结果的文章,说自己只想有一所小小的住宅,可是发表了不久,就来了一个回响。一位做建筑事业的朋友先来说:"你若要造房子,我们可以完全效劳。"一位有一点钱的朋友也说:"若通融得少一点,或者还可以想法。"四面一凑,于是起造一个风雨茅庐的计划即便成熟到了百分之八十,不知我者谓我有了钱,深知我者谓我冒了险,但是有钱也罢,冒险也罢,入秋以后,总之把这笑话勉强弄成了事实,在现在的寓所之旁,也竟丁丁笃笃的动起了工,造起了房子。这也许是我的Folly,这也许是朋友们对于我的过信,不过从今以后,那些破旧的书籍,以及行军床、旧马子之类,却总可以不再去周游列国,学夫子的栖栖一代了。在这些地方,所有欲原也有它的好处。

本来是空手做的大事,希望当然不能过高;起初我只打算以茅草来代瓦,以涂泥来作壁,起它五间不大不小的平房,聊以过过自己有一所住宅的瘾的;但偶尔在亲戚家一谈,却谈出来了事情。他说:"你要造房屋,也得拣一个日,看一看方向;古代的周易,现代的天文地理,却实在是有至理存在那里的呢!"言下他还接连举出了好几个很有征验的实例出来给我听,而在座的其他三四朋友,并且还同时做了填具脚踏手印的见证人。更奇怪的,是他们所说的这一位具有通天入地眼的奇迹创造者,也是同我们一样,读过哀皮西提,演过代数几何,受过现代高等教育的学校毕业生。经这位亲戚的一介绍,经我的一相信,当初的计划,就变了卦,茅庐变作了瓦屋,五开间的一排营房似的平居,拆作了三开间两开间的两座小蜗庐。中间又起了一座墙,墙上更挖了一个洞;住屋的两旁,也添了许多间的无名的小房间。这么的一来,房屋原多了不少,可同时债台也已经筑得比我的风火围墙还高了几尺。这一座高台基石的奠基者郭相经先生,并且还在劝我说:"东南角的龙手太空,要好,还得造一间南向的门楼,楼上面再做上一层水泥的平台才行。"他的这一句话,又恰巧打中了我的下意识里的一个痛处;在这只空角上,我实在也在打算盖起一座塔样的楼来,楼名是十五六年前就想好的,叫作"夕阳楼"。现在这一座塔楼,虽则还没有盖起,可是只打算避避风雨的茅庐一所,却也涂上了朱漆,嵌上了水泥,有点像是外国乡镇里的五六等贫民住的样子了;自己虽则不懂阳宅的地理,但在光线不甚明亮的清早或薄暮看起来，倒也觉得郭先生的设计，并没有弄什么玄虚，和科学的方法，仍旧还是对的。所以一定要在光线不甚明亮的时候看的原因，就因为我的胆子毕竟还小，不敢空口说大话要包工用了最好的材料来造我这一座贫民住宅的缘故。这倒还不在话下，有点儿觉得麻烦的，却是预先想好的那个风雨茅庐的风雅名字与实际的不符。皱眉想了几天，又觉得中国的山人并不入山，儿子的小犬也不是狗的玩意儿，原早已有人在干了，我这样的小小的再说一个并不害人的谎，总也不至于有死罪。况且西湖上的那间巍巍乎有点像先施永安的堆栈似的高大洋楼之以××草舍作名称，也不曾听见说有人去干涉过。多一事不如少一事，九九归原，还是照最初的样子，把我的这间贫民住宅，仍旧叫作了避风雨的茅庐。横额一块，却是因为君武先生这次来杭之便，硬要他伸了疯痛的右手，替我写上的。

一九三六年一月十日

原载1936年2月15日杭州《黄钟》第8卷第1期

里西湖的一角落

郁达夫

记得是在六七年——也许是十几年了——的前头,当时映霞的外祖父王二南先生还没有去世,我于那一年的秋天,又从上海到了杭州,寄住在里湖一区僧寺的临水的西楼;目的是想去整理一些旧稿,出几部书。

秋后的西湖,自中秋节起,到十月朝的前后,有时候也竟可以一直延长到阴历十一月的初头,我以为世界上更没有一处比西湖再美丽,再沉静,再可爱的地方。

天气渐渐凉了,可是还不至于感到寒冷,蚊蝇自然也减少了数目。环抱在湖西一带的青山,木叶稍稍染一点黄色,看过去仿佛是嫩草的初生。夏季的雨期过后,秋天百日,大抵是晴天多,雨天少。万里的长空,一碧到底,早晨也许在东方有几缕朝霞,晚上在四周或许上一圈红晕,但是皎洁的日中,与深沉的半夜,总是青天浑同碧海,教人举头越看越感到幽深。这中间若再添上几声络纬的微吟和蟋蟀的低唱,以及山间报时刻的鸡鸣与湖中代步行的棹响,那湖上的清秋静境,就可以使你感味到点滴都无余滓的地步。"秋天好,最好在西湖……"我若要唱一阕小令的话,开口就得念这么的两句。西湖的秋日真是一段多么发人深省,迷人骨的时季吓!(写到了此地,我同时也在流滴着口涎。)

是在这一种淡荡的湖月林风里，那一年的秋后，我就在里湖僧寺的那一间临水西楼上睡觉，抽烟，喝酒，读书，拿笔写文章。有时候自然也到山前山后去走走路，里湖外湖去摇摇船，可是白天晚上，总是在楼头坐着的时候多，在路上水上的时候少，为的是想赶着这个秋天，把全集的末一二册稿子，全部整理出来。

但是预定的工作，刚做了一半的时候，有一天午后二南老先生却坐了洋车，从城里出来访我了。上楼坐定之后，他开口就微笑着说："好诗！好诗！"原来前几天我寄给城里住着的一位朋友的短札，被他老先生看见了；短札上写的，是东倒西歪的这么的几行小字："逯窜禅房日闭关，夜窗灯火照孤山，此间事不为人道，君但能来与往还。"被他老先生一称赞，我就也忘记了本来的面目，马上就教厨子们热酒，煮鱼，摘菜，做点心。两人喝着酒，高谈着诗，先从西泠十子谈起，波及了杭郡诗辑，两浙輶轩的正录续录，又转到扬州八怪，明末诸贤的时候，他老先生才忽然想起，从袋里拿出了一张信来说：

"这是北翔昨天从哈尔滨寄来的信，要我为他去拓三十张杨云友的墓碣来，你既住近在这里，就请你去代办一办。我今天的来此，目的就为了这件事情。"

从这一天起，我的编书的工作就被打断了，重新缠绕着我，使我时时刻刻，老发生着幻想的，就是杨云友的那一个小小的坟亭。亭是在葛岭的山脚，正当上山路口东面的一堆荒草中间的。四面的空地，已经被豪家侵占得尺寸无余了，而这一个小小的破烂亭子，还幸而未被拆毁。我当老先生走后的第二天带了拓碑的工匠，上这一条路去寻觅的时候，身上先钩惹了一身的草子与带刺的荆棘。到得亭下，将荒草割了一割，为探寻那一方墓碣又费了许多工夫。直到最后，扫去了坟周围的几堆垃圾牛溲，捏紧鼻头，绕到了坟的后面，跪下去一摸一看，才发见了那一方以青石刻成的张北翔所写的明女士杨云友的碑铭。这时候太阳已经打斜了，从山顶上又吹下了一天西北风来。我跪伏在污臭的烂泥地上，从头将这墓碣读了一遍，觉得立不起身来了；一种无名的伤感，直从丹田涌起，冲到了心，冲上了头。等那位工匠走近身边，叫了我几声不应，使了全身的气力，将我扶起的时候，他看了我一面，也突然间骇了一大跳。因为我的青黄的面上，流满了一脸的眼泪，眼色也似乎是满带了邪气。他以为我白日里着了鬼迷了，不问皂白，就将我背贴背的背到了石牌坊的道上，叫集了许多住在近边的乡人，抬送我到了寺里。

过了几天，他把三十张碑碣拓好送来了；进寺门之后，在楼下我就听见他在轻轻地问小和尚说：

"楼上的那位先生，以后该没有发疯罢！"

小和尚骂了他几声"胡说！"就跑上楼来问我要不要会他一面，我摇了摇头只给了他些过分的工钱。

这一个秋天，虽则为了这一件事情而打断了我的预定的工作，但在第二年春天出版的我的一册薄薄的集子里，竟添上了一篇叫做《十三夜》的小说。小说虽则不长，由别人看起来，或许也不见得有什么好处，但在我自己，却总因为它是一个难产的孩子，所以格外的觉得爱惜。

过了几年，是杭州大旱的那一年，夏天携妻带子，我在青岛北戴河各处避了两个月暑，回来路过北平，偶尔又在东安市场的剧园里看了一次荀慧生扮演的《杨云友三嫁董其昌》的戏。荀慧生的扮相并不坏，唱做更是恰到好处，当众挥毫的几笔淡墨山水，也很可观，不过不晓得为什么，我却觉得杨云友总不是那一副相儿。

又是几年过去了，一九三六年的春天，忽而发了醉兴，跑上了福州。福州的西城角上，也有一个西湖。每当夏天的午后，或冬日的侵晨，有时候因为没地方走，老跑到这小西湖的边上去散步。一边走着，一边也爱念着"天下西湖三十六，就中最好是杭州"的两句成语，以慰乡思。翻翻福州的《西湖志》，才晓得宛在堂的东面，斜坡草地的西北方，旧有一座强小姐的古墓，是很著灵异的。强小姐的出身世系，我也莫名其妙，但是宋朝有一位姓强的余杭人，曾经著过许多很好的诗词，我仿佛还有点儿记得。这一个强小姐墓，当然是清朝的墓，而福州土著的人，或者也许有姓强的，但当我走过西湖，走过这强小姐的墓时，却总要想起"钱塘苏小是乡亲"的一句诗，想起里湖一角落里那一座杨云友的坟亭；这仅仅是联想作用的反射么，或者是骸骨迷恋者的一种疯狂的症候？我可说不出来。

一九三七年三月四日在福州

原载1937年《越风》增刊第一集

说（勖）杭州人

郁达夫

去年中学生杂志会教我做过一篇文章，题目叫做《杭州——地方印象记》。我以为杭州的景物，写的人很多很多，所以只写了些杭州人的气质。实在是因为我现在也冒籍杭州，对杭州人看了过不过去的地方太多，爱之甚故不觉言之太激。殊不知那一篇文章出后，杭州人竟有许多对我感到不满，来函切责者，一连有了好几起。我觉得一一辩解，实在也有点忙不过来，想先抄一点古人的文章，来作一个挡箭牌。

田叔禾（当然是杭州钱塘人）的《西湖游览志》与《志余》，总算是杭州最普通的一部志书了罢？而《志余》卷六里，有一段说：

> 杭民尚淫奢，男子诚厚者十不二三；妇人则多以口腹为事，不习女工，日用饮膳，惟尚新出而价贵者，稍贱便鄙之，纵欲买了，又恐贻笑邻里而止。至正十九年己亥冬十二月，金陵游军，斩关而入，突至城下，城门闭三月余；各路粮道不通，米价涌贵，一斗直一十五缗。越数日，米既尽，糟糠亦与米价等；有赀力人，则得食，贫者不能也。又数日，糟糠亦尽，乃以油饼捣屑啖之。老幼妇女，三五为群，行乞

于市；虽姿色艳丽，而衣衫齐楚，不暇顾也。……

这是一段。又《志余》卷二十五里有一段说：

外方人嘲杭人，则曰"杭州风"。盖杭俗浮诞，轻誉而苟毁，道听途说，无复裁量。如某所有异物，某家有怪事，某人有丑行，一人倡之，百人和之，身质其疑，皎若目睹。譬之风焉，起无头而过无影，不可踪迹。故谚云："杭州风，会撮空，好和歹，立一宗"；又云："杭州风，一把葱，花簇簇，里头空"。又其俗喜作伪以邀利目前，不顾身后；如酒掺灰，鸡塞沙，鹅羊吹气，鱼肉灌水，织作刷油粒，自宋时已然，载于癸辛杂识者，可考也。

偶尔一翻，就可以翻出许多我的粉本；宋元人的笔记里，骂杭州人的地方，当然要更多，我与杭州人无仇；并且抄得太多，也觉与杭州人无益，所以不再抄下去。总之，杭州人先要养成一种爱正义，能团结，肯牺牲的风气，然后才可以言反抗，谋独立，杀恶人，否则，敢怒而不敢言，敢言而不敢行，挣扎到底，也无成效。外患日殷，生活也日难，杭州人当思所以自拔，也当思所以能度过世界大战的危机。越王勾践的深谋远虑，钱武肃王的勇略奇智，且不必去说他们，至少至少，我想也要学学西泠桥畔，那一座假坟下的武都头，做一个顶天立地的奇男子；生死可以不问，冤辱可不能不报。

三月念八日

婿乡年节

郁达夫

一看到了婿乡的两字，或者大家都要联想到淳于髡的卖身投靠上去。我可没有坐吃老婆饭的福分，不过杭州两字实在用腻了，改作婿乡，庶几可以换一换新鲜；所以先要从杭州旧历年底老婆所做的种种事情说起。

第一，是年底的做粽子与枣饼。我说："这些东西，做它作啥！"老婆说："横竖是没有钱过年了，要用索性用它一个精光，籴两斗糯米来玩玩，比买航空券总好些。"于是乎就有了粽子与枣饼。

第二，是年三十晚上的请客。我说："请什么客呢？到杭州来吃他们几顿，不是应该的么？"老婆说："你以为他们都是你丈母娘——据风雅的先生们说，似乎应该称作泰水的——屋里的人么？礼尚往来，吃人家的吃得那么多，不回请一次，倒好意思？"于是乎就请客。

酒是杭州的来得贱，菜只教自己做做，也不算贵。麻烦的，是客人来之前屋里厨下的那一种兵荒缭乱的样子。

年三十的午后，厨下头刀兵齐举，屋子里火辣烟熏，我一个人坐在客厅上吃闷酒。一位刚从欧洲回来的同乡，从旅舍里来看我，见了我的闷闷的神气，弄得他说话也不敢高声。小孩儿下学回来了，一进门就吵得厉害，我打了他们两个嘴巴。

这位刚从文明国里回来的绅士，更看得难受了，临行时便悄悄留下了一封钞票，预备着救一救我当日的急。其实，经济的压迫，倒也并不能够使我发愁，不过近来酒性不好，文章不敢写了以后，喝一点酒，老爱骂人。骂老婆不敢骂，骂用人不忍骂，骂天地不必骂，所以微醉之后，总只以五岁三岁的两个儿子来出气。

天晚了，客人也到齐了，菜还没有做好，于是乎先来一次五百攒。输了不甘心，赢了不肯息，就再来一次再来一次的攒了下去。肚皮饿得精瘪，膀胱胀得蛮大，还要再来一次。结果弄得头鸡叫了，夜饭才兹吃完。有的说，"到灵隐天竺去烧头香去罢！"有的说，"上城隍山去看热闹去罢！"人数多了，意见自然来得杂。谁也不愿意赞成谁，九九归原，还是再来一次。

天白茫茫的亮起来了，门外头爆竹声也没有，锣鼓声也没有，百姓真如丧了考妣。屋里头，只剩了几盏黄黄的电灯，和一排油满了的倦脸。地上面是瓜子壳，橘子皮，香烟头和散铜板。

人虽则大家都支撑不住了，但因为是元旦，所以连眨着眼睛，连打着呵欠，也还在硬着嘴说要上那儿去，要上那儿去。

客散了，太阳出来了，家里的人都去睡觉了；我因为天亮的时候的酒意未消，想骂人又没有了人骂，所以只轻脚轻手地偷出了大门，偷上了城隍山的极顶。一个人立在那里举目看看钱塘江的水，和隔岸的山，以及穿得红红绿绿的许多默默无言的善男信女，大约是忽而想起了王小二过年的那出滑稽悲剧了罢，肚皮一捧，我竟哈哈，哈哈，哈哈地笑了出来，同时也打了几个大声的喷嚏。

回来的时候，到了城隍山脚下的元宝心，我听见走在我前面的一位乡下老太太，在轻轻地对一位同行的中年妇人说："今年真倒霉，大年初一，就在城隍山上遇见了一个疯子。"

住所的话

郁达夫

自以为青山到处可埋骨的漂泊惯的流人,一到了中年,也颇以没有一个归宿为可虑;近来常常有求田问舍之心,在看书倦了之后,或夜半醒来,第二次再睡不着的枕上。

尤其是春雨萧条的暮春,或风吹枯木的秋晚,看看天空,每会作赏雨茅屋及江南黄叶村舍的梦想;游子思乡,飞鸿倦旅,把人一年年弄得意气消沉的这时间的威力,实在是可怕,实在是可恨。

从前很喜欢旅行,并且特别喜欢向没有火车、飞机、轮船等近代交通利器的偏僻地方去旅行。一步一步的缓步着,向四面绝对不曾见过的山川风物回视着,一刻有一刻的变化,一步有一步的境界。到了地旷人稀的地方,你更可以高歌低唱,袒裼裸裎,把社会上的虚伪的礼节,谨严的态度,一齐洗去。人与自然,合而为一,大地高天,形成屋宇,蠛蠓蚁虱,不觉其微,五岳昆仑,也不见其大。偶或遇见些茅篷泥壁的人家,遇见些性情纯朴的农牧,听他们谈些极不相干的私事,更可以和他们一道的悲,一道的喜。半岁的鸡娘,新生一蛋,其乐也融融,与国王年老,诞生独子时的欢喜,并无什么分别。黄牛吃草,嚼断了麦穗数茎,今年的收获,怕要减去一勺,其悲也戚戚,与国破家亡的流离惨苦,相差也不十分远。

至于有山有水的地方呢，看看云容岩影的变化，听听大浪啮矶的音乐，应临流垂钓，或松下息阴。行旅者的乐趣，更加可以多得如放翁的入蜀道，刘阮的上天台。

　　这一种好游旅、喜漂泊的情性，近年来渐渐的减了；连有必要的事情，非得上北平上海去一次不可的时候，都一天天的拖延下去，只想不改常态，在家吃点精致的菜，喝点芳醇的酒，睡睡午觉，看看闲书，不愿意将行动和平时有所移易；总之是懒得动。

　　而每次喝酒，每次独坐的时候，只在想着计划着的，却是一间洁净的小小的住宅，和这住宅周围的点缀与铺陈。

　　若要住家，第一的先决问题，自然是乡村与城市的选择。以清静来说，当然是乡村生活比较得和我更为适合。可是把文明利器——如电灯自来水等——的供给，家人买菜购物的便利，以及小孩的教育问题等合计起来，却又觉得住城市是必要的了。具城市之外形，而又富有乡村的景象之田园都市，在中国原也很多。北方如北平，就是一个理想的都城；南方则未建都前之南京，濒海的福州等处，也是住家的好地。可是乡土的观念，附着在一个人的脑里，同毛发的生于皮肤一样，丛长着原没有什么不对，全脱了却也势有点儿不可能。所以三年之前，也是在一个春雨霏微的节季，终于听了霞的劝告，搬上杭州来住下了。

　　杭州这一个地方，有山有湖，还有文明的利器，儿童的学校，去上海也只有四个钟头的火车路程，住家原没有什么不合适。可是杭州一般的建筑物，实在太差，简直可以说没有一间合乎理想的住宅，旧式的房子呢，往往没有院子，顶多顶多也不过有一堆不大有意义的假山，和一条其实是只能产生蚊子的鱼池。所谓新式的房子呢，更加恶劣了，完全是上海弄堂洋房的抄袭，冬天住住，还可以勉强，一到夏天，就热得比蒸笼还要难受。而大抵的杭州住宅，都没有浴室的设备，公共浴场呢，又觉得不卫生而价贵。

所以自从迁到杭州来住后，对于住所的问题，更觉得切身的感到了。地皮不必太大，只教有半亩之宫，一亩之隙，就可以满足。房子亦不必太讲究，只须有一处可以登高望远的高楼，三间平屋就对。但是图书室、浴室、猫狗小舍、儿童游嬉之处、灶房，却不得不备。房子的四周，一定要有阔一点的回廊；房子的内部，更需要亮一点的光线。此外是四周的树木和院子里的草地了，草地中间的走路，总要用白沙来铺才好。四面若有邻舍的高墙，当然要种些爬山虎以掩去墙头，若系旷地，只须植一道矮矮的木栅，用黑色一涂就可以将就。门窗当一例以厚玻璃来做，屋瓦应先钉上铅皮，然后再覆以茅草。

照这样的一个计划来建筑房子，大约总要有二千元钱来买地皮，四千元钱来充建筑费，才有点儿希望。去年年底，在微醉之后，将这私愿对一位朋友说了一遍，今年他果然送给了我一块地，所以起楼台的基础，倒是有了。现在只在想筹出四千元钱的现款来建造那一所理想的住宅。胡思乱想的结果，在前两三个月里，竟发了疯，将烟钱酒钱省下了一半，去买了许多奖券；可是一回一回的买了几次，连末尾也不曾得过，而吃了坏烟坏酒的结果，身体却显然受了损害了。闲来无事，把这一番经过，对朋友一说，大家笑了一场之后，就都为我设计，说从前的人，曾经用过的最上妙法，是发自己的讣闻，其次是做寿，再其次是兜会。

可是为了一己的舒服，而累及亲戚朋友，也着实有点说不过去，近来心机一转，去买了些《芥子园》《三希堂》等画谱来，在开始学画了；原因是想靠了卖画，来造一所房子，万一画画，仍旧是不能吃饭，那么至少至少，我也可以画许多房子，挂在四壁，给我自己的想象以一顿醉饱，如饥者的画饼，旱天的画云霓。这一个计划，若不至于失败，我想在半年之后，总可以得到一点慰安。

原载1935年7月1日《文学》月刊第5卷第1号

移家琐记

郁达夫

一

"流水不腐",这是中国人的俗话,Stagnant Pond,这是外国人形容固定的颓毁状态的一个名词。在一处羁住久了,精神上习惯上,自然会生出许多霉烂的斑点来。更何况洋场米贵,狭巷人多,以我这一个穷汉,夹杂在三百六十万上海市民的中间,非但汽车、洋房、跳舞、美酒等文明的洪福享受不到,就连吸一口新鲜空气,也得走十几里路。移家的心愿,早就有了;这一回却因朋友之介,偶尔在杭城东隅租着一所适当的闲房,筹谋计算,也张罗拢了二三百块洋钱,于是这很不容易成就的戋戋私愿,竟也猫猫虎虎的实现了。小人无大志,蜗角亦乾坤,触蛮鼎定,先让我来谢天谢地。

搬来的那一天,是春雨霏微的星期二的早上,为计时日的正确,只好把一段日记抄在下面:

一九三三年四月廿五(阴历四月初一),星期二,晨五点起床,窗外下着蒙蒙的时雨,料理行装等件,赶赴北站,衣帽尽湿。携女人儿子及一仆妇登车,在不断的雨丝中,向西进发。野景正妍,除白桃花、菜花、棋盘花外，田野里只一片嫩绿，浅淡尚带鹅黄。此番因自上海移居杭州，故行李较多，视孟东野稍为富有，沿途上落，被无产同胞的搬运夫，敲刮去了不少。午后一点到杭州城站，雨势正盛，在车上蒸干之衣帽，又涔涔湿矣。

新居在浙江图书馆侧面的一堆土山旁边，虽只东倒西斜的三间旧屋，但比起上海的一楼一底的弄堂洋房来，究竟宽敞得多了，所以一到寓居，就开始做室内装饰的工作。沙发是没有的，镜屏是没有的，红木器具，壁画纱灯，一概没有。几张板桌，一架旧书，在上海时，塞来塞去，只觉得没地方塞的这些破铜烂铁，一到了杭州，向三间连通的矮厅上一摆，看起来竟空空洞洞，像煞是沧海中间的几颗粟米了。最后装上壁去的，却是上海八云装饰设计公司送我的一块石膏圆面。塑制者是江山徐葆蓝氏，面上刻出的是《圣经》里马利马格大伦的故事。看来看去，在我这间黝暗矮阔的大厅陈设之中，觉得有一点生气的，就只是这一块同深山白雪似的小小的石膏。

二

向晚雨歇，电灯来了。灯光灰暗不明，问先搬来此地住的王母以"何不用个亮一点的灯球？"方才知道朝市而今虽不是秦，但杭州一隅，也决不是世外的桃源，这样要捐，那样要税，居民的负担，简直比世界哪一国的首都，都加重了；即以电灯一项来说，每一个字，在最近也无法的加上了好几成的特捐。"烽火满天殍满地，儒生何处可逃秦？"这是几年前做过的叠秦韵的两句山歌,我听了这些话后,嘴上虽则不念出来,但心里却也私私的转想了好几次。腹诽若要加刑,则我这一篇琐记,已是自己招认的供状了,罪过罪过。

　　三更人静,门外的巷里,忽传来了些笃笃笃的敲小竹梆的哀音。问是什么?说是卖馄饨圆子的小贩营生。往年这些担头很少,现在却冷街僻巷,都有人来卖到天明了,百业的凋敝,城市的萧条,这总也是民不聊生的一点点的实证罢?

　　新居落寞,第一晚睡在床上,翻来覆去,总睡不着觉。夜半挑灯,就只好拿出一本新出版的《两地书》来细读。有一位批评家说,作者的私记,我们没有阅读的义务。当时我对这话,倒也佩服得五体投地,所以书店来要我出书简集的时候,我就坚决的谢绝了,并且还想将一本为无钱过活之故而拿去出卖的日记都教他们毁版,以为这些东西,是只好于死后,让他人来替我印行的;但这次将鲁迅先生和密斯许的书简集来一读,则非但对那位批评家的信念完全失掉,并且还在这一部两人的私记里,看出了许多许多平时不容易看到的社会黑暗面来。至如鲁迅先生的诙谐愤俗的气概,许女士的诚实庄严的风度,还是在长书短简里自然流露的余音,由我们熟悉他们的人看来,当然更是味中有味,言外有情,可以不必提起,我想就是绝对不认识他们的人,读了这书,至少也可以得到几多的教训,私记私记,义务云乎哉?

　　从夜半读到天明,将这《两地书》读完之后,神经觉得愈兴奋了,六点敲过,就率性走到楼下去洗了一洗手脸,换了一身衣服,踏出大门,打算去把这杭城东隅的侵晨朝景,看它一个明白。

三

  夜来的雨，是完全止住了，可是外貌像马加弹姆式的沙石马路上，还满涨着淤泥，天上也还浮罩着一层明灰的云幕。路上行人稀少，老远老远，只看得见一部慢慢在向前拖走的人力车的后形。从狭巷里转出东街，两旁的店家，也只开了一半，连挑了菜在沿街赶早市的农民，都像是没有灌气的橡皮玩具。四周一看，萧条复萧条，衰落又衰落，中国的农村，果然是破产了，但没有实业生产机关，没有和平保障的像杭州一样的小都市，又何尝不在破产的威胁下战栗着待毙呢？中国目下的情形，大抵总是农村及小都市的有产者，集中到大都会去。在大都会的帝国主义保护之下变成殖民地的新资本家，或变成军阀官僚的附属品的少数者，总算是找着了出路。他们的货财，会愈积而愈多，同时为他们所牺牲的同胞，当然也要加速度的倍加起来。结果就变成这样的一个公式：农村中的有产者集中小都市，小都市的有产者集中大都会，等到资产化尽，而生财无道的时候，则这些素有恒产的候鸟就又得倒转来从大都会而小都市而仍返农村去作贫民。转转循环，丝毫不爽，这情形已经继续了二三十年了，再过五年十年之后的社会状态，自然可以不卜而知了啦，社会的症结究在哪里？唯一的出路究在哪里？难道大家还不明白么？空喊着抗日抗日，又有什么用处？

  一个人在大街上踱着想着，我的脚步却于不知不觉的中间，开了倒车，几个弯儿一绕，竟又将我自己的身体，搬到了大学近旁的一条路上来了。向前面看过去，又是一堆土山。山下是平平的泥路和浅浅的池塘。这附近一带，我儿时原也来过的。二十几年前头，我有一位亲戚曾在报国寺里当过军官，更有一位哥哥，曾在陆军小学堂里当过学生。既然已经回到了寓居的附近，那就爬上山去看它一看吧，好在一晚没有睡觉，头脑还有点儿糊涂，登高望望四境，也未始不是一帖清凉的妙药。

天气也渐渐开朗起来了，东南半角，居然已经露出了几点青天和一丝白日。土山虽则不高，但眺望倒也不坏。湖上的群山，环绕的西北的一带，再北是空间，更北是湖州境内的发祥的青山了。东面迢迢，看得见的，是临平山、皋亭山、黄鹤山之类的连峰叠嶂。再偏东北行，大约是唐栖镇上的超山山影，看去虽则不远，但走走怕也有半日好走哩。在土山上环视了一周，由远及近，用大量观察法来一算，我才明白了这附近的地理。原来我那新寓，是在军装局的北方，而三面的土山，系遥接着城墙，围绕在军装局的匡外的。怪不得今天破晓的时候，还听见了一阵喇叭的吹唱，怪不得走出新寓的时候，还看见了一名荷枪直立的守卫士兵。

"好得很！好得很！……"我心里在想，"前有图书，后有武库，文武之道，备于此矣！"我心里虽在这样的自作有趣，但一种没落的感觉，一种不能再在大都会里插足的哀思，竟渐渐的渐渐的溶浸了我的全身。

原载1933年5月4日至6日《申报·自由谈》

还乡记

郁达夫

一

　　大约是午前四五点钟的样子,我的过敏的神经忽而颤动了起来。张开了半只眼,从枕上举起非常沉重的头,半醒半觉的向窗外一望,我只见一层灰白色的云丛,密布在微明的空际,房里的角上桌下,还有些暗夜的黑影流荡着,满屋沉沉,只充满了睡声,窗外也没有群动的声息。

　　"还早哩!"

　　我的半年来睡眠不足的昏乱的脑经,这样的忖度了一下,我的有些昏痛的头颅仍复投上了草枕,睡着了。

　　第二次醒来,急急的跳出了床,跑到窗前去看跑马厅的大自鸣钟的时候,我的心里忽而起了一阵狂跳。我的模糊的睡眼,虽看不清那大自鸣钟的时刻,然而我的第六官却已感得了时间的迟暮,八点钟的快车大约总赶不到了。

　　天气不晴也不雨,天上只浮满了些不透明的白云,黄梅时节将过的时候,像这样的天气原是很多的。

　　我一边跑下楼去匆匆的梳洗,一边催听差的起来,问他是什么时候。因为我的一个镶金的钢表,在东京换了酒吃,一个新买的爱而近,去年在北京又被人偷了去,所以现在我只落得和桃花源里的乡老一样,要知道时刻,只能问问外来的捕鱼者"今是何世"。

听说是七点三刻了,我忽而衔了牙刷,莫名其妙的跑上楼跑下楼的跑了几次,不消说心中是在懊恼的。忙乱了一阵,后来又仔细想了一想,觉得终究是赶不上八点的早车了,我心地倒渐渐的平静下去。慢慢的洗完了脸,换了衣服,我就叫听差的去雇了一乘人力车来,送我上火车站去。

我的故乡在富春山中,正当清冷的钱塘江的曲处。车到杭州,还要在清流的江上坐两点钟的轮船。这轮船有午前午后两班,午前八点,午后二点,各有一只同小孩的玩具似的轮船由江干开往桐庐去的。若在上海乘早车动身,则午后四五点钟,当午睡初醒的时候,我便可到家,与闺中的儿女相见,但是今天已经是不行了。(是阴历的六月初二。)

不能即日回家,我就不得不在杭州过夜,但是羞涩的阮囊,连买半斤黄酒的余钱也没有的我的境遇,教我哪里能忍此奢侈。我心里又发起恼来了。可恶的我的朋友,你们既知道我今天早晨要走,昨夜就不该谈到这样的时候才回去的。可恶的是我自己,我已决定于今天早晨走,就不该拉住了他们谈那些无聊的闲话的。这些也不知是从哪里来的话?这些话也不知有什么兴趣?但是我们几个人愁眉蹙额的聚首的时候,起先总是默默,后来一句两句,话题一开,便倦也忘了,愁也丢了,眼睛就放起怖人的光来,有时高笑,有时痛哭,讲来讲去,去岁今年,还是这几句话:

"世界真是奇怪,像这样轻薄的人,也居然能成中国的偶像的。"

"正唯其轻薄,所以能享盛名。"

"他的著作是什么东西呀!连抄人家的著书还要抄错!"

"唉唉！"

"还有××呢！比××更卑鄙，更不通，而他享的名誉反而更大！"

"今天在车上看见的那个犹太女子真好哩！"

"她的屁股真大得爱人。"

"她的臂膊！"

"啊啊！"

"恩斯来的那本《彭思生里参拜记》，你念到什么地方了？"

"三个东部的野人，

三个方正的男子，

他们起了崇高的心愿，

想去看看什，泻，奥夫，欧耳。"

"你真记得牢！"

像这样的毫无系统，漫无头绪的谈话，我们不谈则已，一谈起头，非要谈到傀儡消尽，悲愤泄完的时候不止。唉，可怜的有识无产者，这些清谈，这些不平，与你们的脆弱的身体，高亢的精神，究有何补？罢了罢了，还是回头到正路上去，理点生产罢！

昨天晚上有几位朋友，也在我这里，谈了些这样的闲话，我入睡迟了，所以弄得今天赶车不及，不得不在西子湖边，住宿一宵，我坐在人力车上，孤冷冷的看着上海的清淡的早市，心里只在怨恨朋友，要使我多破费几个旅费。

二

人力车到了北站，站上人物萧条。大约是正在快车开出之后，慢车未发之先，所以现出这沉静的状态。我得了闲空，心里倒生出了一点余裕来，就以北站构内，闲走了一回。因为我此番归去，本来想去看看故乡的景状，能不能容我这零余者回家高卧，所以我所带的，只有两袖清风，一只空袋，和填在鞋底里的几张钞票——这是我的脾气，有钱的时候，老把它们填在鞋子底里。一则可以防止扒手，二则因为我受足了金钱的迫害，借此也可以满足我对金钱复仇的心思，有时候我真有用了全身的气力，拼死踩践它们的举动——而已，身边没有行李，在车站上跑来跑去是非常自由的。

　　天上的同棉花似的浮云，一块一块的消散开来，有几处竟现出青苍的笑靥来了。灰黄无力的阳光，也有几处看得出来。虽有霏微的海风，一阵阵夹了灰土煤烟，吹到这灰色的车站中间，但是伏天的暑热，已悄悄的在人的腋下腰间送信来了。啊啊！三伏的暑热，你们不要来缠扰我这消瘦的行路病者！你们且上富家的深闺里去，钻到那些丰肥红白的腿间乳下去，把她们的香液蒸发些出来罢！我只有这一件半旧的夏衣长衫，若被汗水流污了，明天就没得更换的呀！

　　在车站上踏来踏去的走了几遍，站上的行人，渐渐的多起来了。男的女的，行者送者，面上都堆着满贮希望的形容，在那里左旋右转。但是我——单只是我一个人——也无朋友亲戚来送我的行，更无爱人女弟，来作我的伴，我的脆弱的心中，又无端的起了万千的哀感：

　　"论才论貌，在中国的二万万男子中间，我也不一定说是最下流的人，何以我会变成这样的孤苦的呢！我前世犯了什么罪来？我生在什么星的底下？我难道真没有享受快乐的资格的么？我不能信的，我不能信的。"

　　这样的一想，我就跑上车站的旁边入口处去，好像是看见了我认识的一位美妙的女郎来送我回家的样子。刚走到门口，果真见了几个穿时样的白衣裙的女子，刚从人力车下来。其中有一个十七八岁的，戴白色运动软帽的女学生，手里提了三个很重的小皮箧，走近了我身边。我不知不觉的伸出了一只手去，想为她代拿一个皮箧，她站住了脚，放开了黑晶晶的两只大眼很诧异的对我看了一眼。

"啊啊！我错了，我昏了，好妹妹，请你不要动怒，我不是坏人，我不是车站上的小窃，不过我的想象力太强，我把你当作了我的想象中的人物，所以得罪了你。恕我恕我，对不起，对不起，你的两眼的责罚，是我所甘受的，你即用了你那只柔软的小手，批我一颊，我也是甘受的，我错了，我昏了。"

我被她的两眼一看，就同将睡的人受了电击一样，立时涨红了脸，发出了一身冷汗，心里作了一遍谢罪之辞，缩回了手，低下了头，匆匆的逃走了。

啊啊！这不是衣锦的还乡，这不是罗皮康（Rubicon）的南渡，有谁来送我的行，有谁来作我的伴呢！我的空想也未免太不自量了，我避开了那个女学生，逃到了车站大门口的边上人丛中躲藏的时候，心里还在跳跃不住。凝神屏气的立了一会，向四边偷看了几眼，一种不可捉摸的感情，笼罩上了我的全身，我就不得不把我的夏布长衫的小襟拖上面去了。

三

"已经是八点四十五分了。我在这里躲藏也躲藏不过去的，索性快点去买一张票来上车去罢！但是不行不行，两边买票的人这样的多，也许她是在内的，我还是上口头的那近大门的窗口去买罢！这里买票的人正少得很！"

这样的打定了主意，我就东探西望的走上那玻璃窗口，去买了一张车票。伏倒了头，气喘吁吁的跑进了月台，我方晓得刚才买的是一张二等票，想想我脚下的余钱，又想想今晚在杭州不得不付的膳宿费，我心里忽而清了一清。经济与恋爱是不能两立的，刚才那女学生的事情，也渐渐的被我忘了。

浙江虽是我的父母之邦，但是浙江的知识阶级的腐败，一班教育家政治家对军人的谄媚、对平民的压制，以及小政客的婢妾的行为、无厌的贪婪，平时想起就要使我作呕。所以我每次回浙江去，总抱了一腔羞嫌的恶怀，障扇而过杭州，不愿在西子湖头作半日的勾留。只有这一回到了山穷水尽，我委委颓颓的逃返家中，仍想我所嫌恶的故土去求一个息壤，投林的倦鸟、返壑的衰狐，当没有我这样的懊丧落胆的。啊啊！浪子的还家，只求老父慈兄，不责备我就对了，哪里还有批评故乡，憎嫌故乡的心思，我一想到这一次的卑微的心境，竟不觉泫泫的落下泪来了。

我孤零丁的坐在车里，看看外面月台上跑来跑去的旅人，和穿黄色制服的挑夫，觉得模糊零乱，他们与我的中间，有一道冰山隔住的样子。一面看看车站附近各工厂的高高的烟囱，又觉得我的头上身边，都被一层灰色的烟雾包围在那里。我深深的吸了一口气，把车窗打开来看梅雨晴时的空际。天上虽还不能说是晴朗，但一斛晴云，和几道光线，是在那里安慰旅人说：

"雨是不会下了，晴不晴开来，却看你们的运气罢！"

不多一忽，火车慢慢儿的开了。北站附近的贫民窟，同坟墓似的江北人的船室，污泥的水潲，晒在坍败的晒台上的女人的小衣，秽布，劳动者的破烂的衣衫等，一幅一幅的呈到我的眼前来，好像是老天故意把人生的疾苦，编成了这一部有系统的记录，来安慰我的样子。

啊啊，载人离别的你这怪兽！你不终不息的前进，不休不止的前进罢！你且把我的身体，搬到世界尽处去，搬入虚无之境去，一生一世，不要停止，尽是行行，行到世界万物都化作青烟，你我的存在都变成乌有的时候，那我就感激你不尽了。

由现代的物质文明产生出来的贫苦之景，渐渐的被大自然掩盖了下去，贫民窟过了，大都会附近之小镇（Vorstadt）过了，路线的两岸，只有平绿的田畴，美丽的别业，洁净的野路，和壮健的农夫。在这调和的盛夏的野景中间，就是在路上行走的那一乘黄色人力车夫，也带有些浪漫的色彩。他好像是童话里的人物，并不是因为衣食的原因，却是为了自家的快乐，拉了车在那里行走的样子。若要在这大自然的微笑中间，指出一件令人不快的事物来，那就是野草中间横躺着的棺冢了。穷人的享乐，只有陶醉在大自然怀里的一刹那。在这一刹那中间，他能把现实的痛苦，忘记得干干净净，与悠久的天空，广漠的大地，化而为一。这是何等的残虐，何等的恶毒呢！当这样的地方，这样的时候，把人生的运命，赤裸裸的指给他看！

我是主张把中国的坟冢，把野外的枯骨，都掘起来付之一炬，或投入汪洋的大海里去的。

四

过了徐家汇，梵王渡，火车一程一程的进去，车窗外的绿色也一程一程的浓润起来，啊啊，我自失业以来，同鼠子蚊虫，蛰居在上海的自由牢狱里，已经有半年多了。我想不到野外的自然，竟长得如此的清新，郊原的空气，会酿得如此的爽健的。啊啊，自然呀，大地呀，生生不息的万物呀，我错了，我不应该离开了你们，到那秽浊的人海中间去觅食去的。

车过了莘庄，天完全变晴了。两旁的绿树枝头，蝉声犹如雨降。我侧耳听听，回想我少年时的景象不置。悠悠的碧落，只留着几条云影，在空际作霓裳的雅舞。一道阳光，偏洒在浓绿的树叶、匀称的稻秧，和柔软的青草上面。被黄梅雨盛满的小溪、奇形的野桥、水车的茅亭、高低的土堆，与红墙的古庙、洁净的农场，一幅一幅同电影似的尽在那里更换。我以车窗作了镜框，把这些天然的图画看得迷醉了，直等火车到松江停住的时候止，我的眼睛竟瞬息也没有移动。唉，良辰美景奈何天，我在这样的大自然里怕已没有生存的资格了罢，因为我的腕力，我的精神，都被现代的文明撒下了毒药，恶化成零，我哪里还有执了锄耙，去和农夫耕作的能力呢！

正直的农夫吓，你们是世界的养育者，是世界的主人公，我情愿为你们作牛作马，代你们的劳，你们能分一杯麦饭给我么？

车过了松江，风景又添了一味和平的景色。弯了背在田里工作的农夫，草原上散放着的羊群，平桥浅渚，野寺村场，都好像在那里作会心的微笑。火车飞过一处乡村的时候，一家泥墙草舍里忽有几声鸡唱声音，传了出来。草舍的门口有一个赤膊的农夫，吸着烟站在那里对火车呆看。我看了这些纯朴的村景，就不知不觉的叫了起来：

"啊啊！这和平的村落，这和平的村落，我几年不与你相接了。"

大约是叫得太响了，我的前后的同车者，都对我放起惊异的眼光来。幸而这是慢车，坐二等车的人不多，否则我只能半途跳下车去，去躲避这一次的羞耻了。我被他们看得不耐烦，并且肚里也觉得有些饥了，用手向鞋底里摸了一摸，迟疑了一会，便叫过茶房来，命他为我搬一客番菜来吃。我动身的时候，脚底下只藏着两张钞票。火车票买后，左脚下的一张钞票已变成了一块多的找头，依理而论是不该在车上大吃的。然而愈有钱愈想节省，愈贫穷愈要瞎花，是一般的心理，我此时也起了自暴自弃的念头：

"横竖是不够的，节省这个钱，有什么意思，还是吃罢！"

一个欲望满足了的时候，第二个欲望马上要起来的，我喝了汤，吃了一块面包之后，喉咙觉得干渴起来，便又起了一种自暴自弃的念头，率性叫茶房把啤酒汽水拿两瓶来。啊啊，危险危险，我右脚下的一张钞票，已有半张被茶房撕去了。

一边饮食，一边我仍在赏玩窗外的水光云影。在几个小车站上停了几次，轰轰的过了几处铁桥，等我中餐吃完的时候，火车已经过嘉兴驿了。吃了个饱满，并且带了三分醉意，我心里虽然时时想到今晚在杭州的膳宿费，和明天上富阳去的轮船票，不免有些忧郁，但是以全体的气概讲来，这时候我却是非常快乐，非常满足的：

"人生是现在一刻的连续，现在能够满足，不就好了么？一刻之后的事情，又何必去想它，明天明年的事情，更可丢在脑后了。一刻之后，谁能保得火车不出轨！谁能保得我不死？罢了罢了，我是满足得很！哈哈哈哈……"

我心里这样的很满足的在那里想，我的脚就慢慢的走上车后的眺望台去。因为我坐的这挂车是最后的一挂，所以站在眺望台上，既可细看野景，又可听听鸣蝉，接受些天风。我站在台上，一手捏住铁栏，一手用了半枝火柴在剔牙齿。凉风一阵阵的吹来，野景一幅幅的过去，我真觉得太幸福了。

五

  我平生感得幸福的时间，总不能长久。一时觉得非常满足之后，其后必有绝大的悲怀相继而起。我站在车台上，正在快乐的时候，忽而在万绿丛中看见了一幅美满的家庭团叙图。一个年约三十一二壮健的农夫，两手擎了一个周岁的小孩，在桑树影下笑乐。一个穿青布衫的与农夫年纪相仿的农妇，笑微微的站在旁边守着他们。在他们上面晒着的阳光树影，更把他们的美满的意情表现得明显。地上摊着一只饭箩，一瓶茶，几只菜饭碗。这一定是那农妇送来飨她男人的，啊啊，桑间陌上，夫唱妇随，更有你两个爱情的结晶，在中间作姻缘的缔带，你们是何等幸福呀！然而我呢！啊啊我啊？我是一个有妻不能爱，有子不能抚的无能力者，在人生战斗场上的惨败者，现在是在逃亡的途中的行路病者，啊！农夫吓农夫，愿你与你的女人和好终身，愿你的小孩聪明强健，愿你的田谷丰多，愿你幸福！你们的灾殃，你们的不幸，全交给了我，凡地上一切的苦恼、悲哀、患难，索性由我一人负担了去罢！

  我心里虽这样的在替他祝福，我的眼泪却连连续续的落了下来。半年以来，因为失业的原因，在上海流离的苦处，我想起来了。三个月前头，我的女人和小孩，孤苦零仃的由这条铁路上经过，萧萧索索的回家去的情状，我也想出来了。啊啊，农家夫妇的幸福，读书阶级的飘零！我女人经过的悲哀的足迹，现在更由我一步步的践踏过去！若是有情，争得不哭呢！

  四围的景色，忽而变了，一刻前那样丰润华丽的自然的美景，都好像在那里嘲笑我的样子：

  "你回来了么？你在外国住了十几年，学了些什么回来？

你的能力怎么不拿些出来让我们看看？现在你有养老婆儿子的本领么？哈哈！你读书学术，到头来还是归到乡间去啃你祖宗的积聚！"

我俯首看看飞行车轮，看看车轮下的两条白闪闪的铁轨和枕木卵石，忽而感得了一种强烈的死的诱惑。我的两脚抖了起来，踉跄前进了几步，又呆呆的俯视了一忽，两手捏住了铁栏，我闭着眼睛，咬紧牙齿，在脚尖上用了一道死力，便把身体轻轻的抬跳起来了。

六

啊啊，死的胜利吓！我当时若志气坚强一点，就早脱离了这烦恼悲苦的世界，此刻好坐在天神Beatrice的脚下拈花作微笑了。但是我那一跳，气力没有用足。我打开眼睛来看时，大地高天，稻田草地，依旧在火车的四周驰骋，车轮的辗声，依旧在我的耳里雷鸣，我的身体却坐在栏杆的上面，绝似病了的鹦鹉，被锁住在铁条上待毙的样子。我看看两旁的美景，觉得半点钟以前的称颂自然美的心境，怎么也回复不过来。我以泪眼与硖石的灵山相对，觉得硖西公园后石山上在太阳光下游玩的几个男女青年，都是挤我出世界外去的魔鬼。车到了临平，我再也不能细赏那荷花世界柳丝乡的风味。我只觉得青翠的临平山，将要变成我的埋骨之乡。笕桥过了，艮山门过了。灵秀的宝叔山，奇兀的北高峰，清泰门外贯流着的清浅的溪流，溪流上摇映着的萧疏的杨柳，野田中交叉的窄路，窄路上的行人，前朝的最大遗物，参差婉绕的城墙，都不能唤起我的兴致来。车到了杭州城站，我只同死刑囚上刑场似的下了月台。一出站内，在青天皎日的底下，看看我儿时所习见的红墙旅舍，酒馆茶楼，和年轻气锐的生长在都会中的妙年人士，我心里只是怦怦的乱跳，仰不起头来。这种幻灭的心理，若硬要把它写出来的时候，我只好用一个譬喻。譬如当青春的年少，我遇着了一位绝世的佳人，她对我本是初恋，我对她也是第一次的破题儿。两人相携相挽，同睡同行，春花秋月的过了几十个良宵。后来我的金钱用尽，女人也另外有了心爱的人儿，她就学了樊素，同春去了。我只得和悲哀孤独，贫困恼羞，结成伴侣。几年在各地流浪之余，我年纪也大了，身体也衰了，披了一身破褴的衣服，仍复回到当时我两人并肩携手的故地来。山川草木，星月云霓，仍不改其美观。我独坐湖滨，正在临流自吊的时候，忽在水面看见了那弃我而去的她的影像。她容貌同几年前一样的娇柔，衣服同几年前一样的华丽，项下挂着的一串珍珠，比从前更加添了一层光彩，额上戴着的一圈玛瑙，比曩时更红艳得多了。且更有难堪者，回头来一看，看见了一位文秀闲雅的美少年，站在她的背后，用了两手在那里摸弄她的腰背。

　　啊啊！这一种譬喻，值得什么？我当时一下车站，对杭州的天地感得的那一种羞惭懊丧，若以言语可以形容的时候，我当时的夏布衫袖，就不会被泪汗湿透了，因为说得出譬喻得出的悲怀，还不是世上最伤心的事情呀。我慢慢俯了首，离开了刚下车的人群与争揽客人的车夫和旅馆的招待者，独行踽踽的进了一家旅馆，我的心里好像有千斤重的一块铅石垂在那里的样子。

　　开了一个单房间，洗了一个脸，茶房拿了一张纸来，要我填写姓名、年岁、籍贯、职业。我对他呆呆的看了一忽，他好像是疑我不曾出过门，不懂这规矩的样子，所以又仔仔细细的解说了一遍。啊啊，我哪里是不懂规矩，我实在是没有写的勇气哟，我的无名的姓氏，我的故乡的籍贯，我的职业！啊啊！叫我写出什么来？

被他催迫不过，我就提起笔来写了一个假名，填上了异乡人的三字，在职业栏下写了一个无字。不知不觉我的眼泪竟濮嗒濮嗒的滴了两滴在那张纸上。茶房也看得奇怪，向纸上看了一看，又问我说：

"先生府上是哪里，请你写上了罢，职业也要写的。"

我没有方法，就把异乡人三字圈了，写上朝鲜两字，在职业之下也圈了一圈，填了"浮浪"两字进去。茶房出去之后，我就关上了房门，倒在床上尽情的暗泣起来了。

七

伏在床上暗泣了一阵，半日来旅行的疲倦，征服了我的心身。在朦胧半觉的中间，我听见了几声咯咯的叩门声。糊糊涂涂的起来开了门，我看见祖母，不言不语的站在门外。天色好像晚了，房里只是灰黑的辨不清方向。但是奇怪得很，在这灰黑的空气里，祖母面上的表情，我却看得清清楚楚。这表情不是悲哀，当然也不是愉乐，只是一种压人的庄严的沉默。我们默默的对坐了几分钟，她才移动了她那皱纹很多的嘴说：

"达！你太难了，你何以要这样的孤洁呢！你看看窗外看！"

我向她指着的方向一望，只见窗下街上黑暗嘈杂的人丛里有两个大火把在那里燃烧，再仔细一看，火把中间坐着一位木偶。但是奇极怪极，这木偶的面貌，竟完全与我的一个朋友的面貌一样。依这情景看来，大约是赛会了，我回转头来正想和祖母说话，房内的电灯拍的响了一声，放起光来了，茶房站在我的床前，问我晚饭如何？我只呆呆的不答，因为祖母是今年二月里刚死的，我正在追想梦里的音容，哪里还有心思回茶房的话哩？

遣茶房走了，我洗了一个面，就默默的走出旅馆来。夕阳的残照，在路旁的层楼屋脊上还看得出来。店头的灯火，也星星的上了。日暮的空气，带着微凉，拂上面来。我在羊市街头走了几转，穿过车站的庭前，踏上清泰门前的草地上去。沉静的这杭州故郡，自我去国以来，也受了不少的文明的侵害，各处的旧迹，一天一天的被拆毁了。我走到清泰门前，就起了一种怀古之情，走上将拆而犹在的城楼上去。城外一带杨柳桑树上的鸣蝉，叫得可怜。它们的哀吟，一声声沁入了我的心脾，我如同海上的浮尸，把我的情感，全部付托了蝉声，尽做梦似的站在丛残的城堞上，看那西北的浮云和暮天的急情，一种淡淡的悲哀，把我的全身溶化了。这时候若有几声古寺的钟声，当当的一下一下，或缓或徐的飞传过来，怕我就要不自觉的从城墙上跳入城濠，把我灵魂和入晚烟之中，去笼罩着这故都的城市。然而南屏还远，curfew今晚上是不会鸣了。我独自一个冷清清的立了许久，看西天只剩了一线红云，把日暮的悲哀尝了个饱满，才慢慢的走下城来。这时候天已黑了，我下城来在路上的乱石上钩了几脚，心里倒起了一种莫名其妙的恐怖。我想想白天在火车上谋自杀的心思和此时的恐怖心一比，就不觉微笑起来，啊啊，自负为灵长的两足动物哟，你的感情思想，原只是矛盾的连续呀！说什么理性？讲什么哲学？

走下了城，踏上清冷的长街，暮色已经弥漫在市上了。各家的稀淡的灯光，比数刻前增加了一倍势力。清泰门直街上的行人的影子，一个一个从散射在街上的电灯光里闪过，现出一种日暮的情调来。天气虽还不曾大热，然而有几家却早把小桌子摆在门前，露天的在那里吃晚饭了。我真成了一个孤独的异乡人，光了两眼，尽在这日暮的长街上行行前进。

我在杭州并非没有朋友，但是他们或当科长，或任参谋，现在正是非常得意的时候，我若飘然去会，怕我自家的心里比他们见我之后憎嫌我的心思更要难受。我在沪上，半年来已经饱受了这种冷眼，到了现在，万一家里容我，便可回家永住，万一情状不佳，便拟自决的时候，我再也犯不着去讨这些没趣了。我一边默想，一边看看两旁的店家在电灯下围桌晚饭的景象，不知不觉两脚便走入了石牌楼的某中学所在的地方。啊啊，桑田沧海的杭州，旗营改变了，湖滨添了些邪恶的中西人的别墅，但是这一条街，只有这一条街，依旧清清冷冷，和十几年前我初到杭州考中学的时候一样。物质文明的幸福，些微也享受不着，现代经济组织的流毒，却受得很多的我，到了这条黑暗的街上，好像是已经回到了故乡的样子，心里忽感得了一种安泰，大约是兴致来了，我就踏进了一家巷口的小酒店里去买醉去。

八

在灰黑的电灯底下，面朝了街心，靠着一张粗黑的桌子，坐下喝了几杯高粱，我终觉得醉不成功。我的头脑，愈喝酒愈加明晰，对于我现在的境遇反而愈加自觉起来了。我放下酒杯，两手托着了头，呆呆的向灰暗的空中凝视了一会，忽而有一种沉郁的哀音夹在黑暗的空气里，渐渐的从远处传了过来。这哀音有使人一步一步在感情中沉没下去的魔力，可说是中国管弦乐的代表了。过了几分钟，这哀音的发动者渐渐的走近我的身边，我才辨出了一种胡琴与砰击磁器的谐音来。啊啊！你们原来是流浪的声乐家，在这半开化的杭州城里想卖艺糊口的可怜虫！

他们二三人的瘦长的清影，和后面跟着看的几个小孩，在酒馆前头掠过了。那一种凄楚的谐音，也一步一步的幽咽了，听不见了。我心里忽起了一种绝大的渴念，想追上他们，去饱尝一回哀音的美味。付清了酒账，我就走出店来，在黑暗中追赶上去。但是他们的几个人，不知走上了什么方向，我拼死的追寻，终究寻他们不着。唉，这昙花的一现，难道是我的幻觉么？难道是上帝显示给我的未来的预言么？但是那悠扬沉郁的弦音和磁盘砰击的声响，还缭绕在我的心中。我在行人稀少的黑暗的街上东奔西走的追寻了一会，没有方法，就只好从丰乐桥直街走到了湖边上去。

湖上没有月华，湖滨的几家茶楼旅馆，也只有几点清冷的电灯，在那里放淡薄的微光，宽阔的马路上，行人也寥落得很。我横过了湖塍马路，在湖边上立了许久。湖的三面，只有沉沉的山影，山腰山脚的别庄里，有几点微明的灯火，要静看才看得出来。几颗淡淡的星光，倒映在湖里，微风吹来，湖里起了几声豁豁的浪声。四边静极了。我把一枝吸尽的纸烟头丢入湖里，啾的响了一声，纸烟的火就熄了。我被这一种静寂的空气压迫不过，就放大了喉咙，对湖心噢噢的发了一声长啸，我的胸中觉得舒畅了许多。沿湖向西走了一段，我忽在树阴下椅子上，发现了一对青年男女。他和她的态度太无忌惮了，我心里便忽起了一种不快之感，把刚才长啸之后的畅怀消尽了。

啊啊！青年的男女哟！享受青春，原是你们的特权，也是我平时的主张。但是，但是你们在不幸的孤独者前头，总应该谦逊一点，方能完全你们的爱情的美处。你们且牢牢记着罢！对了贫儿，切不要把你们的珍珠宝物显给他看，因为贫儿看了，愈要觉得他自家的贫困的呀！

我从人家睡尽的街上，走回城站附近的旅馆里来的时候，已经是深夜了。解衣上床，躺了一会，终觉得睡不着。我就点上一枝纸烟，一边吸着，一边在看帐顶。在沉闷的旅舍夜半的空气里，我忽而听见了一阵清脆的女人声音，和门外的茶房，在那里说话。

"来哉来哉！噢哟，等得诺（你）半业（日）嗒哉！"

这是轻佻的茶房的声音。

"是哪一位叫的？"

啊啊！这一定是土娼了！

"仰（念）三号里！"

"你同我去呵！"

"噢哟，根（今）朝诺（你）个（的）面孔真白嗒！"

茶房领了她从我门口走过，开入到间壁念三号房里。

"好哉，好哉！活菩萨来哉！"

茶房领到之后，就关上门走下楼去了。

"请坐。"

"不要客气！先生府上是哪里？"

"阿拉（我）宁波。"

"是到杭州来耍子儿的么？"

"来宵（烧）香个。"

"一个人么？"

"阿拉邑个宁（人）。京（今）教（朝）体（天）气轧业（热），查拉（为什么）勿赤膊？"

"啥话语！"

"诺（你）勿脱，阿拉要不（替）诺脱哉。"

"不要动手，不要动手！"

"回（还）朴（怕）倒霉索啦？"

"不要动手，不要动手，我自家来解罢。"

"阿拉要摸一摸！"

吃吃的窃笑声，床壁的震动声。

啊啊！本来是神经衰弱的我，即在极安静的地方，尚且有时睡不着觉，哪里还经得起这样淫荡的吵闹呢！北京的浙江大老诸君呀，听说杭州有人倡设公娼的时候，你们竭力的反对，你们难道还不晓得你们的子女姊妹在干这种营业，而在扰乱及贫苦的旅人么？盘踞在当道，只知敲剥百姓的浙江的长官呀！你们若只知聚敛，不知济贫，怕你们的妻妾，也要为快乐的原因，学她们的妙技了。唉唉！"邑有流亡愧俸钱"，你们曾听人说过这句诗否！

九

我睡在床上，被间壁的淫声挑拨得不能合眼，没有方法，只得起来上街去闲步。这时候大约是后半夜的一二点钟的样子，上海的夜车早已到着，羊市街福缘巷的旅店，都已关门睡了。街上除了几乘散乱停住的人力车外，只有几个敝衣凶貌的罪恶的子孙在灰色的空气里阔步。我一边走一边想起了留学时代在异国的首都里每晚每晚的夜行，把当时的情状与现在在这中国的死灭的都会里这样的流离的状态一对照，觉得我的青春，我的希望，我的生活，都已成了过去的云烟，现在的我和将来的我只剩得极微细的一些儿现实味，我觉得自家实际上已经成了一个幽灵了。我用手向身上摸了一摸，觉得指头触着了一种极粗的夏布材料，又向脸上用了力摘了一把，神经感得了一种痛苦。

"还好还好，我还活在这里，我还不是幽灵，我还有知觉哩！"

这样的一想，我立时把一刻前的思想打消，却好脚也正走到了拐角头的一家饭馆前了。在四邻已经睡寂的这深更夜半，只有这一家店同睡相不好的人的嘴似的空空洞洞的开在那里。我晚上不曾吃过什么，一见了这家店里的锅子炉灶，便觉得饥饿起来，所以就马上踏了进去。

喝了半斤黄酒，吃了一碗面，到付钱的时候，我又痛悔起来了。我从上海出发的时候，本来只有五元钱的两张钞票。坐二等车已经是不该的了，况又在车上大吃了一场。此时除付过了酒面钱外，只剩得一元几角余钱，明天付过旅馆宿费，付过早饭账，付过从城站到江干的黄包车钱，哪里还有钱购买轮船票呢？我急得没有方法，就在静寂黑暗的街巷里乱跑了一阵，我的身体，不知不觉又被两脚搬到了西湖边上。湖上的静默的空气，比前半夜，更增加了一层神秘的严肃。游戏场也已经散了，马路上除了拐角头边上的没有看见车夫的几乘人力车外，生动的物事一个也没有。我走上了环湖马路，在一家往时也曾投宿过的大旅馆的窗下立了许久。看看四边没有人影，我心里忽然来了一种恶魔的诱惑。

"破窗进去罢，去撮取几个钱来罢！"

我用了心里的手，把那扇半掩的窗门轻轻的推开，把窗门外的铁杆，细心的拆去了二三枝，从墙上一踏，我就进了那间屋子。我的心眼，看见床前白帐子下摆着一双白花缎的女鞋，衣架上挂着一件纤巧的白华丝纱衫，和一条黑纱裙。我把洗面台的抽斗轻轻抽开,里边在一个小小儿的粉盒和一把白象牙骨折扇的旁边,横躺着一个沿口有光亮的钻珠绽着的女人用的口袋。我向床上看了几次,便把那口袋拿了,走到窗前,心里起了一种怜惜羞悔的心思,又走回去,把口袋放归原处。站了一忽,看看那狭长的女鞋,心里忽又起了一种异想,就伏倒去把一只鞋子拿在手里。我把这女鞋闻了一回,玩了一回,最后又起了一种惨忍的决心,索性把口袋鞋子一齐拿了,跳出窗来。我幻想到了这里,忽而回复了我的意识,面上就立时变得绯红,额上也钻出了许多汗珠。我眼睛眩晕了一阵,我就急急的跑回城站的旅馆来了。

十

奔回到旅馆里,打开了门,在床上静静的躺了一忽,我的兴奋,渐渐的镇静了下去。间壁的两位幸福者也好像各已倦了,只有几声短促的鼾声和时时从半睡状态里漏出来的一声二声的低幽的梦话,击动我的耳膜。我经了这一番心里的冒险,神经也已倦竭,不多一会,两只眼包皮就也沉沉的盖下来了。

一睡醒来,我没有下床,便放大了喉咙,高叫茶房,问他是什么时候。

"十点钟哉,鲜散(先生)!"

啊啊!我记得接到我祖母的病电的时候,心里还没有听见这一句回话时的恼乱!即趁早班轮船回去,我的经济,已难应付,哪里还禁得在杭州再留半日呢?况且下午二点钟开的轮船是快班,价钱比早班要贵一倍。我没有方法,把脚在床上蹬踢了一回,只得悻悻的起来洗面。用了许多愤激之辞,对茶房发了一回脾气，我就付了宿费，出了旅馆从羊市街慢慢的走出城来。这时候我所有的财产全部，除了一个瘦黄的身体之外，就是一件半旧的夏布长衫，一套白洋纱的小衫裤，一双线袜，两只半破的白皮鞋和八角小洋。

太阳已经升上了中天，光线直射在我的背上。大约是因为我的身体不好，走不上半里路，全身的粘汗竟流得比平时更多一倍。我看看街上的行人，和两旁的住屋中的男女，觉得他们都很满足的在那里享乐他们的生活，好像不晓得忧愁是何物的样子。背后忽而起了一阵铃响，来了一乘包车，车夫向我骂了几句，跑过去了，我只看见了一个坐在车上穿白纱长衫的少年绅士的背形，和车夫的在那里跑的两只光腿。我慢慢的走了一段，背后又起了一阵车夫的威胁声，我让开了路，回转头来一看，看见了三部人力车，载着三个很纯朴的女学生，两腿中间各夹着些白皮箱铺盖之类，在那里向我冲来。她们大约是放了暑假赶回家去的，我此时心里起了一种悲愤，把平时祝福善人的心地忘了，却用了憎恶的眼睛，狠狠的对那些威胁我的人力车夫看了几眼。啊啊，我外面的态度虽则如此凶恶，但一边我却在默默的原谅他们的呀！

"你们这些可怜的走兽，可怜你们平时也和我一样，不能和那些年轻的女性接触。这也难怪你们的，难怪你们这样的乱冲，这样的兴高采烈的。这几个女性的身体岂不是载在你们的车上的么？她们的白嫩的肉体上岂不是有一种电气传到你们的身上来的么？虽则原因不同，动机卑微，但是你们的汗，岂不是为了这几个女性的肉体而流的么？啊啊，我若有气力，也愿跟了你们去典一乘车来，专拉这样的如花少女。我更愿意拼死的驰驱，消尽我的精力。我更愿意不受她们的金钱酬报。"

走出了凤山门，站住了脚，默默的回头来看了一眼，我的眼角又忽然涌出了两颗珠露来！

"珍重珍重，杭州的城市！我此番回家，若不马上出来，大约总要在故乡永住了，我们的再见，知在何日？万一情状不佳，故乡父老不容我在乡间终老，我也许到严子陵的钓石矶头，去寻我的归宿的，我这一瞥，或将成了你我的最后的诀别。我到此刻，才知道我胸际实在痛爱你的明媚的湖山，不过盘踞在你的地上的那些野心狼子，不得不使我怨你恨你而已。啊啊，珍重珍重，杭州的城市！我若在波中淹没的时候，最后映到我的心眼上来的，也许是我儿时亲睦的你的媚秀的湖山罢！"

一九二三年七月三十日

原载1923年7月23日至8月2日上海《中华新报·创造日》第2期

还乡后记

郁达夫

　　风烟俱净,天山共色,从流飘荡,任意东西。自富阳至桐庐一百许里,奇山异水,天下独绝。水皆缥碧,千丈见底,游鱼细石,直视无碍,急湍甚箭,猛浪若奔,隔岸高山,皆生寒树,负势竞上,互相轩邈,争高直指,千百成峰。泉水激石,泠泠作响;好鸟相鸣,嘤嘤成韵。蝉则千啭不穷,猿则百叫无绝。鸢飞戾天者,望峰息心;经纶世务者,窥谷忘反。横柯上蔽,在昼犹昏;疏条交映,有时见日。吴均。

一

　　"比在家庭的怀抱里觉得更好的地方,是什么地方?"像这样的地方,当然是没有的,法国的这一句古歌,实在是把人情世态道尽了。

　　当微雨潇潇之夜,你若身眠古驿,看看萧条的四壁,看看一点欲尽的寒灯,倘不想起家庭的人,这人便是没有心肠者,任它草堆也好,破窑也好,你儿时放摇篮的地方,便是你死后最好的葬身之所呀!我们在客中卧病的时候,每每要想及家乡，就是这事的明证。

我空拳只手的奔回家去。到了杭州，又把路费用尽，在赤日的底下，在车行的道上，我就不得不步行出城。缓步当车，说起来倒是好听，但是在二十世纪的堕落的文明里沉浸过的我，既贫贱而又多骄，最喜欢张张虚势，更何况平时是以享乐为主义的我，又哪里能够好好的安贫守分，和乡下人一样的蹀躞泥中呢！

这一天阴历的六月初三，天气倒好得很。但是炎炎的赤日，只能助长有钱有势的人的纳凉佳兴，与我这行路病者，却是丝毫无益的！我慢慢的出了凤山门，立在城河桥上，一边用了我那半旧的夏布长衫襟袖，揩拭汗水，一边回头来看看杭州的城市，与杭州城上盖着的青天和城墙界上的一排山岭，真有万千的感慨，横亘在胸中。预言者自古不为其故乡所容，我今朝却只能对了故里的丘山，来求最后的荫庇，五柳先生的心事，痛可知了。

啊啊！亲爱的诸君，请你们不要误会，我并非是以预言者自命的人，不过说我流离颠沛，却是与预言者的境遇相同，社会错把我作了天才待遇罢了。即使罗秀才能行破石飞鸡的奇迹，然而他的品格，岂不和飘泊在欧洲大陆，猖狂乞食的其泊西（gipsy）一样么？

我勉强走到了江干，腹中饥饿得很了。回故乡去的早班轮船，当然已经开出，等下午的快船出发，还有三个钟头。我在杂乱窄狭的南星桥市上飘流了一会，在靠江的一条冷清的夹道里找出了一家坍败的饭馆来。

饭店的房屋的骨格，同我的胸腔一样，肋骨已经一条一条的数得出来了。幸亏还有左侧的一根木椽，从邻家墙上，横着支住在那里，否则怕去秋的潮汛，早好把它拉入了江心，作伍子胥的烧饭柴火去了。店里的几张板凳桌子，都积满了灰尘油腻，好像是前世纪的遗物。账柜上坐着一个四十内外的女人，在那里做鞋子。灰色的店里，并没有什么生动的气象，只有在门口柱上贴着的一张"安寓客商"的尘蒙的红纸，还有些微现世的感觉。我因为脚下的钱已快完，不能更向热闹的街心去寻辉煌的菜馆，所以就慢慢的踱了进去。

啊啊，物以类聚！你这短翼差池的饭馆，你若是二足的走兽，那我正好和你分庭抗礼结为兄弟哩。

二

假使天公下一阵微雨，把钱塘江两岸的风景，罩得烟雨模糊，把江边的泥路，浸得污浊难行，那么这时候江干的旅客，必要减去一半，那么我乘船归去，至少可以少遇见几个晓得我的身世的同乡；即使旅客不因之而减少，只教天上有暗淡的愁云蒙着，阶前屋外有几点雨滴的声音，那么围绕在我周围的空气和自然的景物，总要比现在更带有些阴惨的色彩，总要比现在和我的心境更加相符。若希望再奢一点，我此刻更想有一具黑漆棺木在我的旁边。最好是秋风凉冷的九十月之交，叶落的林中，阴森的江上，不断地筛着渺濛的秋雨。我在凋残的芦苇里，雇了一叶扁舟，当日暮的时候，在送灵柩归去。小船上除舟子而外，不要有第二个人。棺里卧着的，若不是和我寝处追随的一个年少妇人，至少也须是一个我的至亲骨肉。我在灰暗微明的黄昏江上，雨声淅沥的芦苇丛中，赤了足，张了油纸雨伞，提了一张灯笼，摸上船头上去焚化纸帛。

我坐在靠江的一张破桌子上，等那柜上的妇人下来替我炒蛋炒饭的时候，看看西兴对岸的青山绿树，看看江上的浩荡波光，又看看在江边沙渚的晴天赤日下来往的帆樯肩舆和舟子牛车，心里忽起了一种怨恨天帝的心思。我怨恨了一阵，痴想了一阵，就把我的心愿，原原本本的排演了出来。我一边在那里焚化纸帛，一边却对棺里的人说：

"Jeanne！我们要回去了，我们要开船了！怕有野鬼来麻烦你，你就拿这一点纸帛送给他们罢！你可要饭吃？你可安稳？你可是伤心？你不要怕，我在这里，我什么地方也不去了，我只在你的边上……"

我幽幽的讲到最后的一句，咽喉就塞住了。我在座上拱了两手，把头伏了下去，两面颊上，只感着了一道热气。我重新把我所欲爱的女人，一个一个想了出来，见她们闭着口眼，冰冷的直卧在我的前头。我觉得隐忍不住了，竟任情的放了一声哭声。那个在炉灶上的妇人，以为我在催她的饭，她就同哄小孩子似的用了柔和的声气说：

"好了好了！就快好了，请再等一忽儿！"

啊啊！我又想起来了，我又想起来了，年幼的时候，当我哭泣的时候，祖母母亲哄我的那一种声气！

"已故的老祖母，倚闾的老母亲！你们的不肖的儿孙，现在正落魄了在江干等回故里的船呀！"

我在自己制成的伤心的泪海里游泳了一会，那妇人捧了一碗汤，一碗炒饭，摆到了我的面前来。我仰起头来对她一看，她倒惊了一跳。对我呆看了一眼，她就去绞了一块手巾来递给我，叫我擦一擦面。我对了这半老妇人的殷勤，心里说不出的只在感谢。几日来因为睡眠不足，营养不良的缘故，已经是非常感情衰弱，动着就要流泪的我，对她的这一种感谢，也变成了两行清泪，噗嗒的滴下了腮来。她看了这种情形，就问我说：

"客人，你可是遇见了坏人？"

我摇了摇头，勉强的对她笑了一笑，什么话也不能回答。她呆呆的立了一回，看我不能讲话，也就留了一句"饭不够吃，再好炒的。"安慰我的话，走向她的柜上去了。

三

我吃完了饭，付了她二角银角子，把找回来的八九个铜子，也送给了她，她却摇着头说：

"客人，你是赶船的么？船上要用钱的地方多得很哩，这几个铜子你收着用罢！"

我以为她怪我吝啬，只给她几个铜子的小账，所以又摸了两角银角子出来给她。她却睁大了眼睛对我说：

"咿咿！这算什么？这算什么？"

她硬不肯受，我才知道了她的真意，所以说：

"但是无论如何，我总要给你几个小账的。"

她又推了一回，才收了三个铜子说：

"小账已经有了。"

啊啊，我自回中国以来，遇见的都是些卑污贪暴的野心狼子，我万万想不到在浇薄的杭州城外，有这样的一个真诚的妇人的。妇人呀妇人，你的坍败的屋椽，你的凋零的店铺，大约就是你的真诚的结果，社会对你的报酬！啊啊，我真恨我没有黄金十万，为你建造一家华丽的酒楼。

"再会再会！"

"顺风顺风！船上要小心一点。"

"谢谢！"

我受妇人的怜惜,这可算是平生的第一次。

我出了饭馆,从太阳晒着的冷静的这条夹道,走上轮船公司的那条大街上去。大约是将近午饭的时候了,街上的行人,比曩时少了许多。我走到轮船公司门口,向窗里一看,见账房内有五六个男子围了桌子,赤了膊在那里说笑吃饭。卖票的窗前的屋里,在角头椅上,只坐着两个乡下人,在那里等候,从他们的衣服态度上看来,他们必是临浦萧山一带的农民,也不知他们有什么心事,他们的眉毛却蹙得紧紧的。

我走近了他们,在他们旁边坐下之后,两人中间的一个看了我一眼,问我说:

"鲜散(先生)!到临浦厌办(烟篷)几个脸(钱)?"

"我也不知道,大约是一二角角子吧。"

"喏(你)到啥地方起(去)咯?"

"我上富阳去的。"

"哎(我们)是为得打官司到杭州来咯。"

我并不问他,他却把这一回因为一个学堂里出身的先生告了他的状,不得不到杭州来的事情对我详细的诉说了:

"哎真勿要打官司啦!格煞(现在)田里已(又)忙,宁(人)也走勿开,真真苦煞哉啦!汉(那)个学堂里个(的)鲜散,心也脱凶哉,哎请啦宁刚(讲)过好两遍,情愿拿出八十块洋钿不(给)其(他),其(他)要哎百念块。喏(你)看,格煞五荒六月,教哎啥地方去变出一百念块洋钿来呢!"

他说着似乎是很伤心的样子。

"唉唉!你这老实的农民,我若有钱,我就给你一百二十块钱救你出险了。但是

Thou's met me in an evil hour;

…………

To spare thee now is past my power,
............"

我心里这样的一想,又重新起了一阵身世之悲。他看我默默的不语,便也住了口,仍复沉入悲愁的境里去了。

四

我坐在轮船公司的那只角上,默默的与那农民相对,耳里断断续续的听了些在账房里吃饭的人的笑语,只觉得一阵一阵的哀心隐痛,绝似临盆的孕妇,要产产不出来的样子。

杭州城外,自闸口至南星,统江干一带,本是我旧游之地,我记得没有去国之先,在岸边花艇里,金尊檀板,也曾眠醉过几场。江上的明月,月下的青山,与越郡的鸡酒,佐酒的歌姬,当然依旧在那里助长人生的乐趣。但是我呢?我身上的变化呢?我的同干柴似的一双手里,只捏了三个两角的银角子,在这里等买船票!

过了一点多钟,轮船公司的那间屋里,挤满了旅人,我因为怕逢知我的同乡,只俯了首,默默的坐着不敢吐气。啊啊,窗外的被阳光晒着的长街,在街上手轻脚健快快活活来往的行人,请你们饶恕我的罪罢,这时候我心里真恨不得丢一个炸弹,与你们同归于尽呀。

跟了那两个农民,在窗口买了一张烟篷船票,我就走出公司,走上码头,走上跳板,走上驳船去。

原来钱塘江岸,浅滩颇多,码头下有一排很长的跳板,接在那里。我跟了众人,一步一步的从跳板上走到驳船里去的时候,却看见了一个我自家的影子,斜映在江水里,慢慢的在那

里前进。等走到跳板尽处,将上驳船的时候,我心里忽而想起了一段我女人写给我的信上的话来:

>　　我从来没有一个人单独出过门,那天晚上,我对你说的让我一个人回去的话,原是激于一时的意气而发,我实不知道抱着一个六个月的孩子的妇人的单独旅行,是如何的苦法的。那天午后,你送我上车,车开之后,我抱了龙儿,看看车里坐着的男女,觉得都比我快乐。我又探头出来,遥向你住着的上海一望,只见了几家工厂,和屋上排列在那里的一列烟囱。我对龙儿看了一眼,就不知不觉的涌出了两滴眼泪。龙儿看了我这样子,也好像有知识似的对我呆住了。他跳也不跳了,笑也不笑了,默默的尽对我呆看。我看了这种样子,更觉得伤心难耐,就把我的颜面俯上他的脸上,紧紧的吻了他一回。他呆了一会,就在我的怀里睡着了。
>　　火车行行前进,我看看车窗外的野景,忽而想起去年你带我出来的时候的景象。啊啊!去岁的初秋,你我一路出来上A地去的快乐的旅行,和这一回惨败了回来的情状一比,当时的感慨如何,大约是你所能推想得出的罢!
>　　在江干的旅馆里过了一夜,第二天的早晨,我差茶房送了一个信给住在江干的我的母舅,他就来了。把我的行李送上轮船之后,买了票子,他又来陪我上船去。龙儿硬不要他抱,所以我只能抱着龙儿,跟在他后面,一步一步的走上那骇人的跳板去,等跳板走尽的时候,我想把龙儿交给母舅,纵身一跳,跳入钱

塘江里去的。但是仔细一想,在昏夜的扬子江边还淹不死的我,在白日的这浅渚里,又哪里能达到我的目的?弄得半死不活,走回家去,反而要被人家笑话,还不如忍着罢。

我到家以后,这几天来,简直还没有取过饮食,所以也没有气力写信给你,请你谅我……"

五

啊啊,贫贱夫妻百事哀!我的女人吓,我累你不少了。

我走上了驳船,在船篷下坐定之后,就把三个月前,在上海北站,送我女人回家的事情想了出来。忘记了我的周围坐着的同行者,忘记了在那里摇动的驳船,并且忘记了我自家的失意的情怀,我只见清瘦的我的女人抱了我们的营养不良的小孩在火车窗里,在对我流泪。火车随着蒸汽机关在那里前进,她的眼泪洒满的苍白的脸儿,也和车轮合着了拍子,一隐一现的在那里窥探我。我对她点一点头,她也对我点一点头。我对她手招一招,教她等我一忽,她也对我手招一招。我想使尽我的死力,跳上火车去和她做一块儿,但是心里又怕跳不上去,要跌下来。我迟疑了许久,看她在窗里的愁容,渐渐的远下去,淡下去了,才抱定了决心,站起来向前面伸出了一只手去。我攀着了一根铁干,听见了一声嗵嗵的冲击的声音,纵身向上一跳,觉得双脚踏在木板上了。忽有许多嘈杂的人声,逼上我的耳膜来,并且有几只强有力的手,突突的向我背后推打了几下。我回转头来一看,方知是驳船到了轮船身边,大家在争先的跳上轮船来,我刚才所攀着的铁干,并不是火车的回栏,我的两脚也并不是在火车中间,却踏在小轮船的舷上了。

　　我随了众人挤到后面的烟篷角上去占了一个位置,静坐了几分钟,把头脑休息了一下,方才从刚才的幻梦状态里醒了转来。

　　向船外一望,我看见透明的淡蓝色的江水,在那里反射日光。更抬头起来,望到了对岸,我看见一条黄色的沙滩,一排苍翠的杂树,静静地躺在午后的阳光里吐气。

　　我弯了腰背孤伶仃的坐了一忽,轮船开了。在闸口停了一停,这一只同小孩子的玩具似的小轮船就仆独仆独的奔向西去。两岸的树林沙渚,旋转了好几次,江岸的草舍,农夫,和偶然出现的鸡犬小孩,都好像是和平的神话里的材料,在那里等赫西奥特(Hesiod)的吟咏似的。

　　经过了闻家堰,不多一忽,船就到了东江嘴。上临浦义桥的船客,是从此地换入更小的轮船,溯支江而去的。买票前和我坐在一起的那两个农民,被茶房拉来拉去的拉到了船边,将换入那只等在那里的小轮船去的时候,一个和我讲话过的人,忽而回转头来对我看了一眼,我也不知不觉的回了他一个目礼。啊啊!我真想跟了他们跳上那只小轮船去,因为一个钟头之后,我的轮船就要到富阳了,这回前去停船的第一个码头,就是富阳了,我有什么面目回家去见我的衰亲,见我的女人和小孩呢?

　　但是运命注定的最坏的事情,终究是避不掉的。轮船将近我故里的县城的时候,我的心脏的鼓动也和轮船的机器一样,仆独仆独的响了起来。等船一靠岸,我就杂在众人堆里,披了一身使人眩晕的斜阳,俯着首走上岸来。上岸之后,我却走向和回家的路径方向相反的一个冷街上的土地庙去坐了二点多钟。等太阳下山,人家都在吃晚饭的时候,我方才乘了夜阴,走上我们家里的后门边去。我侧耳一听,听见大家都在庭前吃晚饭，偶尔传过来的一声我女人和母亲的说话的声音，使我按不住的想奔上前去，和她们去说一句话，但我终究忍住了。乘后门边没有一个人在，我就放大了胆，轻轻推开了门，不声不响的摸上楼上我的女人的房里去睡了。

　　晚上我的女人到房里来睡的时候，如何的惊惶，我和她如何的对泣，我们如何的又想了许多谋自尽的方法，我在此地不记下来了，因为怕人家说我是为欲引起人家的同情的缘故，故意的在夸张我自家的苦处。

一九二三年八月十九日

闲情日记（节选）

郁达夫

一九二七年四月十三日，星期三，雨（三月十二）。

午前一早就醒了，冒雨还闸北，昨天的战迹，四处还可以看见。人心惶惑，一般行人店户，都呈着一种恐慌的样子。我将行李物件收集了一下，就趁车上天后宫桥招商内河轮船码头去搭船赴杭州。因为昨天南站，也有一样的工人和军部来缴械的人的冲突，打得落花流水，沪杭火车停开了。

在大雨之中，于午前十一点上船，直至午后四点，船始开行。一船逃难者，挤得同蒸笼里的馒头一样。

晚上独酌白兰地酒，坐到天明。

十四日，星期四，雨（三月十三）。

在船上，天明的时候，船到嘉兴，午后天放晴了，船过塘栖，已将近四点，结果于五点半后，到拱宸桥。

这时候天上晴明高爽，在洋车坐着，虽则心里很急，但也觉得很舒服。

在西湖饭店里住下，洗了一洗手脸，就赶到金刚寺巷映霞的家里去。心里只在恐怖，怕她的母亲，她的祖父要对我辱骂，然而会见后，却十分使我惊喜。

一到她家，知道映霞不在，一位和蔼的中年妇人教我进去坐候，她就是映霞的母亲，谈了几句话后，使我感到了一种不可名状的快愉，因为我已经可以知道她不是我们的恋爱的阻难者。坐等了十来分钟，电灯亮了，映霞还是不来，心里倒有点焦急，起立坐下者数次，想出来回到旅馆里去，因为被她母亲劝止了，就也只好忍耐着等待下去。吃晚饭的时候，她终于来了，当然喜欢得了不得，就和她出去吃晚饭。晚饭毕，又和她上旅馆去坐到十一点钟，吻了半天的嘴脸，才放她回去，并约定明天一早就去看她。

十五日，星期五，晴爽（阴历三月十四）。

昨晚上因为有同乡某来在旅馆里宿，所以一夜不曾安睡，送映霞出去后，直到午前两点钟才上床。今早又一早就醒了，看见天气的晴朗，心里真喜欢得了不得。午前八点钟前，就去映霞家里，和她的兄弟保童、双庆，也相熟了。

在她的房里坐了一会，等她梳完了头，就请她们上西湖去玩去。等了一忽，她的外祖父，就是她的现在承继过去的祖父王二南先生，也来了。他是一个旧日的名士，年纪很大——七十五——然而童颜鹤发，蔼然可亲，和我谈了半日，就邀我去西湖午膳。和映霞的全家，在三义楼饭后，祖父因有事他去，她们上我的旅馆里去休息了一忽。

因为天气太好，就照预定的计划同她们出去游了半日湖。在漪园的白云庵里求了两张签，与映霞的婚姻大约是可以成的。其后过三潭印月，上刘庄，去西泠印社，照了一张相，又上孤山，回至杏花村吃了一点点心，到湖滨公园的时候，已经是六点多了。送她们上了黄包车，回到旅馆里来，却遇见了昨晚的那位同乡和他的情人文娟。这文娟，前年冬天，也曾为我发誓赌咒，我也一时为她迷乱过的，现在居然和她的情人同来看我了，我这时心里又好笑，又好气，然而一想到映霞，就什么也冰消了。和她们应酬了一场，又上一位同乡潘某家去吃了晚饭，到十点过后，仍旧踏月去城站附近的金刚寺巷，访映霞和她的母亲等。

在映霞家里吃了半夜饭，到十一点后才回到旅馆里来睡觉，文娟的情人，仍是不去，所以又是一晚睡不安稳。

十六日，星期六，晴爽，三月半。

午前将旅馆的账付了一下，换了一间小房间，在十点钟前上映霞家去。

和她出来，先到湖滨坐公共汽车到灵隐，在一家素饭馆里吃了面，又转坐了黄包车上九溪十八涧去。

路过于坟、石屋洞、烟霞洞等旧迹，都一下车去看了一趟。

这一天天气又好，人又只有我们两个，走的地方，又是西湖最清净的一块，我们两人真把世事都忘尽了，两人坐在理安寺前的涧桥上，上头看着晴天的碧落，下面听着滴沥的泉声，拥抱着，狂吻着，觉得世界上最快乐、最尊贵的经验，就在这一刻中间得到了，我对她说：

"我好像在这里做专制皇帝。我好像在这里做天上的玉皇。我觉得世界上比我更快乐、更如意的生物是没有了，你觉得怎么样？"

她也说：

"我就是皇后，我就是玉皇前殿的掌书仙，我只觉得身体意识，都融化在快乐的中间；我连一句话也说不出来。"

我们走到午后三四点钟，才回到城里来，上育婴堂去看她的祖父，却巧又遇见了扫墓回来的她的母亲。因为她祖父在主理杭州育婴堂的事情，住在堂内，她母亲是时常来看他的。

坐谈了半天，我约他和她们上西湖三义楼去吃晚饭。我和映霞先行，打算去旅馆小坐，不意在路上又遇见了孙氏夫人，她本来是寄住在上海尚贤坊的，也可算是我们这一次结合的介绍人。顺便就邀孙夫人也去旅馆小坐，等到六点多钟，一同上三义楼去吃饭，同席者除映霞的全家外，又加了这位孙夫人，当然是热闹得不堪。

吃完晚饭，看了东方升起来的皓月，送祖父和孙夫人等上了车，我和映霞，及她的小弟弟双庆，又回到旅馆里去。

开门进去，就看见桌子上有许多名片和函件放在那儿，因为怕出去应酬，所以又匆匆和映霞等逃了出来，且将行李等件搬上金刚寺巷，以后拟在她的家里暂住。晚上谈话谈到十二点多钟，很安适的在映霞床上睡了，她把床让给了我，自家却去和她的娘同睡。

十七日，星期日，晴朗（三月十六）。

早晨起来，因为天气太好，又和她的全家上灵隐去。在灵隐前面的雅园里吃中饭，午后在老虎洞口照了两张照相，一张是我和映霞两人的合照，一张是我和她的全家照的，照片上只少了那位老祖父。

晚上回来还早，又去玉泉、灵峰等处，坐到将晚，才回城里来。今天的一天春游，饱尝了些家庭团圆的乐味，和昨天的滋味又不同，总算也是我平生的赏心乐事之一。

晚饭时和老祖父喝了许多酒，月亮很好，和映霞出去，上城站附近去看月亮。走到十二点钟，才回来睡觉。

十八日，星期一，晴（三月十七）。

午前和映霞坐着谈天，本来想于今天回上海，因为她和她母亲弟弟等坚决留我，所以又留了一天。

中午喝酒，吃肥鸭，又和她母亲谈了些关于映霞和我的将来的话。中饭后，和保童、映霞又上灵隐去取照相，一直到将晚前的五点多钟，才回到岳坟来赶船。

在湖船里遇了雨，又看了些西湖的雨景，因为和映霞捱坐在一块，所以不觉得船摇得慢。

晚上早睡了，因为几天来游倦的原因。临睡之前，映霞换了睡衣上床前来和我谈心，抱了她吻了半天，是我和她相识后最亲爱的一个长嘴。

十九日，星期二，雨（三月十八）。

决定今天起身回上海，所以起了一个早。早饭后冒雨赶车，立候了两三点钟，因为车不开，终于仍旧回到映霞的家里。

午饭后鼾睡了半天，上湖滨去访了几位同乡，晚上早睡，临睡之前，本候映霞来和我亲嘴，然而她却不来，只高声的向她娘说了一声"娘，我睡了。"似乎是教我不要痴等的样子。

二十日，星期三，天大雨（三月十九）。

本不想走，然而怕住久了又不便，所以就决心冒雨去赶火车。自十点钟上车，在人丛中占了一席地，被搬到上海来，一连走了十四个钟头才到，到北站，已经是晚上十一点多了。

闸北戒严，不能出车站一步，就在车站上的寒风里坐到天明。

二十七日，星期五，晴。

早晨又上虹口吃了一碗母子饭当早餐。上书铺去看了一趟，买了一本L.H.Myers的小说*The Orissers*。迈衣爱氏是一个新进的作家，他的小说雄壮伟大有俄国风，中国人大约还没有人读过他的东西，我打算读完后，为他介绍一下，可使中国目下的那些英文学家晓得晓得。

回到出版部里，接到映霞的来信，约我明天早车去杭州。为许幸之等写了一封信给东路军总指挥处的军法科长，要求放免许等三人。

午后去访适之，告诉他将往杭州去养病。

晚上读*Orissers*，去南市换钱。

二十八日，星期六，晴。

昨天晚上睡不稳，中夜起来了好几次。天未明，就把书籍衣箱等检就，预备上车，终于六点钟前到了车站。

等车等了两个多钟头，人疲倦极了。车上遇见了许多朋友，有师长某，五六年不见了，倒还认识我。

午前十一点过，车过嘉兴，下车去寻映霞。在长廊上来回寻了两次，都不见她，心急上车，她却早在我的车座前坐下了，自然喜欢得很。和她一路上来，忘掉了病，忘掉了在逃难，午后一点多钟，到城站。

在站上找二哥养吾不见，大约他今天早晨已趁早车到上海去看我的病了，真有点对他不起。

去映霞家，见了她的祖父母亲，都说我病势不轻，马上去请集庆寺僧来诊视，晚上服药一剂，早眠。

二十九日，星期日，晴。

早晨一早，就去西湖，遇黄某于途，他告诉我浙江大学预备聘我来掌教，并且劝我在杭州静养，为我介绍了医师一人，我没有去看。

在湖塍闲步，遇见了许多同乡，他们大约是在谋事情，可惜我力量薄弱，不能够一一荐引他们。

十点钟前回到金刚寺巷来服药，午后睡了一觉，出去买了些吃的东西来。又去旧书铺买几部诗集，及苏曼殊的诗小说集一本。

晚上早就寝，觉得病好了许多了。

三十日，星期一，晴，今天是阴历四月的末日。

午前一早就醒了，在床上读了两篇曼殊的小说，早膳后，做了一篇《杂评曼殊的作品》，共四千字，至中午十二时脱稿。

午后服药，觉得头痛，精神不爽，大约是午前做文章太过的原因，睡了一个下午，傍晚出去候上海车来，想等二家兄下车，等不到。

晚上天闷热，晚饭后，和映露出去上城站空地里去散了一回步。

三十一日，星期二，晴热，闷人。

五月又于今天尽了，这一个月里，什么事情也不做，只弄得一身大病。

日本的《文艺战线》六月号，前天可到上海，大约官宪当局又在起疑神病了。

午前去西湖会黄某，谈及病状，又蒙他们注意，劝我安心静养，上湖塍旧书铺去看旧书，没有一部当我意的，午后服药。

得上海信，前天果有人去出版部搜查了，且在调查我的在杭住址。作复信一，要他们再为我登报声明已到日本的事情。

今早把那篇评曼殊的文章寄出，又要做月刊的文章了，大约在这两日内，还要做两三万字才行。

午后上大街去购物，也曾上车站去候车，二家兄没有回来。

读《笃旧集》中张亨甫诗选，晚上和映霞去城站散步，九点钟就寝。

客杭日记

郁达夫

一九二七年六月一日，星期三，晴（旧历五月初二）。

前月二十八日，早晨和映霞坐车来杭，半为养病，半为逃命，到今朝已经有五天了。梦里的光阴，过去得真快。日日和映霞痴坐在洞房，晚上出去走走，每日服药一帖，天气也好，饮食也好，世事全丢在脑后，这几天的生活，总算是安乐极了。记得Dowson有一首诗，是咏这样的情景的，前为王某译出，错了不少，我为他指出错误，原文印在《文艺论集》里，现在记不清了。

午前不出外去，在家候二兄到来，中午上海快车来后，却遇见了一位自北京来的学生，以二兄的手书来投，说他将乘夜车来杭。

午后集庆寺和尚来复诊，又给了我一包丸药吞服，我真感谢映霞的祖父的诚挚。因为这一回的劝我来杭，和介绍和尚，都是他的主张。

晚上出去候上海快车，二兄于八点钟到，和他去看映霞的祖父二南先生，谈到十点钟才回来就寝。

六月二日，星期四（旧历五月初三），天晴，有雨意。

早晨送二兄至江干，送伊上船后，我就回旗下去聚丰园定菜，决于阴历五月初六晚请客一次，将我与映霞的事情公布出来。午后为发帖等事忙了半日，傍晚出去买了些杭州官书局印行的书，有几部诗集，是很好的版子，又制夏衣一袭，预备在宴客那天穿的。

晚上去会黄某，大约是他不愿意见客，所以被挡了驾，小人得志，装出来的样子实在使人好笑。

三日，星期五，阴，微雨。

早晨又去看黄某，又被挡驾，在湖塍上走了一趟，气倒消了，就回城站来买书，买了一部《百名家词钞》的残本，版子很好，可惜不全了，只有四十七家，中有《菊庄词钞》之类，大约是乾嘉以前刻的。

午后微雨，上海有钱汇来，日本的杂志《文艺战线》六月号，也于昨天寄到了。

三点钟的时候，又上官书局去买了些书，候上海来的朋友不到。

晚上浩兄书来，说初六那天来不来不定，为之不悦者通夜，和映霞对泣移时。决定明天坐汽车回富阳去一次，无论如何，总要催他到来。啊，求人真不容易，到今朝我才尝着了这求人的滋味。

四日，星期六，阴晴，天上微云遮满，我求老天爷不要在今明两天下雨才好。

昨晚不能入睡，想到世态人情的炎凉易变，实在不得不令人高哭。早晨五点多钟就起了床，读昨天买来的《啸园丛书》一册。病体似乎好了些，只是眼白里的黄色还没有褪尽。

今朝是旧历的端午节，龙儿死后，到今天正是一周年了，早晨在床上回忆从前，心里真觉得难过。

昨晚因为得了二兄的信，说明天我与映霞宴客之夕，也许不能来，所以早晨就坐汽车到富阳去。

杭富路一带，依山傍水，风景实在灵奇之至，可惜我事拥心头，不能赏玩，坐在车里大有浪子还乡之感。

十点钟到了富阳，腰也坐痛了。走到松筠别墅，见了老母，欲哭无声，欲诉无语，将近两年不见，她又老了许多，我和她性情不合，已经恨她怨她到了如今，这一次忽然归来，只想跪下去求她的饶恕。

吃了午饭，上故园的旧地去走了一遭，在傍午的太阳中，辞别母亲，仍复坐汽车回到杭州来，到涌金门头，已经是午后的四点多钟，湖上的游人，都在联翩归去的时候了。

晚上又到各处去请客，走到八点多钟，倦极思眠，草草服了丸药，就上床去睡。

五日，星期日，旧历五月初六，先雨后晴。

早晨起来，见天空里落下了雨点，心里很觉得焦急。坐在屋里看书，十点前后，黄某来看我，谈到傍午方去。又有两位女子中学的先生来看，便留他们在映霞家里吃饭。饭前更上西湖圣武路旧六号去看了蒋某，途上却遇见了北京的旧同事谭氏。

午饭后，天放晴了，小睡了两点钟，上涌金门去候二胞兄的汽车，久候不到，顺便又上湖边上的旧书铺去看了一趟，一共买了七八本词集，因价未议定，想于明朝去取。

六点钟上聚丰园去，七点前后，客齐集了，只有蒋某不来，男女共到了四十余人。陪大家痛饮了一场，周天初——映霞的图画先生——和孙太太——我俩的介绍人——都喝得大醉，到十二点前才安排调妥。

和映霞的事情，今夜定了，以后就是如何处置荃君的问题了。晚上因为人倦，一上床就睡着。

六日，星期一，旧历五月初七，晴。

晨起送二胞兄上汽车回富阳去，路上的店家还未起床哩，买了些烟及饼干，托转送母亲。

别了二哥哥，转身就上西湖去买就了昨天未买的词集，又去看那醉饮的两个人，他们因为醉得太凶，昨晚不能回去，所以我就送他们在菜馆附近的旅馆里过夜。今朝他们都已醒了，侍奉了一场，送她——孙氏的夫人——先上了车，映霞也到，更看视了一番周氏醉醒的状态，我和映霞就上集庆寺去看医生。

阳光太热，中午自集庆寺回来，觉得坐车也有点不耐烦了。

午后又睡中觉，上西湖去回看了几个人，周天初和我们走了许多的路。和映霞在留芳照了几张照相。

七日，星期二，阴，晨雨。

今天已与天初约定，一早就上他那里去，因为他要为我们照相。很想和映霞及我，上六和塔去，不晓得去得成否。

在床上读了几页日文小说，很有技痒的意思，明后天当动笔做《创造》七期的稿子。

因为午前阴雨，所以映霞不愿意出去，在房里蛰居了半日，午后王母（映霞母）上亲串家去回拜去了，与她约好在西湖西园茶楼会齐，去游西湖。

二点钟左右，我和映霞去西园，天已放晴了。在西园稍坐了一忽，王母来了，就和她一同坐船去西泠印社，吃茶一直吃到五点多钟才回来。晚上早睡。

八日，星期三，晴，热。

天渐渐有点夏天的意思了，我真自家不信自家，在这半年里会这样的一点儿成绩也没有。

午前仍复在家里，看了几本笔记小说，一部是上海对山毛祥麟著的《墨余录》，一本是杭州人著的《苦海新谈》。《墨余录》十六卷，每卷各有记事若干条，多咸同间时事。笔墨很好，可惜抄袭处太多。《苦海新谈》，虽则文笔不如《墨余录》，然而有几条记事，却很富有艺术性。

接上海来信，中间附有上海小报一张，五月三日的小报上记有《郁达夫行将去国》一条，记载得还不很坏，小报名《福尔摩斯》。

午后和映霞出去，太阳晒得很热。先坐车到三元坊的光华书局，知道《达夫全集》第一卷《寒灰集》已经来了。拿了一本全集，想和她上六和塔去的，因为等汽车不来，所以又上西湖船去。我和映霞两人游湖，始自今日，从前上湖船去，大抵总有人在一道的。

上孤山去饮新龙井茶，在放鹤亭边却遇见了我在武昌的时候教过的学生，他们现在浙江当委员，为我照了一张照相。从小青坟下出来，更上岳庙前曲院风荷去走了一圈，打桨归来，斜阳已落在两峰的阴影下了。

晚上本欲和映霞出去散步，因为她明天要去嘉兴，所以留在家中，和她话别后的事情。紧抱了许多回，吻了不计其数的嘴，九点前就各自分散睡了。

九日，星期四，阴历六月初八，晴，热。

早晨起来，就有点心神不定，因为映霞今天要去嘉兴。本来打算和她再去玩半天的，因为她要整理行箧，所以终于不去。午饭前和她去买了些饼干之类来送她，草草吃完了午饭，睡了一个钟头，就送她上车站去。

午后两点钟开车，在车站上又遇见了许多朋友。她去了，我想这几天内赶紧做一点文章出来。

傍晚去看了一位住在西湖客栈里的朋友，回来读了一篇俄国新小说。

今天又洗了一个澡，觉得身体轻快了不少。明天早晨可写五千字，晚上可写五千字，大约在三日之内，一定可以把两万字的一篇小说做成。

晚上上街去购物，想念映霞不置，读辽文数则，盖缪荃孙所编书也，虽只薄薄两本，搜辑之苦，可以相见，古人之用心，诚可佩服。

十日，星期五，阴晴。

晨六时就起了床，看天空暗淡，似有雨意。近来干旱，一月余未下雨，老百姓苦死了，秧禾多还没有种落，大约下半年，又要闹米荒也。

在床上读俄国新小说集，然引不起兴致来做东西，自今天起，想蛰居不出，闭门硬做，把那篇两万字的小说做成它。

这半年中，恍如做梦，一点儿成绩也没有，若这一回做不出一篇大文章来，那我的生命就没有了，努力努力，还是要努力。

午前集庆寺僧来看病，说病已轻了许多了。中午有同乡周某来看我，谈了一回，就和他去访问同乡李某、裘某，又上西湖去走了一回。

午后睡午觉，醒来已将晚了，读德文 *Bunin's Mitja's Liebe* 这篇小说，系在沪日未读竟者，大约明天可以把它读毕。映霞来信，禁我出去，我也写了一封回信给她，教她安心从事于教授，我的病可以请她放心。又写了一封信去给富阳的孙氏，告以和映霞的关系。晚上早眠。

十一日，星期六，旧历五月十二，晴。

今天是入梅的节气，大约今后是一年中最闷人的天气了，我的病体，不知道如何的捱得过去。很想到北京去过夏，但是这几个月的生活费，又从何处去取？

午前在家里不出去，午后又睡了一觉午觉，傍晚上城站各旧书铺去走了一回，晚上早眠。

十二日，星期日，梅子黄时，晴雨不常。天闷热。

晨起就觉得无聊，很想出去闲步，因为没有伴侣。所以跑上了涌金门头。想坐汽车到梵村，汽车不来，就坐了洋车，到龙井去玩了半天，十一点半钟才回到家里。

几天来想做文章，终于做不出。

午后和王母上西湖去，天时晴时雨，我们在三潭印月、杨庄、孤山、平湖秋月等处，玩到晚上才回来。

晚上一早就入睡，睡得很舒服，因为今天白天运动得适当，已经疲倦了的原因。

十三日，星期一，阴晴，热（五月十四）。

午前苦欲执笔撰文，终究做不出来，没有法子，又只好上西湖上去跑，并且顺便去取了照相，和映霞二人合照的一张照得很好，我一个人照的一张半身却不佳。

午后在家睡午觉，傍晚起来，出去上各旧书铺去走了一遍。买了几本旧小说，和一部《有正味斋日记》。

晚上十点钟才上床。

十四日，星期二，晴雨不常，闷热。

午前在家不出，读 Bunin's Mitja's Liebe 毕，书仅百页内外，系描写M之初恋的。初恋的心理状态总算描写得很周到，但终不是大作品，感人不深，不足以动人。还不如作者的其他一篇小说 Der Herr aus san Francisko，更为有力，更足以感人。

书中第二十八章，描写M与农妇Aljonka通奸处很细致，我竟被它挑动了。像这些地方，是张资平竭力模仿的地方，在我是不足取的。

午后当出去洗澡，将数日来的恶浊洗尽了它。

读吴谷人《有正味斋日记》，很觉文言小品的可贵，想做一篇论文，名《日记文学》，写三十二期《洪水》的冒头。

午后在家不出，做了一篇文章，名《日记文学》，供《洪水》卅二期的稿子，自午前十一点半做起，做到午后三点钟止，马上出去付邮，大约今天晚上可以到上海，明天当可送到。洗澡回来，又去问八字，晚上在院子里纳凉，听盲人说休咎，十时就寝。

十五日，星期三，昨晚闷热，早晨微雨，旋即晴。

天旱得久了，农民都在望云霓，不晓得什么时候得下大雨。我记得在 Knut Hamsun's the Growth of the Soil 里，有一段记天旱的文字，写得很单纯，很动人。

今天药已经完了，打算一早就上集庆寺去求复诊。病已愈了八九分，大约这一次药方服后，以后可以不服药了。作映霞信，因为她昨天有信来，我还没有复她。

傍午有同乡来访，系求荐者，就写了一封信给他。送他出去后，即乘汽车至灵隐集庆寺，时王母已先在候我了。问寺僧，知主持僧已先我们而入城去了，只好匆促回城内，在梅花碑育婴堂里，受了和尚的诊断，顺便去买药回家午膳，饭后睡到四点钟才醒。

醒来后，觉得天气还是闷热，写了一封给东京冯乃超，一封寄北京，一封寄武昌黄素如的信后，就出外上湖滨去闲步纳凉。夜饭前回家，读《有正味斋日记》上卷一册。

晚上大风雨，几日来的暑热一扫而尽。十点钟入睡，窗外的雨声，还在淅沥响着。

十六日，星期四，雨仍未歇。

今早睡到七点钟才醒，在床上读了一篇翻译成中文的小说，味道同吃糖皮一样，干燥而讨厌。

午饭前又读《有正味斋日记》下卷，觉得有趣味得多了。

接北京及上海来信，稿子还是做不出来，焦灼之至。荃君亦在担心我的病状，幸而昨日我信已发出，否则又要添她的愁虑了。

午后在家里坐听雨声，看了一册《有正味斋日记》下卷。日记里满载着行旅的景状，和入京后翰林儒臣诗酒流连的雅趣，内共有日记三篇，曰：还京日记，曰：澄怀园日记，曰：南归日记，时有骈俪写景文杂于其间，不过考证地名，及详述运河堤堰名等处，太使读者感到厌倦，从此可以知道考据家的无聊。

傍晚接映霞来信，即作了一封答函，冒雨去寄出，并往小同学某处坐谈了半个多钟头，因为小学校同学有许多聚合在那里。晚饭时，饮了一杯绍酒，服丸药后，就睡了，那时还不过九点钟，天气凉冷如秋。

十七日，星期五（旧历十八），雨尚未歇。

来杭州已经二十天了，而成绩毫无，不过病体稍愈。早晨睡在床上读法文名人短篇集，很想做一篇小品，为《创造》七期撑撑门面，不晓得今明两天之内，也能够写成功不能，和映霞约定于后天早晨坐早车去上海，临去前，总要写成一篇东西才对。看从前所记日记，头昏痛了。

急了一天，又做不出东西来。午前去大方伯访友，不遇，顺便过书店去看了些新出的书籍。与同乡李氏谈，陆某亦来。

午后在家里睡午觉，晚上读法国名人小说集，早就眠，时尚未九点。临睡之前，映霞忽自嘉兴来。

十八日，星期六，晴雨不定。黄梅时正式的天气。

午前闷坐在家，映霞劝我去剪发，就到城站前去理发，一直到十二点钟。

午后天略放晴，有孙氏夫人来访，三点后和王母、映霞及保童等出游西湖，先至三潭印月，后过西泠印社平湖秋月，天上淡云微雨，时弄游人。傍晚归来，看见东北半天晴色。淡似虾背明蓝，保俶塔直立在这明蓝的画里，美不可以言喻，至湖滨后，雇车到金刚寺巷，已经是野寺钟声齐动的时候了。

十九日，星期日，阴晴，时有微雨。旧历五月二十。

午前在家，看小说名《海上尘天影》。著者自署为梁溪司香旧尉，有王韬序文，书出于清光绪二十年。楔子章回，体裁结构，全仿《红楼梦》，觉得肉麻得很。不过以当时海上妓女们作大观园里的金钗十二，可以看出一点当时上海妓院的风俗来，书的价值，远不如《海上花列传》。

午后稍睡，有留学时同学陈某来访，三点多钟，就和映霞及客出游，乘汽车到梵村，看一路风景。在梵村遇了雨，向一家茅亭里沽酒饮少许，就又坐了汽车回湖滨。上西园三楼吃茶，到夜才回来。

二十日，星期一，晴雨不常。

因为映霞来了，又加以上海有信来警告，属我行时谨慎千万，所以上海之行，暂作罢论。拟至本礼拜日，再潜行赴上海也。昨天早晨，又寄了一篇《劳生日记》去，可以作《创造》七期稿用的，信也已经发出了。

午前湿云低迷，空际不亮，和映霞出至清波门外散步。出涌金门后，步行至钱王祠。柳浪闻莺处荷花已开满，荷叶上溜珠点点，昨晚上的雨迹，还在那儿。

十一点前后，天又下雨，急忙赶回家来。本来想到虎跑去饮清茶，终于没有去成。今朝是夏定侯出殡的日子，街上士女的聚观者倾巷塞途，杭州人的见识陋狭，就此可以想见了。

午后在家中坐雨，和映霞谈以后立身处世事。生不逢时，想来想去，终没有一条出路，末了两人都弄得盈盈欲泣。午后的几点钟头，正如五分钟的长，一转瞬就过去了。映霞的祖父来，就和他对饮到夜。

晚上复和映霞谈到十点钟，儿女浓情，英雄气短，今天身尝尽了。约于这一个礼拜天，坐夜车去上海，她在嘉兴车站候我。

二十一日，星期二，雨。

午前开了一回太阳，青空也露出了半角，本想劝映霞不去，再上湖中去玩半天，吃午饭的时候，忽而又云兴雨作，她就决意去嘉兴，午后两点钟，送她上了车，我一个人回来睡午觉。

报上登有冯玉祥和蒋介石在徐州会谈消息，大约两人间默契已成，看来北方军阀是一定可以打倒了。

晚上早睡。

二十二日，星期三，旧历五月廿三，雨。

晨起一阵急雨，午前或者两点会停，当去虎跑寺走一遭。在杭州的余日，已无多了，这两三天内，当尽力游览一番。病似已全愈，身上脸上黄色褪尽，只有眼白里黄丝未褪，但只须保养，可以勿再服药。

早餐后，冒险出游，天上黑云尚在飞舞，但西南一角，已放光亮，可以慰行旅人的愁闷。风死雨停，闷热得很。有时亦露一条两条淡黄日光，予游人以一线希望。赶到杭富车站，正八点钟，头班汽车还没有开。

先坐车到闸口，上六和塔去看了一回旧题壁的词。一首是《蝶恋花》，是给前年冬天交结的一位游女的：

客里相思浑似水，
似水相思，也带辛酸味。
我本逢场聊作戏，
可怜误了多情你。
此去长安千万里，
地北天南，后会无期矣。
忍泪劝君君切记，
等闲莫负雏年纪。

一首是《金缕曲》，当时病倒在杭州，寄给北京的丁巽甫（《一只马蜂》的著者）杨金甫（《玉君》的作者）两人的：

兄等平安否？

记离时，都门击筑（丁），汉皋赌酒（杨）。

别后光阴驹过隙，又是一年将旧。

怕说与"新来病瘦！"

我自无能甘命薄，

最伤心，母老妻儿幼。

身后事，赖良友，

半生积贮风双袖，

悔当初，千金买笑，量珠论斗。

往日牢骚今懒发，发了还愁丢丑。

且莫问，"文章可有？"（二君当时催我寄稿于《现代评论》）

即使续成"秋柳"稿，

语荒唐，要被方人咒。

言不尽，弟顿首。

因为当时正在读《弹指词》，所以不知不觉中，竟抄袭了梁汾的腔调。两词抄在当时的日记里，在此重抄一遍。

从六和塔下来，坐车到小天竺小息，就到虎跑寺去访毛某，谈了半日的禅道，十点钟前，辞别回到城里来。

午后天又下雨了，睡到四点多钟，出到女师访夏莱蒂，和他出来喝酒，他喝醉了，扶他回去，费了许多周折。

二十三日，星期四（五月廿四），晴。

夜来大雨，早晨起了一阵凉风，霉雨似已过去，天气有点儿干燥起来了。

午前出去，上工业专门学校去访朋友，又过旗下湖滨，买了许多咸同之际的小家词集。

午后天阴气爽，又约王母等出至湖上。先上白云庵月下老人处问前程，得第五十五签。

> 永老无别离，万古常团聚，
> 愿天下有情的多成了眷属。

过高庄蒋庄小坐饮龙井茶，又上公园等处玩了半天。我到高庄，是在十五六年前，这一回旧地重游，果然是身世飘零，但往日同游伴侣中之位至将相者，有许多已经不在世了。感慨无量，做了两句诗：十五年前记旧游，当年游侣半荒丘，没有续成。

舟返湖滨，已经是七点钟前。西天落日，红霞返射在葛岭山头。远望湖上遥山，和湖水湖烟，接成一片。杭州城市，为晚烟所蔽，东南一带，只见几处高楼，浮耸在烟上。可惜湖滨多兵士，游人太嗜杂，不能细赏这西湖夏日的日暮的风光。后日将去杭州，今天的半日游，总算是我此次客杭一月来的殿末之游，下半年若来，不晓得人事天然，又要变得如何了。

晚上接嘉兴来信，映霞的同事们约我于星期六早车去禾，写日记写到晚上的十二点钟。

二十四日，星期五，天晴了，很觉得快活。

早晨一早就醒，看窗外天气，真晴爽如二三月，以后大约总无久雨了，可喜。

接映霞快信，感慰之至，她真是我的知己。作复信一，告以将于明晨去上海，在嘉兴落车。

午前，收拾在杭州所买书籍，装满两筬篮，还觉搁不起，大约共计买书数十元，因为是中国书，所以有如此之多。

访前在北京时所授徒，伊等已在杭州抢得一个地位了，谈了半天，自伤老大。

天气很好，热而不闷，且时有和煦之风吹来。午饭时饮酒尽一壶，饭后洗澡睡午觉，五点钟醒，仰视青天，颇有天下虽大，我欲何之之感。

在杭州住将一月，明日早车即去禾，大约在嘉兴游鸳湖一周，将附夜车到上海，客杭日记一卷，尽于今日。

一九二七年六月二十四日午后五点钟记于杭州金刚寺巷映霞家

我的梦，我的青春！
―――自传之二

郁达夫

不晓得是在哪一本俄国作家的作品里，曾经看到过一段写一个小村落的文字，他说："譬如有许多纸折起来的房子，摆在一段高的地方，被大风一吹，这些房子就歪歪斜斜地飞落到了谷里，紧挤在一道了。"前面有一条富春江绕着，东西北的三面尽是些小山包住的富阳县城，也的确可以借了这一段文字来形容。

虽则是一个行政中心的县城，可是人家不满三千，商店不过百数；一般居民，全不晓得做什么手工业，或其他新式的生产事业，所靠以度日的，有几家自然是祖遗的一点田产，有几家则专以小房子出租，在吃两元三元一月的租金；而大多数的百姓，却还是既无恒产，又无恒业，没有目的，没有计划，只同蟑螂似的在那里出生，死亡，繁殖下去。

这些蟑螂的密集之区，总不外乎两处地方；一处是三个铜子一碗的茶店，一处是六个铜子一碗的小酒馆。他们在那里从早晨坐起，一直可以坐到晚上上排门的时候；讨论柴米油盐的价格，传播东邻西舍的新闻，为了一点不相干的细事，譬如说罢，甲以为李德泰的煤油只卖三个铜子一提，乙以为是五个铜子两提的话，双方就会得争论起来；此外的人，也马上分成甲党或乙党提出证据，互相论辩；弄到后来，也许相打起来，打得头破血流，还不能够解决。

因此，在这么小的一个县城里，茶店酒馆，竟也有五六十家之多；于是大部分的蟑螂，就家里可以不备面盆手巾，桌椅板凳，饭锅碗筷等日常用具，而悠悠地生活过去了。离我们家里不远的大江边上，就有这样的两处蟑螂之窟。

在我们的左面，住有一家砍砍柴，卖卖菜，人家死人或娶亲，去帮帮忙跑跑腿的人家。他们的一族，男女老小的人数很多很多，而住的那一间屋，却只比牛栏马槽大了一点。他们家里的顶小的一位苗裔年纪比我大一岁，名字叫阿千，冬天穿的是同伞似的一堆破絮，夏天，大半身是光光地裸着的；因而皮肤黝黑，臂膀粗大，脸上也像是生落地之后，只洗了一次的样子。他虽只比我大了一岁，但是跟了他们屋里的大人，茶店酒馆日日去上，婚丧的人家，也老在进出；打起架吵起嘴来，尤其勇猛。我每天见他从我们的门口走过，心里老在羡慕，以为他又上茶店酒馆去了，我要到什么时候，才可以同他一样的和大人去夹在一道呢！而他的出去和回来，不管是在清早或深夜，我总没有一次不注意到的，因为他的喉音很大，有时候一边走着，一边在绝叫着和大人谈天，若只他一个人的时候哩，总在噜苏地唱戏。

当一天的工作完了，他跟了他们家里的大人，一道上酒店去的时候，看见我欣羡地立在门口，他原也曾邀约过我；但一则怕母亲要骂，二则胆子终于太小，经不起那些大人的盘问笑说，我总是微笑着摇摇头，就跑进屋里去躲开了，为的是上茶酒店去的诱惑性，实在强不过。

有一天春天的早晨，母亲上父亲的坟头去扫墓去了，祖母也一清早上了一座远在三四里路外的庙里去念佛。翠花在灶下收拾早餐的碗筷，我只一个人立在门口，看有淡云浮着的青天。忽而阿千唱着戏，背着钩刀和小扁担绳索之类，从他的家里出来，看了我的那种没精打采的神气，他就立了下来和我谈天，并且说：

"鹳山后面的盘龙山上，映山红开得多着哩；并且还有乌米饭（是一种小黑果子），彤管子（也是一种刺果），刺莓等等，你跟了我来罢，我可以采一大堆给你。你们奶奶，不也在北面山脚下的真觉寺里念佛么？等我砍好了柴，我就可以送你上寺里去吃饭去。"

阿千本来是我所崇拜的英雄，而这一回又只有他一个人去砍柴，天气那么的好，今天清早祖母出去念佛的时候，我本是嚷着要同去的，但她因为怕我走不动，就把我留下了。现在一听到了这一个提议，自然是心里急跳了起来，两只脚便也很轻松地跟他出发了，并且还只怕翠花要出来阻挠，跑路跑得比平时只有得快些。出了衡堂，向东沿着江，一口气跑出了县城之后，天地宽广起来了，我的对于这一次冒险的惊惧之心就马上被大自然的威力所压倒。这样问问，那样谈谈，阿千真像是一部小小的自然界的百科大辞典；而到盘龙山脚去的一段野路，便成了我最初学自然科学的模范小课本。

麦已经长得有好几尺高了，麦田里的桑树，也都发出了绒样的叶芽。晴天里舒叔叔的一声飞鸣过去的，是老鹰在觅食；树枝头吱吱喳喳，似在打架又像是在谈天的，大半是麻雀之类；远处的竹林丛里，既有抑扬，又带余韵，在那里歌唱的，才是深山的画眉。

上山的路旁，一拳一拳像小孩子的拳头似的小草，长得很多；拳的左右上下，满长着了些绛黄的绒毛，仿佛是野生的虫类，我起初看了，只在害怕，走路的时候，若遇到一丛，总要绕一个弯，让开它们，但阿千却笑起来了，他说：

"这是薇蕨，摘了去，把下面的粗干切了，炒起来吃，味道是很好的哩！"

渐走渐高了，山上的青红杂色，迷乱了我的眼目。日光直射在山坡上，从草木泥土里蒸发出来的一种气息，使我呼吸感到了困难；阿千也走得热起来了，把他的一件破夹袄一脱，丢向了地下。教我在一块大石上坐下息着，他一个人穿了一件小衫唱着戏去砍柴采野果去了；我回身立在石上，向大江一看，又深深地深深地得到了一种新的惊异。

这世界真大呀！那宽广的水面！那澄碧的天空！那些上下的船只，究竟是从哪里来，上哪里去的呢？

我一个人立在半山的大石上，近看看有一层阳炎在颤动着的绿野桑田，远看看天和水以及淡淡的青山，渐听得阿千的唱戏声音幽下去远下去了，心里就莫名其妙的起了一种渴望与愁思。我要到什么时候才能大起来呢？我要到什么时候才可以到这像在天边似的远处去呢？到了天边，那么我的家呢？我的家里的人呢？同时感到了对远处的遥念与对乡井的离愁，眼角里便自然而然地涌出了热泪。到后来，脑子也昏乱了，眼睛也模糊了，我只呆呆的立在那块大石上的太阳里做幻梦。我梦见有一只揩擦得很洁净的船，船上面张着了一面很大很饱满的白帆，我和祖母母亲翠花阿千等都在船上，吃着东西，唱着戏，顺流下去，到了一处不相识的地方。我又梦见城里的茶店酒馆，都搬上山来了，我和阿千便在这山上的酒馆里大喝大嚷，旁边的许多大人，都在那里惊奇仰视。

这一种接连不断的白日之梦，不知做了多少时候，阿千却背了一捆小小的草柴，和一包刺莓映山红乌米饭之类的野果，回到我立在那里的大石边来了；他脱下了小衫，光着了脊肋，那些野果就系包在他的小衫里面的。

他提议说，时候不早了，他还要砍一捆柴，且让我们吃着野果，先从山腰走向后山去罢，因为前山的草柴，已经被人砍完，第二捆不容易采刮拢来了。

慢慢地走到了山后，山下的那个真觉寺的钟鼓声音，早就从春空里传送到了我们的耳边，并且一条青烟，也刚从寺后的厨房里透出了屋顶。向寺里看了一眼，阿千就放下了那捆柴，对我说：

"他们在烧中饭了，大约离吃饭的时候也不很远，我还是先送你到寺里去罢！"

我们到了寺里，祖母和许多同伴者的念佛婆婆，都张大了眼睛，惊异了起来。阿千走后，她们就开始问我这一次冒险的经过，我也感到了一种得意，将如何出城，如何和阿千上山采集野果的情形，说得格外的详细。后来坐上桌去吃饭的时候，有一位老婆婆问我："你大了，打算去做些什么？"我就毫不迟疑地回答她说："我愿意去砍柴！"

故乡的茶店酒馆，到现在还在风行热闹，而这一位茶店酒馆里的小英雄，初次带我上山去冒险的阿千，却在一年涨大水的时候，喝醉了酒，淹死了。他们的家族，也一个个地死的死，散的散，现在没有生存者了；他们的那一座牛栏似的房屋，已经换过了两三个主人。时间是不饶人的，盛衰起灭也绝对地无常的：阿千之死，同时也带去了我的梦，我的青春！

远一程，再远一程！

——自传之五

郁达夫

自富阳到杭州，陆路驿程九十里，水道一百里；三十多年前头，非但汽车路没有，就是钱塘江里的小火轮，也是没有的。那时候到杭州去一趟，乡下人叫做充军，以为杭州是和新疆伊犁一样的远，非犯下流罪，是可以不去的极边。因而到杭州去之先，家里非得供一次祖宗，虔诚祷告一番不可，意思是要祖宗在天之灵，一路上去保护着他们的子孙。而邻里戚串，也总都来送行，吃过夜饭，大家手提着灯笼，排成一字，沿江送到夜航船停泊的埠头，齐叫着"顺风！顺风！"才各回去。摇夜航船的船夫，也必在开船之先，沿江绝叫一阵，说船要开了，然后再上舵梢去烧一堆纸帛，以敬神明，以赂恶鬼。当我去杭州的那一年，交通已经有一点进步了，于夜航船之外，又有了一次日班的快班船。

因为长兄已去日本留学，二兄入了杭州的陆军小学堂，年假是不放的，祖母母亲，又都是女流之故，所以陪我到杭州去考中学的人选，就落到了一位亲戚的老秀才的头上。这一位老秀才的迂腐迷信，实在要令人吃惊，嗣时也可以令人起敬。他于早餐吃了之后，带着我先上祖宗堂前头去点了香烛，行了跪拜，然后再向我祖母母亲，作了三个长揖；虽在白天，也点起了一盏仁寿堂郁的灯笼，临行之际，还回到祖宗堂面前去拔起了三株柄香和灯笼一道捏在手里。祖母为忧虑着我这一个最小的孙子，也将离乡别井，远去杭州之故，三日前就愁眉不展，不大吃饭不大说话了；母亲送我们到了门口，"一路要……顺风……顺风！……"地说了半句未完的话，就跑回到了屋里去躲藏，因为出远门是要吉利的，眼泪决不可以教远行的人看见。

船开了，故乡的城市山川，高低摇晃着渐渐儿退向了后面；本来是满怀着希望，兴高采烈在船舱里坐着的我，到了县城极东面的几家人家也看不见的时候，鼻子里忽而起了一阵酸溜。正在和那老秀才谈起的作诗的话，也只好突然中止了，为遮掩着自己的脆弱起见，我就从网篮里拿出了几册《古唐诗合解》来读。但事不凑巧，信手一翻，恰正翻到了"离家日趋远，衣带日趋缓，心思不能言，肠中车轮转"的几句古歌，书本上的字迹模糊起来了，双颊上自然止不住地流下了两条冷冰冰的眼泪。歪倒了头，靠住了舱板上的一卷铺盖，我只能装作想睡的样子。但是眼睛不闭倒还好些，等眼睛一闭拢来，脑子里反而更猛烈地起了狂飙。我想起了祖母母亲，当我走后的那一种孤冷的情形；我又想起了在故乡城里当这一忽儿的大家的生活起居的样子，在一种每日习熟的周围环境之中，却少了一个"我"了，太阳总依旧在那里晒着，市街上总依旧是那么热闹的；最后，我还想起了赵家的那个女孩，想起了昨晚上和她在月光里相对的那一刻的春宵。

少年的悲哀，毕竟是易消的春雪；我躺下身体，闭上眼睛，流了许多暗泪之后，弄假成真，果然不久就呼呼地熟睡了过去。等那位老秀才摇我醒来，叫我吃饭的时候，船却早已过了渔山，就快入钱塘的境界了。几个钟头的安睡，一顿饱饭的快哚，和船篷外的山水景色的变换，把我满抱的离愁，洗涤得干干净净；在孕实的风帆下引领远望着杭州的高山，和老秀才谈谈将来的日子，我心里又鼓起了一腔勇进的热意："杭州在望了，以后就是不可限量的远大的前程！"

当时的中学堂的入学考试，比到现在，着实还要容易；我考的杭府中学，还算是杭州三个中学——其他的两个，是宗文和安定——之中，最难考的一个，但一篇中文，两三句英文的翻译，以及四题数学，只教有两小时的工夫，就可以缴卷了事的。等待发榜之前的几日闲暇，自然落得去游游山玩玩水，杭州自古是佳丽的名区，而西湖又是可以比得西子的销魂之窟。

三十年来，杭州的景物，也大变了；现在回想起来，觉得旧日的杭州，实在比现在，还要可爱得多。

那时候，自钱塘门里起，一直到涌金门内止，城西的一角，是另有一道雉墙围着的，为满人留守绿营兵驻防的地方，叫做旗营；平常是不大有人进去，大约门禁总也是很森严的无疑，因为将军以下，千总把总以上，参将，都司，游击，守备之类的将官，都住在里头。游湖的人，只有坐了轿子，出钱塘门，或到涌金门外去船的两条路；所以涌金门外临湖的颐园三雅园的几家茶馆，生意兴隆，座客常常挤满。而三雅园的陈设，实在也精雅绝伦，四时有鲜花的摆设，墙上门上，各有咏西湖的诗词屏幅联语等贴的贴挂的挂在那里。并且还有小吃，像煮空的豆腐干，白莲藕粉等，又是价廉物美的消闲食品。其次为游人所必到的，是城隍山了。四景园的生意，有时候比三雅园还要热闹，"城隍山上去吃酥油饼"这一句俗话，当时是无人不晓得的一句隐语，是说乡下人上大菜馆要做洋盘的意思。而酥油饼的价钱的贵，味道的好，和吃不饱的几种特性，也是尽人皆知的事实。

我从乡下初到杭州，而又同大观园里的香菱似的刚在私私地学做诗词，一见了这一区假山盆景似的湖山，自然快活极了；日日和那位老秀才及第二位哥哥喝喝茶，爬爬山，等到榜发之后，要缴学膳费进去的时候，带来的几个读书资本，却早已消费了许多，有点不足了。在人地生疏的杭州，借是当然借不到的；二哥哥的陆军小学里每月只有二元也不知三元钱的津贴，自己做零用，还很勉强，更哪里有余钱来为我弥补？

在旅馆里唉声叹气，自怨自艾，正想废学回家，另寻出路的时候，恰巧和我同班毕业的三位同学，也从富阳到杭州来了；他们是因为杭府中学难考，并且费用也贵，预备一道上学膳费比较便宜的嘉兴去进府中的。大家会聚拢来一谈一算，觉着我手头所有的钱，在杭州果然不够读半年书，但若上嘉兴去，则连来回的车费也算在内，足可以维持半年而有余。穷极计生，胆子也放大了，当日我就决定和他们一道上嘉兴去读书。

第二天早晨，别了哥哥，别了那位老秀才，和同学们一起四个，便上了火车，向东的上离家更远的嘉兴府去。在把杭州已经当做极边看了的当时，到了言语风习完全不同的嘉兴府后，怀乡之念，自然是更加的迫切。半年之中，当寝室的油灯灭了，或夜膳刚毕，操场上暗沉沉没有旁的同学在的地方，我一个人真不知流尽了多少的思家的热泪。

忧能伤人，但忧亦能启智；在孤独的悲哀里沉浸了半年，暑假中重回到故乡的时候，大家都说我长成得像一个大人了。事实上，因为在学堂里，被怀乡的愁思所苦扰，我没有别的办法好想，就一味的读书，一味的做诗。并且这一次自嘉兴回来，路过杭州，又住了一日；看看袋里的钱，也还有一点盈余，湖山的赏玩，当然不再去空费钱了，从梅花碑的旧书铺里，我竟买来了一大堆书。

这一大堆书里，对我的影响最大，使我那一年的暑假期，过得非常快活的，有三部书，一部是黎城靳氏的《吴诗集览》，因为吴梅村的夫人姓郁，我当时虽则还不十分懂得他的诗的好坏，但一想到他是和我们郁氏有姻戚关系的时候，就莫名其妙地感到了一种亲热。一部是无名氏编的《庚子拳匪始末记》，这一部书，从戊戌政变说起，说到六君子的被害，李莲英的受宠，联军的入京，圆明园的纵火等地方，使我满肚子激起了义愤。还有一部，是署名曲阜鲁阳生孔氏编定的《普天忠愤集》，甲午前后的章奏议论，诗词赋颂等慷慨激昂的文章，收集得很多；读了之后，觉得中国还有不少的人才在那里，亡国大约是不会亡的。而这三部书读后的一个总感想，是恨我出世得太迟了，前既不能见吴梅村那样的诗人，和他去做个朋友，后又不曾躬逢着甲午庚子的两次大难，去冲锋陷阵地尝一尝打仗的滋味。

这一年的暑假过后，嘉兴是不想再去了；所以秋期始业的时候，我就仍旧转入了杭府中学的一年级。

孤独者

—— 自传之六

郁达夫

里外湖的荷叶荷花，已经到了凋落的初期，堤边的杨柳，影子也淡起来了。几只残蝉，刚在告人以秋至的七月里的一个下午，我又带了行李，到了杭州。

因为是中途插班进去的学生，所以在宿舍里，在课堂上，都和同班的老学生们，仿佛是两个国家的国民。从嘉兴府中，转到了杭州府中，离家的路程，虽则是近了百余里，但精神上的孤独，反而更加深了！不得已，我只好把热情收敛，转向了内，固守着我自己的壁垒。

当时的学堂里的课程，英文虽也是重要的科目，但究竟还是旧习难除，中国文依旧是分别等第的最大标准。教国文的那一位桐城派的老将王老先生，于几次作文之后，对我有点注意起来了，所以进校后将近一个月光景的时候，同学们居然赠了我一个"怪物"的绰号；因为由他们眼里看来，这一个不善交际，衣装朴素，说话也不大会说的乡下蠢才，做起文章来，竟也会得压倒侪辈，当然是一件非怪物不能的天大的奇事。

杭州终于是一个省会，同学之中，大半是锦衣肉食的乡宦人家的子弟。因而同班中衣饰美好，肉色细白，举止娴雅，谈吐温存的同学，不知道有多少。而最使我惊异的，是每一个这样的同学，总有一个比他年长一点的同学，附随在一道的那一种现象。在小学里，在嘉兴府中里，这一种风气，并不是说没有，可是决没有像当时杭州府中那么的风行普遍。而有几个这样的同学，非但不以被视作女性为可耻，竟也有熏香傅粉，故意在装腔作怪，卖弄富有的。我对这一种情形看得真有点气，向那一批所谓Face的同学，当然是很明显地表示了恶感，就是向那些年长一点的同学，也时时露出了敌意；这么一来，我的"怪物"之名，就愈传愈广，我与他们之间的一条墙壁，自然也愈筑愈高了。

在学校里既然成了一个不入伙的孤独的游离分子，我的情感，我的时间与精力，当然只有钻向书本子去的一条出路。于是几个由零用钱里节省下来的仅少的金钱，就做了我的惟一娱乐积买旧书的源头活水。

那时候的杭州的旧书铺，都聚集在丰乐桥，梅花碑的两条直角形的街上。每当星期假日的早晨，我仰卧在床上，计算计算在这一礼拜里可以省下来的金钱，和能够买到的最经济最有用的册籍，就先可以得着一种快乐的预感。有时候在书店门前徘徊往复，稽延得久了，赶不上回宿舍来吃午饭，手里夹了书籍上大街羊汤饭店间壁的小面馆去吃一碗清面，心里可以同时感到十分的懊恨与无限的快慰。恨的是一碗清面的几个铜子的浪费，快慰的是一边吃面一边翻阅书本时的那一刹那的恍惚；这恍惚之情，大约是和哥伦布当发见新大陆的时候所感到的一样。

真正指示我以做诗词的门径的，是《留青新集》里的《沧浪诗话》和《白香词谱》。《西湖佳话》中的每一篇短篇，起码我总读了两遍以上。以后是流行本的各种传奇杂剧了，我当时虽则还不能十分欣赏它们的好处，但不知怎，读了之后的那一种朦胧的回味，仿佛是当三春天气，喝醉了几十年陈的醇酒。

既与这些书籍发生了暧昧的关系，自然不免要养出些不自然的私生儿子！在嘉兴也曾经试过的稚气满幅的五七言诗句，接二连三地在一册红格子的作文簿上写满了；有时候兴奋得厉害，晚上还妨碍了睡觉。

模仿原是人生的本能，发表欲，也是同吃饭穿衣一样地强的青年作者内心的要求。歌不像歌诗不像诗的东西积得多了，第二步自然是向各报馆的匿名的投稿。

一封信寄出之后，当晚就睡不安隐了，第二天一早起来，就溜到阅报室去看报有没有送来。早餐上课之类的事情，只能说是一种日常行动的反射作用；舌尖上哪里还感得出滋味？讲堂上更哪里还有心思去听讲？下课铃一摇，又只是逃命似的向阅报室的狂奔。

第一次的投稿被采用的，记得是一首模仿宋人的五古，报纸是当时的《全浙公报》。当看见了自己缀联起来的一串文字，被植字工人排印出来的时候，虽然是用的匿名，阅报室里也决没有人会知道作者是谁，但心头正在狂跳着的我的脸上，马上就变成了朱红。哄的一声，耳朵里也响了起来，头脑摇晃得像坐在船里。眼睛也没有主意了，看了又看，看了又看，虽则从头至尾，把那一串文字看了好几遍，但自己还在疑惑，怕这并不是由我投去的稿子。再狂奔出去，上操场去跳绕一圈，回来重新又拿起那张报纸，按住心头，复看一遍，这才放心，于是乎方始感到了快活，快活得想大叫起来。

当时我用的假名很多很多，直到两三年后，觉得投稿已经有七八成的把握了，才老老实实地用上了我的真名实姓。大约旧报纸的收藏家，翻起二十几年前的《全浙公报》《之江日报》以及上海的《神州日报》来，总还可以看到我当时所做的许多狗屁不通的诗句。现在我非但旧稿无存，就是一联半句的字眼也想不起来了,与当时的废寝忘食的热心情形来一对比,进步当然可以说是进了步,但是老去的颓唐之感,也着实可以催落我几滴自伤的眼泪。

就在那一年(一九〇九年)的冬天,留学日本的长兄回到了北京,以小京官的名义被派上了法部去行走。入陆军小学的第二位哥哥,也在这前后毕了业,入了一处隶属于标统底下的旁系驻防军队,而任了排长。

一文一武的这两位芝麻绿豆官的哥哥,在我们那小小的县里,自然也耸动了视听;但因家里的经济,稍稍宽裕了一点的结果,在我的求学程序上,反而促生了一种意外的脱线。

在外面的学堂里住足了一年,又在各报上登载了几次诗歌之后,我自以为学问早就超出了和我同时代的同年辈者,觉得按部就班的和他们在一道读死书,是不上算也是不必要的事情。所以到了宣统二年(一九一〇年)的春期始业的时候,我的书桌上竟收集起了一大堆大学中学招考新生的简章!比较着,研究着,我真想一口气就读完了当时学部所定的大学及中学的学程。

中文呢,自己以为总可以对付的了;科学呢,在前面也曾经说过,为大家所不重视的;算来算去,只有英文是顶重要而也是我所最欠缺的一门。"好!就专门去读英文罢!英文一通,万事就好办了!"这一个幼稚可笑的想头,就是使我离开了正规的中学,去走教会学堂那一条捷径的原动力。

清朝末年,杭州的有势力的教会学校,有英国圣公会和美国长老会浸礼会的几个系统。而长老会办的育英书院,刚在山水明秀的江干新建校舍,改称大学。头脑简单,只知道崇拜大学这一个名字的我这毛头小子,自然是以进大学为最上的光荣,另外更还有什么奢望哩?但是一进去之后,我的失望,却比在省立的中学里读死书更加大了。

每天早晨，一起床就是祷告，吃饭又是祷告；平时九点到十点是最重要的礼拜仪式，末了又是一篇祷告。《圣经》，是每年级都有的必修重要课目；礼拜天的上午，除出了重病，不能行动者外，谁也要去做半天礼拜。礼拜完后，自然又是祷告，又是查经。这一种信神的强迫，祷告的叠来，以及校内枝节细目的窒塞，想是在清朝末年曾进过教会学校的人，谁都晓得的事实，我在此地落得可以不说。

这种叩头虫似的学校生活，过上两月，一位解放的福音宣传者，竟从免费读书的候补牧师中间，揭起叛旗来了；原因是为了校长偏护厨子，竟被厨子殴打了学膳费全纳的不信教的学生。

学校风潮的发生，经过和结局，大抵都是一样的；起始总是全体学生的罢课退校，中间是背盟者的出来复课，结果便是几个强硬者的开除。不知是幸呢还是不幸，在这一次的风潮里，我也算是强硬者的一个。

一九三五年二月十九日

原载1935年3月5日《人间世》半月刊第23期